1781

Marion Gräfin Dönhoff

Menschen, die wissen, worum es geht

Hoffmann und Campe

Foto Karl Klasen: J. H. Darchinger, Foto John J. McCloy: Sven Simon, Foto Helmut Schmidt: Rudi Meisel

1. Auflage, 1. bis 20. Tausend 1976
2. Auflage, 21. bis 30. Tausend 1976
3. Auflage, 31. bis 40. Tausend 1977

Gesetzt aus der Borgis Janson-Antiqua
Satzherstellung Alfred Utesch, Hamburg
Druck und Bindearbeiten Welsermühl, Wels
ISBN 3-455-01552-2 · Printed in Austria

Inhalt

Vorwort

Dieses Buch hat sich eigentlich von selbst geschrieben. Ursprünglich wollte ich nur Peter Yorck, einem der Freunde vom 20. Juli, ein kleines Kreuz auf sein nichtexistentes Grab setzen. Dann stellte sich heraus, daß der Sowjetbürger Lew Kopelew ein großartiges Buch geschrieben hat, das soeben hier in der Bundesrepublik erschienen ist; und da ihn im Westen niemand kennt, ich aber seit langem mit ihm befreundet bin, lag mir daran, den hiesigen Lesern zu erzählen, wer er ist.
Dann wurde Mochtar Lubis, um den viele gebangt hatten, in seiner Heimat Indonesien aus dem Gefängnis entlassen. Meine Freude, daß dieser furchtlose Mann wieder in Freiheit ist, war groß. Am Schreibtisch saß ich ohnehin, also beschloß ich, von seinem Schicksal zu berichten. Und so wurde ich weitergezogen von einem zum andern. Nur die Gründe wechselten. Auch Ärger kann ein Motiv sein: Mich ärgerte, daß Henry Kissinger, den ich für die bedeutendste Figur auf der weltpolitischen Bühne halte, ohne stichhaltige Analyse von den gleichen Leuten, die ihn erst in den Himmel gehoben hatten, jetzt nörgelnd und besserwisserisch zerstückelt wird.
Schwierig wurde es freilich, als der Verleger nach dem Titel fragte. Wie sollte man einen der führenden »Imperialisten« der westlichen Welt und einen Kommunisten, Tote und Lebende,

Helden und Abenteurer, unter eine Dachzeile zwingen? Erst beim Nachdenken über dieses Problem ging mir plötzlich auf, daß sie alle eins gemeinsam haben: Sie sind ganz echt – sie lassen sich nicht vom Zeitgeist oder von Werbeagenturen stilisieren. Sie machen keine Konzessionen an Publikum, Mode, Karriere. Sie sind ohne Furcht. Sie folgen ihren eigenen Maßstäben und ihrer Intuition. Intuition hat mit Gefühl zu tun, aber auch in der Politik ist Gefühl wichtig – nicht im Sinne von Emotionen, sondern im Sinne von Gewißheit. Eben darum: »Menschen, die wissen, worum es geht.«

Einem, der noch sehr jung ist, der aber dennoch weiß, worum es geht, ist dieses Buch gewidmet: Hermann Hatzfeldt.

Hamburg, im März 1976 Marion Dönhoff

Inseln im Strom

Albrecht Graf Bernstorff

Ich sah ihn zum erstenmal an einem Sommerabend des Jahres 1934. Gehört aber hatte ich schon viel von ihm, ehe der Einbruch der Nazis in den Bereich der Frankfurter Universität mich unsanft aus einem Freundeskreis riß, in dem Albrecht Bernstorff häufig und mit Bewunderung erwähnt wurde als einer der wenigen Diplomaten, der aus eigenem Entschluß sofort aus dem Dienst des Dritten Reiches ausgeschieden war.

Zu den Semesterferien heimwärts reisend, aß ich an jenem Abend mit einem Bekannten in einem Berliner Restaurant am Kurfürstendamm. Am Nebentisch wurde verhältnismäßig laut und ungeniert über die Hintergründe des 30. Juni gesprochen, an dem die Nazis zum erstenmal in großem Stil gemordet hatten. Ich war fasziniert von diesem Gespräch. Nur wenige Menschen in Deutschland, so schien es mir damals, durchschauten den dichten Schleier von Furcht und Gerüchten, Legende und propagandistischer Entrüstung über den begangenen Verrat des alten Kämpfers Röhm und realisierten, was eigentlich an diesem Tage geschehen war. Hier aber gab jemand, der in einer merkwürdigen Mischung von Gelassenheit und Entrüstung, Trauer und Zynismus über den Untergang Deutschlands sprach, eine glasklare Analyse der Ereignisse. – »Das da neben uns ist Albrecht Bernstorff«, sagte mein Bekannter, der bemerkt hatte, daß das Gespräch am Nebentisch mich immer wieder in seinen Bann zog.

Das also war Albrecht Bernstorff! Ein großer, schwerer Mensch, der trotz seiner düsteren Prognosen mit einer gewissen Heiterkeit und genießerischen Bedachtsamkeit seinen Rotwein schlürfte, offenbar entschlossen, sich in seiner persönlichen Lebensform nicht beirren zu lassen.

Auf den ersten Blick erinnerte er wenig an den üblichen Typ des hierzulande angesessenen Aristokraten. Er war vielmehr von jener weltweiten, schwer definierbaren Art, die einer Epoche zugehörte, in der die Bindungen innerhalb dieses Standes über alle Grenzen hinweg stärker waren als nationale Zuordnungen. Er mochte Deutscher sein, aber er hätte ebensogut Schwede oder Engländer sein können. Und wenn er auch gewiß nicht die Vision von Schwert- und Schlachtenruhm heraufbeschwor, so erinnerte doch irgend etwas an das ritterliche Jahrhundert des Prinzen Eugen, der einmal in einer Ansprache vor adligen Offizieren gesagt hatte: »Meine Herren, Sie haben nur eine Lebensberechtigung, wenn Sie beständig, auch in der größten Gefahr, als Beispiel wirken, aber in so leichter und heiterer Weise, daß es Ihnen niemand zum Vorwurf machen kann.«

Viel später, als ich dann zum erstenmal zu ihm nach Stintenburg fuhr, und diesen herrlichen, mitten im Schaalsee gelegenen Besitz kennenlernte, wurde das alles noch sehr viel deutlicher. Stintenburg gehörte zum Herzogtum Lauenburg – eine geographische Spezifizierung, auf die Albrecht Bernstorff allergrößten Wert legte, bedeutete dies doch, daß sein Stintenburg in die neue Gau-Einteilung des Dritten Reiches nicht einzufügen war. Eine lange Allee mit holprigem Kopfsteinpflaster – eine Auffahrt, wie sie zu unzähligen Landsitzen führt, von Kurland über Ostpreußen, Mecklenburg bis weit nach England und Frankreich hinein – mündet schließlich vor einem großen, einfachen Landhaus. Der blaue See im Hintergrund und am Horizont die bewaldeten Konturen des jenseitigen Ufers, grüner Rasen, ein Park, der allmählich in Wald übergeht, und nahebei die Geräusche des Gutshofes.

Jahrhunderte hindurch war das die Welt, in der die großen, unabhängigen Persönlichkeiten heranwuchsen, die dann später in Krieg und Frieden die Geschicke ihres Landes lenkten. So war es in England, in Deutschland, in der habsburgischen Monarchie, im zaristischen Rußland, in Polen gewesen.

Das ist lange her. Nach dem Ersten Weltkrieg war eine Welle der Egalisierung und Bürokratisierung über den Kontinent hinweggebraust, hatte in den weiten Gebieten Rußlands, im Baltikum und den Südoststaaten diese Lebensform ausgelöscht und war fast wie zufällig an den Grenzen unseres Landes zum Stehen gekommen. Wirklich wie zufällig und nur für kurze Zeit, aber lang genug, um dem letzten Besitzer von Stintenburg noch bis zu seinem gewaltsamen Tode die Heimat zu lassen. Heimat allerdings in der letzten Phase nicht mehr im eigentlichen Sinne des Wortes, aber doch wenigstens als Zuflucht für die gehetzten Gedanken und die gequälte Sehnsucht eines Mannes, der im Gefängnis verzweifelt auf das Ende des »Tausendjährigen Reiches« wartete.

Damals, als ich zum erstenmal in Stintenburg war, schien der Krieg noch sehr fern, und doch geisterte er und alles, was sich in seinem Gefolge ereignen sollte, durch unsere Gespräche. Uns allen war deutlich, daß dies nur mehr ein Inseldasein sein konnte, eine zufällige Existenz inmitten eines unabsehbaren grauen Ozeans. Eines Tages würden neue Stürme ihn in Aufruhr versetzen, er würde gierig über die letzten Inseln herfallen und auch dieses Eiland verschlingen.

Es war damals gerade Pfingsten – sonnenüberstrahlte Feiertage, die zwischen Segeln, Jagen, Lesen und vielen Gesprächen nur allzu rasch verrannen. Darum war niemand geneigt, solch wehmütigen Gedanken allzu lange nachzuhängen. Und darum steht das Bild dieses Besitzes anders als die Erinnerung an meine östliche Heimat, deren Zerstörung ich bis zum bitteren Ende mitgemacht habe, völlig unverletzt und sehr lebendig vor mir.

Am Sonntag begleitete ich den Hausherrn zur Kirche des nächsten Dorfes, deren Patron seine Familie seit Jahrhunderten gewesen ist. Wir gingen durch den von der Morgensonne beschienenen, feierlichen Wald und blieben immer wieder stehen: »Hier, diese riesigen Lärchen habe ich gepflanzt, bevor ich als junger Attaché nach Wien ging, und hier haben wir einige Jahre später, bevor ich nach London an die Botschaft kam, Versuche mit japanischem Samen gemacht und da, wo jetzt das Stangenholz steht, da habe ich meinen ersten Hirsch geschossen, damals war dort noch Hochwald.«

Liebevoll hingen seine Augen an den wechselnden Partien, dem lichten Grün der Buchen und Lärchen und dem geheimnisvollen Dunkel der Kiefern und Fichten. Und so, wie man die Jahre an den Zuwachsringen der Bäume ablesen kann, spiegelte sich sein Leben in dieser Landschaft wider. Verwoben mit ihr trug er ihr Bild mit sich in die fremden Länder und Städte, in denen er lebte, und brachte etwas von der Weite der Welt zurück in die stille Umgebung des Schaalsees.

Ein paar Bauern begegneten uns am Weg und wurden mit jener unnachahmlichen Geste von persönlicher Vertrautheit und institutioneller Distanz gegrüßt, die nur der Eingeweihte bemerkt und versteht, und wieder mußte ich denken: Genauso ist es zu Haus, und genauso habe ich es in England erlebt – wie merkwürdig, daß gewisse Lebensformen überall gleich sind.

Und dann saßen wir in einer weißgetünchten Dorfkirche, oben im Patronatsgestühl und schauten auf die pfingstliche Gemeinde und den mit jungen Birken geschmückten Altar herab. Auf der gegenüberliegenden Seite hingen verschiedene Gedenktafeln, die in altertümlicher Schrift die Namen Bernstorffscher Vorfahren und anderer Gemeindemitglieder verzeichneten, die in den Kriegen des vorigen Jahrhunderts gefallen waren.

Ich dachte an die turbulenten Zeiten draußen in diesem so fremd gewordenen Deutschland, an alles, was uns noch bevorstehen mochte, an die Regierungen und Systeme, die da kommen und gehen, und ich verstand plötzlich, was es bedeutet, daß es solche Inseln gibt. Solche Angelpunkte der Beharrung, deren einziger Rhythmus der Wechsel der Jahreszeiten und der Generationen ist. Die Bäume wachsen heran und mit ihnen die Kinder des Gutsherrn, der Arbeiter und Bauern, bis jeder die ihm zugefallene Rolle übernimmt und sich einordnet in die Verantwortung, in die alle miteinander gestellt sind. Die Szene aber bleibt immer dieselbe: der gleiche Park, die gleichen Felder und verträumten Alleen, dieselbe alte Kirche, die, langsam die Seiten ihrer Chronik umblätternd, die neuen Erdenbürger einträgt und hinter die Namen der Alten ein Kreuz setzt.

Was würde werden, wenn eines Tages auch diese Inseln von der Unrast der Zeiten und Menschen hinweggespült würden? Wenn die Gesetzlosigkeit und Anmaßung der Welt da draußen auch diese letzte Zuflucht der Besonnenheit und Stille vernichtete? Dann würde gewiß unser aller Schicksal dem Zufall ausgeliefert und den flüchtigen Einfällen der Menschen, die keine Heimat haben, kein Maß und keine Verantwortung, und dann würde zugleich mit dem Gestern wohl auch das Morgen fraglich werden.

Jahre sind seither vergangen. Die große Flut, die sich weiter nach Westen gewälzt hat, ist auch über Stintenburg hinweggegangen. Nur eine kurze Zeit hat Stintenburg seinen Herrn überlebt. Bald, nachdem die Braunen ihn ermordeten, kamen die Roten und ergriffen Besitz von der Insel am Schaalsee.

Preußens letztes Kapitel

Peter Graf Yorck von Wartenburg

Am Abend des 20. Juli 1944, als einwandfrei erwiesen war, daß Hitler das Attentat überlebt hatte, ließ Generaloberst Fromm, der Befehlshaber des Ersatzheeres, die militärischen Führer des Aufstandes im Hof der Bendlerstraße, dem Sitz des Oberkommandos der Wehrmacht, erschießen. Es waren dies: Oberst Graf Stauffenberg, General Olbricht, Oberst Merz von Quirnheim und Oberleutnant von Haeften.

»Sie«, so sagte Himmler später in der Rede, die er am 3. August vor den in Posen versammelten Gauleitern hielt, »wurden so schnell eingegraben, daß die Herren mit dem Ritterkreuz eingegraben wurden. Sie wurden dann am anderen Tage ausgegraben, und es wurde noch einmal richtig festgestellt, wer es war. Ich habe dann den Befehl gegeben, daß die Leichen verbrannt und die Asche in die Felder gestreut wurde. Wir wollen von diesen Leuten, auch von denen, die noch hingerichtet werden, nicht die geringste Erinnerung in irgendeinem Grabe oder an einer sonstigen Stätte haben . . .«

Alle anderen Beteiligten wurden im Laufe der nächsten Monate, manche nach Mißhandlungen oder Folterungen, vom Volksgerichtshof abgeurteilt und dann in Plötzensee am Fleischerhaken erhängt. »Ich will, daß sie erhängt werden, aufgehängt wie Schlachtvieh« – so lautete der Wunsch des »Führers«. Auf seinen

Befehl mußten die Filmkameras ohne Unterbrechung surren, damit er sich am Abend in der Reichskanzlei an dem Schauspiel weiden konnte. Es scheint für ihn ein besonderer Genuß gewesen zu sein, seine Feinde erst dem Präsidenten des Volksgerichtshofs ausgeliefert zu sehen und dann ihren Todeskampf am Haken in Plötzensee mitzuerleben.

Die Witwen erfuhren den Tod ihrer Männer entweder durch eine amtliche Benachrichtigung, die in fünf Zeilen drei Mitteilungen enthielt: erstens die Tatsache der Verurteilung, zweitens das Datum der bereits vollstreckten Verurteilung, drittens den Satz: »Die Veröffentlichung einer Todesanzeige ist unzulässig.« Oder sie erfuhren ihn durch die Kostenrechnung, die ihnen übersandt wurde und die sie zu begleichen hatten. Da hieß es beispielsweise:

Gebühr gem. §§ . . . für Todesstrafe	300,—
Postgebühr gem. §§ 72,1 SGKG	1,84
Gebühr gem. § 72,6 für den Pflichtverteidiger	81,60
für die Strafanstalt von . . . bis . . .	44,—
Kosten der Strafvollstreckung	158,18
Porto für Zustellung der Kostenrechnung	0,12
zusammen	RM 585,74

Peter Graf Yorck von Wartenburg war unter den ersten, die im Schauprozeß vor dem Volksgerichtshof auftreten mußten. Aus seiner Vernehmung:

Yorck: »Herr Präsident, ich habe bereits bei meiner Vernehmung angegeben, daß ich mit der Entwicklung, die die nationalsozialistische Weltanschauung genommen hatte . . .«

Freisler, ihn unterbrechend: ». . . nicht einverstanden war! Sie haben, um es konkret zu sagen, erklärt, in der Judenfrage passe

Ihnen die Judenausrottung nicht, die nationalsozialistische Auffassung vom Recht hätte Ihnen nicht gepaßt.«

Yorck: »Das Wesentliche ist, was alle diese Fragen verbindet, der Totalitätsanspruch des Staates gegenüber dem Staatsbürger unter Ausschaltung seiner religiösen und sittlichen Verpflichtung Gott gegenüber.«

Freisler: »Nun sagen Sie einmal, wo hat denn der Nationalsozialismus die sittlichen Verpflichtungen eines Deutschen ausgeschaltet? Der Nationalsozialismus hat die sittlichen Verpflichtungen eines Deutschen, des deutschen Mannes, der deutschen Frau, unendlich gesundet und unendlich vertieft. Daß er sittliche Verpflichtung ausgeschaltet hätte, das habe ich noch nie gehört.«

Yorck nannte im Verlauf der Verhandlung als das Hauptmotiv für seine Beteiligung am Attentat die Morde in Polen. Diese für ihn und einige der anderen Oppositionellen typische Einstellung stammte nicht etwa aus der Zeit, da schließlich allen klar wurde, daß der Krieg verloren war, sie hatte sein und der Freunde Urteil schon bestimmt, als noch die Sondermeldungen über deutsche Siege in Polen tagtäglich durch den Rundfunk rauschten.

Bald nach der siegreichen Beendigung des Polenfeldzugs am 21. November 1939 schrieb der damalige Leiter der Gruppe III in der Operationsabteilung des Generalstabs, Generalmajor Stieff, der nach dem 20. Juli ebenfalls hingerichtet wurde: »Man bewegt sich hier nicht als Sieger, sondern als Schuldbewußter.« Und in Gedanken an die SS setzte er angesichts der Verbrechen, die »eine organisierte Mörder-, Räuber- und Plünderbande« anrichtete, hinzu: »Ich schäme mich, ein Deutscher zu sein!«

Im Juli 1940, Polen war längst erobert, Frankreich besiegt und der Freundschaftsvertrag mit Rußland noch nicht gebrochen – Hitler also auf dem Gipfel der Macht –, trafen sich Moltke und Schulenburg mit Peter Yorck in dessen Berliner Haus, um darüber zu beraten, was nach dem Zusammenbruch des Regimes geschehen müsse. Denn, daß dies Regime ungeachtet der zunächst glänzenden Siege letzten Endes zusammenbrechen werde, darüber gab es für sie keinen Zweifel.

Der Widerstandskreis um Peter Yorck und Helmuth Moltke, dessen Mitglieder nach dem 20. Juli fast alle hingerichtet wurden, sah damals seine Aufgabe nicht darin, das Attentat auszuführen. Hierzu waren nach ihrer Meinung – vor allem seitdem im Herbst 1939 der Krieg begonnen hatte – allein die Soldaten imstande. Ganz bewußt beschränkten die Zivilisten sich darauf, in vielen Diskussionen und gründlichen Analysen die außenpolitischen, sozialen, wirtschaftlichen und verwaltungstechnischen Voraussetzungen herauszuarbeiten, die das Fundament für die Zukunft abgeben sollten. In dieser Arbeit ließen sie sich durch nichts irremachen, auch nicht durch die immer wieder an- und dann notgedrungen wieder abgesetzten Attentats-Termine der Militärs.

Erst Anfang Juli 1944, als zwei wichtige Mitglieder des Widerstandes verhaftet wurden, Julius Leber und Adolf Reichwein (Moltke war aus anderen Gründen schon im Januar 1944 ins KZ Ravensbrück eingeliefert worden), entschlossen sie sich, mit Stauffenberg und der Armee mitzumachen, ehe es vielleicht für alles und alle zu spät sein würde. So kam es, daß am 20. Juli der Kreisauer Kreis mit den Militärs zusammen agierte. Nur wer dies nicht verstanden hat, kann darüber klagen, daß die Kreisauer, wie es manchmal heißt, vor lauter Reden und Planen nicht zum Handeln kamen. Sie redeten soviel und planten so lange, weil die, deren Aufgabe es war, zu agieren, nicht zum Handeln kamen.

Peter Yorck, ein Nachfahre des Feldmarschalls von Yorck, war zusammen mit neun Geschwistern in Klein-Öls, einer säkularisierten Malteser Kommende in Schlesien, aufgewachsen. Dieser Besitz war dem Feldmarschall, der 1812 gegen den Befehl seines

preußischen Königs mit dem russischen General von Diebitsch die Convention von Tauroggen abgeschlossen und dadurch die entscheidende Wende der Politik Preußens zum Sturz Napoleons herbeigeführt hatte, als Dotation verliehen worden.
Über Generationen hin waren die Klein-Ölser Yorcks recht ungewöhnliche Leute. Literatur, Kunst, Theologie und Philosophie spielten bei ihnen zu allen Zeiten eine gewichtige Rolle: Schelling war ein Freund des Hauses, mit Schleiermacher wurde korrespondiert, Ludwig Tieck vermachte dem Sohn des Feldmarschalls, der den Romantikern nahestand, seine Bibliothek. Dessen Sohn Maximilian wiederum war ein bedeutender Soldat und der Autor eines ungewöhnlichen Buchs »Weltgeschichte in Umrissen«.
Peters Großvater Paul, Verfasser wichtiger philosophischer Schriften – die jetzt neu herausgegeben werden –, war eng befreundet mit Wilhelm Dilthey. Peters Vater Heinrich, der sich gern als Seiner Majestät loyale Opposition bezeichnete, trat demonstrativ von seinem schlesischen Landratsposten zurück, als Wilhelm II. fünf Landräte in Schleswig-Holstein entließ, die im Landtag gegen sein Kanalprojekt gestimmt hatten. Von frühester Jugend an schärfte er seinen Kindern ein, daß man die Prinzipien des Staates verteidigen müsse, auch gegen den Träger der Krone.
Heinrich Yorck sprach sieben Sprachen. Er war universal gebildet und verfügte über ein umfassendes klassisches Fachwissen. Die Antike war sein geistiger Raum. Für sie hatte er auch seine Frau – die ihm zuliebe Griechisch gelernt hatte – und die Kinder so stark zu interessieren gewußt, daß in Klein-Öls die platonischen Dialoge gelegentlich mit verteilten Rollen im Urtext gelesen wurden.
Abends vor dem Schlafengehen versammelte Heinrich Yorck häufig die Kinder um sich und las ihnen vor – ganz ohne

Rücksicht auf ihr Alter; oder er sagte am Bett der älteren ein Goethesches Gedicht auf, gerade so wie es ihm durch den Kopf ging. Peter und sein älterer Bruder kannten auf diese Weise in ihrem späteren Leben über hundert Gedichte Goethes und große Teile des Faust auswendig.

Die Erziehung im Hause war bewußt preußisch: Pflicht wurde groß geschrieben. Eine Korrektur der dadurch bedingten Strenge lag in der Rolle, die Goethe im Hause spielte und wohl auch im Wesen der süddeutschen Mutter, einer Nachkommin Götz von Berlichingens, die künstlerisch interessiert war und viel Wärme ausstrahlte. Die geistige Atmosphäre war auf vielfältige Weise lebendig und außerordentlich anspruchsvoll. In der weltberühmten Bibliothek standen 150 000 Bände: die klassische Literatur Europas in den Originalsprachen oder in Ausgaben der Zeit war mehr oder weniger vollständig vorhanden; weitere Sammelgebiete waren Geschichte, Philosophie und Theologie. Die üblichen Gäste waren Professoren, Politiker, hohe Militärs. Häufig hatte man dreißig bis vierzig Personen zu Tisch, wovon allerdings die Familie mit ihren zehn Kindern allein schon die Hälfte stellte, jedenfalls wenn man Hauslehrer und Gouvernanten mit dazu rechnete. »Standesgenossen« wurden in Klein-Öls eigentlich nur zu den Jagden eingeladen; sie wären ohne solchen Anlaß wohl auch nicht so gern gekommen, weil die Präsenz von soviel Bildung sie eher erschreckte.

Peter, der zweite Sohn des Hauses, wurde Jurist. Referendar-, Assessor- und Doktorexamen absolvierte er, ohne daß in der Familie irgendein Aufhebens davon gemacht wurde. Sein älterer Bruder erfuhr erst bei Ausbruch des Krieges, daß Peter Leutnant der Reserve war. Nie sprach er über sich selbst. Er war ganz ohne persönlichen Ehrgeiz – immer nur an der Sache orientiert. Alle seine Handlungen und Überzeugungen waren durch sein untrügliches Stilgefühl geprägt, das weder aristokratischem

Snobismus noch ästhetischer Manie entsprang, sondern ganz einfach Ausdruck seines innersten Wesens war.
Er hatte ein seismographisches Gefühl für Recht und Gerechtigkeit, ohne Moralist zu sein. Ausgesprochene Großzügigkeit zeichnete ihn aus, bei gleichzeitiger Bescheidenheit. Für sich selbst war er oft bedürfnislos, obgleich er schöne Dinge liebte und auch von gutem Essen, besonders von Wein, viel verstand. Als er in der Krisenzeit 1930/31 beim Kommissar für die Osthilfe in Berlin arbeitete, kam er eines Tages in seinem alten Opel ohne Mantel und ohne Schuhe nach Hause. Er hatte sie unterwegs irgend jemandem gegeben, von dem er meinte, er habe sie nötiger als er selber.
Nach dem Tode seines Vaters erbten er und die jüngeren Geschwister das Gut Kauern, das zu Klein-Öls gehörte. Dort setzte er im Laufe der Jahre manche der sozialen Ideen, die ihn beschäftigten, in die Tat um. So gab es in Kauern schon lange vor dem Krieg einen Kindergarten für die Gutsleute und einen Gemeinschaftsraum, auch ein gewisses Mitspracherecht und Gewinnbeteiligung.
Peter galt unter Kollegen und bei seinen Vorgesetzten als hervorragender Verwaltungsfachmann. Über den Oberregierungsrat aber kam er nicht hinaus, weil er es kategorisch ablehnte, in die Partei einzutreten. Auch seine Brüder Paul und Hans weigerten sich, als sie Reserveoffiziere seines Reiterregiments werden sollten, einer Aufforderung des Wehrbezirkskommandos nachzukommen und ihre Loyalität dem Nationalsozialismus und Hitler gegenüber zu erklären. Hans ist als Wachtmeister in Polen gefallen, Paul blieb lange Zeit Wachtmeister, bis er wegen besonderer Tapferkeit schließlich auch ohne diese Erklärung Offizier wurde. Wenn die Vorgesetzten gewußt hätten, daß er nie Munition für seinen Karabiner bei sich trug, um nicht in die Verlegenheit zu kommen, auf Menschen schießen zu müssen,

hätten sie ihn vielleicht nicht befördert.
Während des Krieges arbeiteten in Kauern polnische Kriegsgefangene. Eines Morgens hatte einer von ihnen in einer Kurzschlußhandlung den Inspektor mit der Peitsche angegriffen. Peter, der zum Wochenende von Berlin, wo er beim Preiskommissar arbeitete, herübergekommen war, ergriff sofort die Initiative: er wußte, daß der Pole mit Sicherheit im KZ enden würde. Den ganzen Morgen lief er von einem zum anderen, redete allen Leuten gut zu und verpflichtete sie zum Schweigen. Tatsächlich hielten alle dicht, und Pjotr wurde gerettet.
Als Peters Frau und seine jüngste Schwester im Mai 1945 zu Fuß durch Schlesien wanderten, um daheim nach den Leuten zu sehen, trafen sie Pjotr auf der Landstraße irgendwo in der Nähe von Kauern. Anstatt sofort heimzukehren, nahm er sich der beiden Frauen an, blieb während der ganzen Zeit bei ihnen und dolmetschte für sie, was den Umgang mit den Russen sehr erleichterte.
Peter Yorck war eine Mischung aus höchst heterogenen Eigenschaften – Gegensätze, die ihn auf seltsame Weise zu einem harmonischen Menschen werden ließen. Er war konservativ, Familie und Tradition bedeuteten ihm viel (in Klein-Öls lebte man auf fast chinesische Weise mit seinen Ahnen), allen Utopien stand er skeptisch gegenüber, war aber gleichzeitig moderner Betrachtungsweise – beispielsweise der sozialen Verhältnisse – durchaus aufgeschlossen, nicht himmelstürmend, sondern gewissermaßen wohlüberlegt. Gewinnend liebenswürdig, vor allem als Gastgeber, konnte er dennoch brüsk bis zur Feindseligkeit sein, wenn er auf Heuchelei stieß oder jemand ihn mit leeren Phrasen abzuspeisen versuchte.
Er war tief religiös. Wenn ich aus Ostpreußen herüberkam und in der Hortensienstraße am Botanischen Garten bei Peter und Marion Yorck wohnte und wenn es zufällig Sonntag war, wurde

ich Zeuge, wie er morgens nach dem Frühstück eine riesige pergamentgebundene Bibel mit schönen Vignetten holte und einen Abschnitt daraus vorlas. Aber es gab normalerweise sicher niemanden, der diese Seite von ihm wahrnahm: er hatte nichts Frömmelndes oder Pietistisches. Im Gegenteil, er wirkte oft sarkastisch und hatte ein gewisses Vergnügen an Ironie. Manche Leute hielten ihn deshalb für »hochgestochen«.

Tatsächlich hielt er gerne Abstand, aber nicht aus Hochmut, sondern eher aus Scheu, oder um sich nicht decouvrieren zu müssen. Bemerkenswert war seine Begabung zur Freundschaft. In der Zusammenarbeit mit dem politischen Freundeskreis war er der Mittler zwischen so verschiedenen Menschen wie Stauffenberg, Beck, Julius Leber, Adam Trott und seinem engsten Freunde Helmut Graf Moltke.

Die beiden – Moltke und Yorck – hatten sich erst verhältnismäßig spät kennengelernt. Am 16. Januar 1940 schreibt Moltke in einem Brief an seine Frau: »Zu Mittag habe ich mit Peter Yorck gegessen oder vielmehr bei ihm. Er wohnt draußen am Botanischen Garten in einem winzigen Haus, das sehr nett eingerichtet ist. Ich glaube, wir haben uns sehr gut verständigt, und ich werde ihn wohl öfter sehen . . .«

Das war der Beginn einer Freundschaft, die mit der Feststellung begann, daß das moralisch-politische Koordinatensystem übereinstimmte, die dann jahrelang um Gleichgesinnte warb und sich durch Erarbeitung der Grundlagen für das nachhitlersche Deutschland festigte und die schließlich am Galgen in Plötzensee endete.

Alle Freundschaften politisch engagierter Menschen fingen damals so an. Zu allererst wurde abgetastet, wes Geistes Kind der andere sei. So stark war das Bedürfnis, Gesinnungsfreunde zu finden, daß man mit der Zeit einen sechsten Sinn für diese Kunst entwickelte und natürlich auch für die Gefahren, die damit verbunden waren. Mir ist es häufig so ergangen, daß ich während eines kurzen Sachgespräches in einer gleichgültigen Behörde plötzlich an irgendeinem Wort, manchmal nur einem Attribut erkannte: »Der da ist einer, den man brauchen könnte.« Oder daß ich bei einer beliebigen Versammlung plötzlich spürte, da drüben in der Ecke steht einer, der denkt wie du. Dieser Urinstinkt zur Solidarität gedeiht offenbar nur unter äußerstem Druck.

Als Yorck und Moltke einander begegneten, bildete jeder von ihnen bereits den Mittelpunkt eines Freundeskreises. Moltke war damals 33 Jahre, Yorck drei Jahre älter. Für beide Kreise waren etwa die gleichen Grundelemente entscheidend: Konservatismus, Sozialismus, Christentum – nur diese Elemente waren bei jedem anders gewichtet.

Helmuth Moltke war früh mit Paul Tillichs religiösem Sozialismus in Berührung gekommen. Tillichs religiöser Sozialismus bediente sich der Analysen von Karl Marx, um die Gefahr der Entpersönlichung und Verdinglichung des Menschen in den automatisierten Prozessen der gesellschaftlichen Produktion und Konsumtion zu verdeutlichen. Er versuchte, die entleerte Autonomie der industriellen Gesellschaft wieder mit religiöser Substanz zu füllen.

Seine Zeitschrift *Neue Blätter für den Sozialismus* hatte in den zwanziger Jahren einen starken Einfluß auf die geistige Jugend. Harald Pölchau, der Gefängnispfarrer von Tegel und treue Gefährte der Kreisauer, dem es zu danken ist, daß viele Briefe ihren Adressaten erreichten, war ein Schüler von Tillich. Auch Carlo Mierendorf, der begabte und von den Nazis gefürchtete Sozialistenführer, der bald nach 1933 für viele Jahre in Hitlers KZs verschwand und erst 1938 wieder auftauchte, sowie sein Freund Theo Haubach, Mitbegründer des sozialistischen REICHSBANNER SCHWARZ-ROT-GOLD – einer bewaffneten Organisa-

Albrecht Graf Bernstorff

Peter Graf Yorck von Wartenburg

tion zur Verteidigung der Weimarer Republik – und schließlich der Sozialist Adolf Reichwein arbeiteten mit an Tillichs *Neuen Blättern für den Sozialismus.*

Viele der Widerstandsangehörigen waren Journalisten: Carlo Mierendorf war zunächst Chefredakteur von *Das Tribunal – Hessische radikale Blätter* und später vom *Hessischen Volksfreund,* beides progressive Zeitungen zwischen den Weltkriegen. Theo Haubach arbeitete von 1924 bis 1929 als außenpolitischer Redakteur beim *Hamburger Echo* und danach als Berater der *Neuen Blätter für den Sozialismus.* Julius Leber war Chefredakteur des *Lübecker Volksboten* und zugleich Chef der SPD in Lübeck. Wenige Wochen nach der Machtergreifung wurde er verhaftet und verbrachte mehrere Jahre im KZ. Pater Delp war als Soziologe Redaktionsmitglied bei der katholischen Zeitung *Stimmen der Zeit.* Karl Ludwig von Guttenberg schließlich war Herausgeber der *Weißen Blätter* und im Kriege, wie Moltke, Bonhoeffer und Dohnanyi, bei der Abwehr tätig.

Zu Moltkes Freundeskreis gehörten auch einige Gleichaltrige aus der Studentenzeit in Breslau: Horst von Einsiedel und Carl Dietrich von Trotha, die 1928 – alle waren damals erst zwanzigjährig – zusammen das erste Arbeitslager für junge Arbeiter, Bauern und Studenten im rückständigen Waldenburger Land in Schlesien begründet hatten; eine Einrichtung, die Hitler später zu einer paramilitärischen Organisation denaturierte.

Yorck, der konservativer als Moltke war, hatte die engeren Beziehungen zu den Militärs. Er kannte Beck, Claus Stauffenberg, Fritz-Dietlof von der Schulenburg, Cäsar Hofacker – sein Haus in der Hortensienstraße war fast immer der Treffpunkt. Die Gestapo hatte bei ihrer Kategorisierung der »Verräter« die Gruppe Moltke/Yorck nach Moltkes Besitz in Schlesien als Kreisauer Kreis etikettiert, weil in Kreisau zwischen Pfingsten

1942 und Pfingsten 1943 drei größere Treffen stattgefunden hatten. Im Grunde wäre es eigentlich zutreffender gewesen, die beiden integrierten Freundeskreise nach der Hortensienstraße zu nennen, wo während der vier entscheidenden Jahre ungezählte Sitzungen und Besprechungen stattgefunden haben. Nachdem Helmuth Moltke und Eugen Gerstenmaier, der seit 1942 Mitglied des Kreises war, im März 1943 zu den Yorcks in die Hortensienstraße gezogen waren, wurde dort fast jeden Abend debattiert.

Die erste Zusammenkunft in der Hortensienstraße Nr. 50 fand 1938 nach der ›Kristallnacht‹ statt. Diese erste offene Terroraktion gegen die Juden hatte Peter Yorck tief erschüttert und empört, sofort hatte er Gleichgesonnene eingeladen, um zu beraten, ob man etwas tun könne. Und als er dann im Frühjahr 1939 von einer Dienstreise in die Tschechoslowakei mit dem Resümee zurückkam: Was da vor sich geht, ist reiner, simpler Imperialismus, gab es für ihn nur noch eine Möglichkeit: Widerstand zu leisten.

Das Jahr 1938 war für alle Oppositionellen ein Signal gewesen. Ludwig Beck, der Chef des Generalstabs, der immer wieder, freilich ganz vergeblich, den hitlerschen Kriegsvorbereitungen gegen die Tschechoslowakei warnend entgegengetreten war, hatte schließlich 1938 resigniert seinen Abschied genommen. So wurde er zur Hoffnung für alle, die dem System kritisch gegenüberstanden. Für ihn galt nicht, wie für viele andere Offiziere, die Anfechtung des Höheren Befehls. Er hatte seinen Untergebenen stets gepredigt: »Ihr soldatischer Gehorsam hat dort eine Grenze, wo Ihr Wissen, Ihr Gewissen und Ihre Verantwortung Ihnen die Ausführung eines Befehls verbieten . . .« Und: »Es ist ein Mangel an Größe und an Erkenntnis der Aufgabe, wenn ein Soldat in höchster Stellung in solchen

Zeiten seine Pflichten und Aufgaben nur in dem begrenzten Rahmen seiner militärischen Aufgaben sieht, ohne sich der höchsten Verantwortung vor dem gesamten Volk bewußt zu werden.«

Beck und Goerdeler kannten einander seit 1935 und nahmen nun als Gleichgesinnte engere Verbindung auf. Ende 1941 legten sie ihre Gedanken in einer umfassenden Denkschrift *Das Ziel* dar. Der Kreisauer Kreis allerdings hielt Goerdeler für einen »Reaktionär« und apostrophierte jene Gruppe gern als die »Exzellenzen«, weil viele von ihnen bereits hohe Ämter bekleidet hatten. Goerdeler wiederum nannte die Kreisauer, zu denen Sozialisten und Arbeiterführer gehörten, »die Jungen« oder, wenn er ärgerlich war, auch »die Salonbolschewiken«. Eine programmatische Zusammenkunft beider Gruppen kam erstmals im Januar 1943 zustande, sie verlief offenbar für beide Seiten eher enttäuschend (vgl. Michael Balfour/Julien Frisby: »Helmuth James von Moltke«, Deutsche Verlags-Anstalt).

Allmählich, vor allem nach der Begegnung von Moltke und Yorck im Januar 1940, bildete sich eine bewußte Oppositionsgruppe, die systematisch Kontakte knüpfte zu einzelnen Spezialisten und Leuten in Schlüsselstellungen, die über besondere Informationen verfügten, oder zu Mittelsmännern, die ganz neue Gruppen erschließen konnten. In diesem Sinne waren beide Kirchen von größter Wichtigkeit, weil sie legale Verbindungen zur Außenwelt unterhielten. Über Hans Schönfeld, Direktor der Forschungsabteilung des Weltrats der Kirchen in Genf, bekamen Theodor Steltzer sowie von der Gablentz gelegentlich Zugang zu einer der ökumenischen Konferenzen in Genf, wo sie übrigens 1939 John Foster Dulles und Max Huber trafen.

Die katholische Kirche war vielleicht noch wichtiger, weil sie die Masse der Gläubigen erreichte. Die beiden Jesuiten, die dem Kreisauer Kreis angehörten – Pater Delp und Pater Rösch –, waren imstande, viele wichtige Verbindungen zu halten. Außerdem: die Bischöfe konnten damals Dinge sagen, die zu äußern kein anderer sich leisten konnte. Über den Bischof von Berlin, Graf Preysing, den er häufig sah, fand Moltke schließlich sogar die Möglichkeit, einen Hirtenbrief zu beeinflussen.

Auch damals glaubte man, ein Wendepunkt in der Geschichte sei gekommen oder stehe unmittelbar bevor. Die Oppositionellen waren fest entschlossen, eine »sinnvollere« Gesellschaft aufzubauen. Sie wollten eine neue soziale Ordnung errichten, deren Mittelpunkt Gerechtigkeit sein sollte. Sie waren davon überzeugt, daß das Nazi-Regime zusammenbrechen würde und daß für die Zeit danach etwas ganz Neues vorbereitet und rechtzeitig die richtigen Leute dafür ausgesucht werden müßten. Denn, daß es nicht genügen würde, den alten Zustand von vor 1933 wieder herzustellen, davon waren alle fest überzeugt.

Dieses Neue zu durchdenken und vorzubereiten, das war die Aufgabe, die die Kreisauer sich stellten. Vor allem anderen war ihnen die Erneuerung der moralisch-ethischen Maßstäbe wichtig. Sie waren sich einig darin, daß ohne metaphysische Dimension weder das Individuum noch die Nation leben könne. In dieser Überzeugung wurden sie durch den platten Positivismus und die Pervertierung aller Werte während der Nazi-Zeit ständig von neuem bestärkt.

Großen Wert legten sie auch auf den Aufbau der Demokratie von unten, auf die Schaffung überschaubarer Verwaltungseinheiten und auf eine konsequente Dezentralisierung als Antithese zum Obrigkeitsstaat im 19. Jahrhundert. Auch an eine Art Partizipation war gedacht. Moltkes Begründung: »Wo das fehlt, werden die, die ausschließlich regiert werden, empfinden, daß sie an den Ereignissen keinen Anteil haben und daß sie für das, was geschieht, nicht verantwortlich sind; während die, die nur regieren, das Gefühl bekommen, daß sie als herrschende Klasse überhaupt niemandem verantwortlich sind.« (Sämtliche Dokumente bei van Roon: »Neuordnung im Widerstand«, Oldenbourg.)

Die Kreisauer waren überzeugt davon, daß das neue Europa durch übernationale Werte wie Humanität, Christentum und Sozialismus bestimmt sein würde. Sie glaubten fest, daß die Zukunft eine Föderation der Europäischen Staaten bringen werde. Seitdem im Jahr 1941 zwei Mitglieder des Auswärtigen Amtes zum Kreisauer Kreis gestoßen waren – Adam von Trott und Hans-Bernd von Haeften – wurden außenpolitische Fragen noch intensiver diskutiert.

Sehr beschäftigte die Kreisauer auch das Problem der Loyalität in der Diktatur, das Recht auf Widerstand, die Bedeutung des Eides, die Bestrafung der Kriegsverbrecher. Alles wurde diskutiert, zu allem eine Mehrheitsmeinung herausgearbeitet. Peter Yorck war maßgeblich und federführend an dem Dokument über Staatsaufbau und Wirtschaft beteiligt. Die Prämisse, von der ausgegangen wurde: Ein Umsturz hat stattgefunden – sei es, daß die Militärs ihn herbeigeführt oder die Alliierten Hitler besiegt haben.

Daß ein Umsturz unvermeidlich war, daß man sich dafür voll einsetzen müsse, wurde Peter Yorck schon sehr früh klar. Aber für ihn wie auch für Moltke, die beide sehr bewußt als Christen lebten, war die Vorstellung, Hitlers Ermordung planmäßig zu organisieren, ein schweres Problem, das anderen nicht so zu schaffen machte. Moltke weigerte sich, die Verbrecher mit ›Gangstermethoden‹ zu beseitigen: »So kann man keine neue Epoche einleiten!« Yorck teilte seine Meinung nicht ganz so eindeutig, je weiter die Zeit fortschritt. In der letzten Zeit hatte er sich dann auch selbst zur Aktion durchgerungen. Alle miteinander aber hielten es für ihre Pflicht, darüber nachzudenken, was getan werden müsse, wenn es einmal so weit sein würde.

Freilich meinte gelegentlich dieser oder jener, es sei Zeitverschwendung, für eine unvorhersehbare Situation zu planen. Solche Pläne würden ja notwendig durch den Gang der Ereignisse überholt, letzten Endes werde sich der Sturz der Nazis auf ganz andere Weise vollziehen, als man jetzt annehme. Aber die Mehrheit war doch immer der Meinung, die Opposition müsse sich jener Arbeit unterziehen und sich den Gefahren stellen, die damit verbunden waren. Ihre Begründung: Weimar sei ja vor allem deswegen gescheitert, weil die Demokratie ohne gedankliche Vorbereitung und viel zu plötzlich über die Menschen hereingebrochen sei.

Viel wurde über die letzten Dinge der Politik gegrübelt, über die Rolle des Staates und die Grenzen der Freiheit. Da gab es auch zwischen den beiden führenden Freunden nicht zu allen Zeiten vollkommene Übereinstimmung, wie ein Briefwechsel vom Juni 1940 zeigt. Peter Yorck, der, wie er ausdrücklich sagte, unter Freiheit die Freiheit des anderen verstand, aber dennoch die Skepsis des Konservativen gegenüber der moralischen Standfestigkeit des Menschen hatte, befürchtete, wenn sich alles nur um die individuelle Freiheit drehe, dann werde die Gemeinschaft zu kurz kommen. Er war überzeugt, daß die Gesellschaft mehr ist als nur die Summe der Individuen, die sich gegenseitig die Freiheit garantieren. Es gebe eben, meinte er, einen Staat, und den müsse man schützen, aber auch er unterliege moralischen Forderungen.

Moltke in seiner Antwort an Yorck: »Ich kann keine ethischen Prinzipien entdecken, die für etwas anderes Gültigkeit besitzen als für menschliche Beziehungen. Wenn wir den Staat als moralische Persönlichkeit sehen, dann geraten wir, glaube ich, auf dem Weg über Hegel zur Vergöttlichung des Staates.«

Während Peter Yorck und Helmuth Moltke brauchbare, integre Menschen sammelten, die den neuen Staat bauen und verwalten sollten, und während sie sich bemühten, gemeinsam mit diesen moralische und politische Maßstäbe für das nach-hitlersche Deutschland zu entwickeln, wurden die oppositionellen Offiziere von Zweifeln hin- und hergerissen: In der Phase spektakulärer Siege war es zu früh, Hitler umzubringen, zu groß schien die Gefahr der Dolchstoßlegende; und als die Rückschläge einsetzten, war es vielleicht schon zu spät, um etwas anderes als bedingungslose Kapitulation zu erreichen. Dennoch wurden immer wieder Vorbereitungen für ein Attentat getroffen, die immer wieder auf fast magische Weise scheiterten, weil Hitler seine festgesetzten Pläne oder vorgesehenen Routen änderte.

Ich weiß nicht, ob es einen institutionalisierten Kontakt zwischen den Militärs und den Kreisauern gab, aber am ehesten hat wohl Fritz-Dietlof Graf von der Schulenburg, der Peter Yorck besonders nahestand, diese Funktion erfüllt. Er war von 1937 bis 1939 stellvertretender Polizeipräsident von Berlin und während dieser Zeit an der Vorbereitung von Umsturzplänen beteiligt. 1939 wurde er Regierungspräsident in Breslau und bei Ausbruch des Krieges Soldat.

Fritzi, wie er von seinen Freunden genannt wurde, war ein geborener Revolutionär, der das jahrelange Planen des Kreisauer Kreises nur schwer ertrug und darum nur gelegentlich in die Hortensienstraße ging. Er wollte, im Gegensatz zu den Kreisauern, an der Tat beteiligt sein. Oft wurde er ungeduldig, dann nannte er Yorck und Moltke »Flagellanten«, die vor lauter Christentum sich nicht entschließen können, das Rechte zu tun. Ende 1942 fragte Schulenburg mich, wer in Ostpreußen unser bester Mann sei, wer also wohl als Landesverweser – so sollten die Chefs der Länder oder Provinzen heißen – geeignet sei. Ich nannte ihm Heinrich Dohna, Generalmajor a.D., der seinen

Besitz Tolksdorf bewirtschaftete und in allen Kreisen – militärischen wie zivilen – ungemein geachtet war. Nachdem Schulenburg mit Stauffenberg und einigen anderen gesprochen hatte, bekam ich den Auftrag, zu Heinrich Dohna zu fahren und ihn »anzuwerben«. Dohna, ein unendlich nobler Mann, sagte zu, obgleich er genau wußte, was für ihn dabei auf dem Spiele stand. Er ist wie alle anderen in Plötzensee am Galgen gestorben. Bei zwei anderen – einem Truppenführer und einem höheren Beamten –, auf deren Mitwirkung man gehofft hatte, überwogen die Bedenken: meine Mission hatte keinen Erfolg, zeitigte aber auch keine bösen Folgen.

Nach dem 20. Juli 1944 hatte ich mir auf Umwegen die Aktenzeichen einiger Untersuchungsgefangenen besorgt, um zu versuchen, unter irgendeinem Vorwand Heini Lehndorff oder Heinrich Dohna sprechen zu können. Es war Anfang August, die Gestapo hatte mich bereits mehrfach vernommen, und so betrat ich mit einigem Bangen den berüchtigten Volksgerichtshof in der Bellevuestraße in Berlin. Tatsächlich gelang es mir, zu Staatsanwalt Schulze vorzudringen, der zu meiner Verwunderung sogar mit einer gewissen Hochachtung von Dohna sprach – was ihn offenbar selbst überraschte. Aber sehen durfte ich Dohna nicht. Von Schulze erfuhr ich, daß Lehndorff zwei Tage zuvor hingerichtet worden war.

Wenn man sich das große Grübeln und die zahlreichen moralisch-philosophischen Erwägungen und politischen Debatten vergegenwärtigt, die damals angestellt worden sind, um nicht die Welt, aber doch das eigene Volk zu verändern, dann drängt sich die Frage auf: Was eigentlich ist dann schließlich von all dem geblieben?

In der chaotischen Wirklichkeit nach 1945 nicht viel. Damals glaubte niemand, Zeit für grundsätzliche Erwägungen zu haben.

Es ging allenthalben nur ums Überleben, um Brot für den nächsten Tag, um das Dach über dem Kopf, also ausschließlich um praktische und materielle Dinge. So wurde der Erfolg zum Maßstab aller Dinge: Die Kreisauer wären mit dieser Entwicklung ganz gewiß wenig glücklich gewesen.

Ich habe gelegentlich mit Eugen Gerstenmaier, der Peter Yorck sehr nahestand, darüber gestritten, wo Peter heute wohl politisch stehen würde. Ich bin nicht Gerstenmaiers Meinung, daß er sich zum heutigen Konservativen entwickelt hätte. Zwar war sein angeborenes Stilgefühl konservativ, die Persönlichkeit aber, die sich nach und nach herausgebildet hatte, war so stark von sozialen und humanitären Zügen bestimmt, daß der reine Materialismus der ersten zwei Jahrzehnte nach 1945 diesen Teil seines Wesens sicherlich viel stärker hätte hervortreten lassen. Schließlich kam ja in allem, was die Freunde damals dachten und wofür sie standen, neben der Kritik am Kommunismus auch eine große Skepsis dem Kapitalismus gegenüber zum Ausdruck.

Ich denke, er wäre heute im Verhältnis zum Staat, den er schützen wollte, ein Konservativer, gegenüber den Mitbürgern ein Liberaler und der Gesellschaft gegenüber, um der Gerechtigkeit willen, die ihm so viel bedeutete, ein sozialer Demokrat. Dies mögen Hypothesen sein, eins aber steht für mich fest: Auch für Peter Yorck würde es am Anfang schwer gewesen sein, sich auf ein Leben einzustellen, in dem es vor allem um Karriere, Lebensstandard und Sicherheit ging und nicht mehr darum, Treuhänder oder Sachwalter für eine dem Persönlichen übergeordnete Sache zu sein.

Nie wieder ist bei uns so existentiell gelebt worden wie damals, so bewußt und so lange Zeit auf dem schmalen Grat zwischen Tod und Leben. Politik war zu jener Zeit stets mit dem Einsatz der ganzen Person verbunden. Für niemanden ist heute das Ausmaß des Risikos und die Dimension der Gefahr, in der jene

Männer und Frauen lebten, noch vorstellbar. Jeder wußte, wenn einer verhaftet werden sollte, könnte dies das Ende für alle bedeuten – denn wer hätte trotz aller Solidarität garantieren wollen, daß er gegen die Folter der Nazi-Schergen gefeit war?
Niemand weiß, wie viele Todesurteile während der Nazizeit vollstreckt worden sind, aber die Zahl wuchs mit den Jahren lawinenhaft an. 1934 wurden 53 formelle Hinrichtungen vorgenommen, in den beiden letzten Jahren, 1943 und 1944, jedes Jahr über 6000. Im Rahmen der Wehrmachtjustiz sind von 1933 bis 31.1.1945: 24 559 Offiziere und Soldaten hingerichtet worden. In Konzentrationslagern oder Strafanstalten sind während des Hitler-Regimes etwa eine Million Deutsche aus politischen Gründen eingeliefert worden – wie viele davon umgekommen oder ermordet worden sind, ist unbekannt.
Fest steht aber, daß in jenen Jahren außer den Millionen Juden etwa 80 000 Geisteskranke und 20 000 geschädigte oder mißgestaltete Kinder und etwa 30 000 deutsche Zigeuner umgebracht worden sind.
Während der ersten Jahre waren es Scharfrichter, die die Hinrichtungen vollzogen; als sie die Arbeit nicht mehr bewältigen konnten, wurden Guillotinen eingesetzt. Der »weitschauende Führer« hatte gleich 1933 zwanzig Stück bestellt. Sie wurden, wie Pölchau in seinem Buch »Die Ordnung der Bedrängten« schreibt, von den Insassen des Gefängnisses Tegel hergestellt.

Wie sehr Helmuth Moltke und Peter Yorck sich ergänzten – eigentlich bildeten sie erst zusammen ein Ganzes und damit den Kern des Kreises – wird an den Abschiedsbriefen der beiden an ihre Frauen deutlich: Moltke, bis zum letzten Augenblick politisch motiviert und auf die Sache konzentriert, beobachtet die Szene seiner eigenen Verurteilung vor dem Volksgerichtshof mit kühler Distanziertheit und intellektueller Präzision. Er ist glücklich, daß dem Kreis attestiert wird, keine Gewalt geplant, keine Posten verteilt, keine praktischen Handlungen vorgenommen zu haben: »Wir werden gehängt, weil wir zusammen gedacht haben.« Er gibt eine detaillierte Schilderung, damit diese verbreitet und politisch ausgenutzt werden könne. Auch daran denkt er noch in dieser letzten Stunde:

»Um drei Uhr verlas Schulze, der keinen üblen Eindruck machte, die Anträge. Moltke: Tod und Vermögenseinziehung . . . Dann kamen die Verteidiger, eigentlich alle ganz nett, keiner tückisch . . . Freisler begabt, genial und nicht klug, und zwar alles drei in der Potenz, erzählt den Lebenslauf, man bejaht oder ergänzt, und dann kommen die wenigen Tatfragen, die ihn interessieren . . .«

»Als Rechtsgrundlage«, so fährt Moltke fort, »wurde verkündet: Der Volksgerichtshof steht auf dem Standpunkt, daß eine Verratstat schon der begeht, der es unterläßt, solche defätistischen Äußerungen wie die von Moltke, wenn sie von einem Mann seines Ansehens und seiner Stellung geäußert werden, anzuzeigen. Vorbereitung zum Hochverrat begeht schon der, der hochpolitische Fragen mit Leuten erörtert, die in keiner Weise dafür kompetent sind, insbesonders nicht mindestens irgendwie tätig der Partei angehören. Vorbereitung zum Hochverrat begeht jeder, der sich irgendein Urteil über eine Angelegenheit anmaßt, die der Führer zu entscheiden hat . . .«

In Moltkes Abschiedsbrief heißt es weiter: »Schulze, Freisler und Berichterstatter in roten Roben. Typisch war ein Vorfall: aus irgendeinem Grunde wurde ein StGB (Strafgesetzbuch) gebraucht, weil Freisler was daraus vorlesen wollte. Es stellte sich aber heraus, daß keines aufzufinden war.«

Peter Yorcks Brief an seine Frau ist dagegen ganz persönlich und ausschließlich auf das Menschliche konzentriert. Keinen vergißt er. Für jeden hat er noch einen Extragedanken oder einen Gruß, für die Freunde, die Verwandten, die Gutsleute. Nur der erste Absatz gilt noch der politischen Situation: »Wir stehen wohl am Ende unseres schönen und reichen gemeinsamen Lebens. Denn morgen will der Volksgerichtshof über mich und andere zu Gericht sitzen. Ich höre, das Heer hat uns ausgestoßen: das Kleid kann man uns nehmen, aber nicht den Geist, in dem wir handelten . . .«

Als Peter Yorck, noch nicht 40 Jahre alt, in Sträflingskleidung und mit ungefügen Holzpantoffeln – der vorgeschriebenen Kleidung – zum Galgen ging, stolperte er. Er stolperte, sagte: »Hoppla!« – ging, wie Pölchau berichtet, den Schritt zurück und machte ihn noch einmal . . .

Alle großen Namen der preußischen Geschichte: Yorck, Moltke, Dohna, Schulenburg, Lehndorff, Schwerin sind in diesem letzten und wohl schönsten – weil der Macht so fernen, dem Wesentlichen so nahen – Kapitel noch einmal verzeichnet. Es ist, als wäre der Geist des Preußischen von Kant bis Kleist, von allen Pervertierungen gereinigt, noch einmal Gestalt geworden. Bald darauf wurde Preußen aus dem Buch der Geschichte gestrichen. Nun ist es nur noch Vergangenheit, vielleicht bald nicht einmal mehr dies:

Einige Jahre nach dem 20. Juli 1944 – es war kaum mehr als ein Jahrzehnt vergangen – schrieb mir ein unbekannter Leser der ZEIT, ein Professor, er sei in Schlesien gewesen und nach Kreisau gepilgert, um Helmuth Moltke Reverenz zu erweisen. In Kreisau, das jetzt polnisch ist, fragte er nach dem Haus, in dem Generationen der Moltkes gelebt haben – verwunderte Blicke: »Moltke? Nie gehört . . .«

Das Gewissen Amerikas

John J. McCloy

Wenn man ihn bei einer Konferenz oder auf einer Sitzung beobachtet, könnte man meinen, er schliefe: stundenlang sitzt er wie ein Buddha da, unbeweglich, die Augenlider gesenkt – dann plötzlich regt er sich, schiebt die vor ihm liegenden Papiere samt Brille beiseite und beginnt, noch ein wenig zögernd und mit gedämpfter Stimme, zu reden.

Handelt es sich darum, für ein kompliziertes Problem eine Lösung zu finden, dann lautet seine erste Frage gewöhnlich: *What makes sense?* Die zweite: *What is fair?* Geht es aber darum, einen Sachverhalt zu strukturieren, Ordnung in ein gedankliches Chaos zu bringen, dann gibt es niemanden, der dies so leicht, so selbstverständlich und auf solch überzeugende Weise zu tun versteht wie John J. McCloy.

Er hat lange Jahre im öffentlichen Dienst gewirkt, als Unterstaatssekretär im Verteidigungsministerium, als Amerikas Hochkommissar in Deutschland, als Sonderberater des Präsidenten in Abrüstungsfragen – oder in privater Aktivität als Partner in großen internationalen Anwaltsfirmen, als Präsident der Weltbank, *Chairman* der FORD FOUNDATION, Chef der CHASE MANHATTAN BANK; in all diesen öffentlichen, halböffentlichen und privaten Tätigkeiten hat er Erfahrungen gesammelt, wie sie nur ganz selten einem einzelnen zuteil werden.

Der liberale Republikaner hat unter Roosevelt und Truman gedient und war Berater von Eisenhower, Kennedy und Johnson. Es hat während des Zweiten Weltkrieges kaum eine wichtige Entscheidung gegeben, an der McCloy nicht in irgendeiner Weise beteiligt war. Er war in Casablanca, Kairo, Potsdam und San Francisco dabei, hat die *lend lease*-Gesetzgebung durch den Kongreß gesteuert, mit Hilfe von Stimson den Morgenthau-Plan torpediert. Er war zugegen, als Truman mit den *Joint Chiefs of Staff* den Entschluß faßte, die Atombombe auf Hiroshima abzuwerfen. McCloy selbst, der damals Unterstaatssekretär beim Kriegsminister Henry Stimson war, hat sich im Jahr 1974 in einem zweistündigen Interview mit Eric Sevareid dazu geäußert:

Sevareid: »Es gibt ein neues Buch von einem jungen Historiker, der behauptet, der Hauptzweck der Bombe sei gewesen, die Russen zu beeindrucken – also gewissermaßen ein vorweggenommener Aspekt des zukünftigen Kalten Krieges.«

McCloy: »Das ist Unsinn, großer Unsinn. Der Hauptgrund war die Angst vor den riesigen Verlusten, die gerade in der allerletzten Phase des Krieges angesichts des berühmten Tokio-Plans und der Zähigkeit dieses Volkes zu befürchten waren. Man rechnete mit Hekatomben von Toten. Ich bedaure, was geschehen ist. Ich gehörte nicht zu jenen, die die Entscheidung zu treffen hatten. Ich hatte meine eigene Ansicht, die ich Mr. Stimson gegenüber sehr deutlich zum Ausdruck gebracht hatte: Ich war nicht dagegen, daß die Bombe abgeworfen wurde, ich war nur dafür, zuvor bestimmte Bedingungen zu stellen.«

Sevareid: »Was also hätten Sie vorgeschlagen?«

McCloy: »Es war doch so, Mr. Truman scheute sich vor einer Landung in Japan mit all den Verlusten, die dies bedeutet hätte. Als wir da alle bei ihm versammelt waren, hat er am Schluß jeden einzelnen aufgerufen und ihn gefragt: ›Können Sie mir sagen, ob

ich eine Alternative habe?‹ Und außer einem sagten alle: ›Nein.‹ Dann packten wir unsere Sachen zusammen. Plötzlich wandte Truman sich zu mir und sagte: ›Niemand verläßt diesen Raum, ohne Stellung zu nehmen *(without committing himself)*. Was meinen Sie, McCloy?‹
Ich sah Mr. Stimson an, der gab grünes Licht: ›Los, erzählen Sie, was Sie denken.‹ Ich begann: ›Jetzt geht es doch um eine politische Lösung. Ich glaube, man müßte jetzt das Geheimnis der Bombe lüften. Wir sind bis zum Pazifik vorgestoßen, es gibt kein Kriegsschiff mehr, das man versenken, kaum eine Stadt, die man noch bombardieren könnte; unser militärisches Prestige ist enorm – jetzt ist der Moment gekommen, den Japanern zu sagen, entweder ihr kapituliert oder wir haben da eine Waffe, die . . . Wir sollten sie also vorher wissen lassen, was passieren wird.‹«
Sevareid: »Sie waren doch auch in Potsdam bei der Konferenz, als Truman Stalin über die Bombe informierte?«
Mc Cloy: »Ja, damals waren wir alle tief enttäuscht, weil Stalin, der wohl schon alles wußte, keinerlei Reaktion zeigte. Alle waren am Abend zuvor sehr aufgeregt: Was wird er sagen? Was wird er tun? Und alle beobachteten ihn dann am nächsten Tag ganz genau. Er aber sagte einfach: ›Ach, ist das nicht interessant? Das ist gut . . . Was ist die nächste Frage?‹« Die Erklärung für diese Uninteressiertheit kann wohl nur gewesen sein, daß Stalin dieses wohlgehütete Geheimnis längst bekannt war!
In jenem Interview, in dem Jack McCloy über die letzten vierzig Jahre seines politischen Lebens befragt wurde, berichtete er auch über ein höchst ungewöhnliches und eindrucksvolles Zusammensein mit Premierminister Churchill, das dessen große Begabung für Dramaturgie sehr deutlich macht.
»Ich befand mich«, so erzählte der damalige Unterstaatssekretär, »auf einer Mission in London, wo ich am späten Nachmittag P. J. Grigg, den Kriegsminister, treffen sollte. Auf dem Weg dorthin

erreichte mich die Nachricht, Churchill wolle mich sehen. Der Premierminister stellte mir tausend Fragen. Als ich schließlich aufbrechen wollte, sagte er: ›Nein, ich will Ihnen London im Krieg und bei Nacht zeigen.‹ So brachen wir auf und verließen Downing Street 10 durch den Hintereingang, vor dem sich ein tiefer Bombenkrater auftat, der den Hausherrn ganz offensichtlich mit Stolz erfüllte, weil er ihm das Gefühl gab, an der vordersten Front zu sein.

Wir bestiegen ein Auto, fuhren durch London und landeten schließlich gegen 11 Uhr nachts beim Parlament. Das HOUSE OF COMMONS war ein Trümmerhaufen. Der Premierminister stand auf den Ruinen und erklärte mir, wenn er überlebe, werde er es wieder aufbauen, und zwar auch wieder so, wie es zuvor war: ›Die Bänke nicht wie im Theater angeordnet, sondern so, daß die Gegner einander gegenüber sitzen. Das verleitet weniger zu Rhetorik *(it keeps the rhetoric down)*, ist viel vernünftiger und auch intimer. Und‹, so fuhr er fort, ›ich werde auch dafür sorgen, daß nicht genug Sitze für alle da sind, damit bei den großen Debatten, wenn alles sich drängt, das Dramatische deutlicher wird. – Und nun zeige ich Ihnen, wo wir jetzt sitzen.‹

Wir gingen hinüber zum HOUSE OF LORDS. Ein Wächter mußte Licht machen. Churchill nahm auf dem Stuhl des *Prime Minister* Platz, ich daneben. Und dann wanderten seine Gedanken zurück in seine parlamentarische Zeit: Bonar Law, Lloyd George . . . viele Gestalten ließ er vorüberziehen. Und ich fragte mich die ganze Zeit, warum in aller Welt tut er das? Was bezweckt er damit? Und warum läßt er den armen Grigg so viele Stunden warten?

Aber dann plötzlich hob sich seine Stimme, und er sagte: ›Wenn ich auf das *House* blicke, dann sehe ich vor meinen Augen all die, die dort sein sollten. Meine Rivalen sind alle tot. Meine Generation wurde in Paaschendale und an der Somme ausge-

John J. McCloy

George Kennan

löscht. England kann solch einen Aderlaß zum zweitenmal nicht durchstehen, und darum bin ich so vorsichtig und zögernd, was die Invasion über den Kanal anbetrifft.‹«

»Da«, so resümierte McCloy, »dämmerte mir, warum er dies alles veranstaltete. Er hatte gehört, daß ich in London war, er wußte, daß ich Stimson nahestand, der schon sehr früh die Invasion propagiert hatte, wie übrigens auch Roosevelt, Marshall und Eisenhower. Sie alle waren immer am Widerstand Winston Churchills gescheitert, eben weil er fürchtete, noch einmal könne eine ganze Generation geopfert werden.«

Wenn man den heute achtzigjährigen McCloy fragen würde, was für ihn das Wichtigste in seinem Leben gewesen ist, würde seine Antwort wohl lauten: *To have served the country.* Für manchen von uns mag dies ein wenig pathetisch klingen, obgleich er es sicher trocken und unterkühlt herausbringen würde – Europäer sind eben skeptisch, wenn nicht zynisch geworden. Amerikaner dagegen haben, oder hatten jedenfalls bis Vietnam und Watergate, ein ganz ungebrochenes Verhältnis zum Staat: *Public service* ist ein Begriff, bei dem vielen von ihnen ein bißchen feierlich zumute wird. Um des *public service* willen hat schon mancher – auch McCloy – hohe und höchste Gehälter preisgegeben.

Jack – wie seine Freunde McCloy nennen – führt nicht das Leben eines Achtzigjährigen. Noch vor fünf Jahren jagte er Grizzlybären in Alaska. Ende vorigen Jahres erlebte ich ihn auf der Deutsch-Amerikanischen Konferenz in Bad Godesberg. Nach drei anstrengenden Tagen stand er am darauffolgenden Morgen um 6 Uhr auf, flog nach Berlin, besichtigte die Stadt mit ihren Veränderungen, war Ehrengast bei einem Mittagessen, das der Regierende Bürgermeister für ihn gab und dessen Teilnehmer er mit einer seiner stets pointenreichen Tischreden in angeregte Heiterkeit versetzte, nahm am Nachmittag an einer Diskussion bei »Aspen-Berlin« teil, der ein Empfang beim US-General folgte, und ging dann in die Oper, um die »Meistersinger« zu hören . . .

Seitdem er als junger Offizier im Ersten Weltkrieg gegen die Deutschen kämpfte, ist McCloy immer auf diese oder jene Weise mit deren Land verbunden gewesen. Die Großeltern seiner Frau waren aus Deutschland eingewandert, er spricht deutsch; zehn Jahre seines Lebens hat er als Anwalt einem berühmten Spionagefall aus dem Ersten Weltkrieg, *Black Tom*, gewidmet. Dieser Fall, in den auch Franz von Papen verwickelt war, wurde erst 1939 vom Haager Schiedsgericht entschieden: Die Deutschen mußten damals 26 Millionen Dollar Schadenersatz zahlen. Heute ist McCloy durch ein ganzes Geflecht von Freundschaften mit Europa verbunden – am dichtesten ist dies Geflecht wohl in Deutschland.

Shepard Stone, derzeit Direktor von Aspen-Berlin, jahrelang sein engster Mitarbeiter, erzählt folgende Geschichte: »Ende 1949 oder Anfang 1950, als Jack Hoher Kommissar in Deutschland war, flogen wir zusammen in die USA, um bei einem *Congress Hearing* auszusagen. An einem freien Nachmittag flogen wir hinüber nach Boston, wo Jack zu den ersten deutschen Austauschstudenten sprechen sollte. Er war außerordentlich gespannt, wie wohl die Reaktion der jungen Deutschen auf Amerika sein werde. Bis 10 Uhr abends dauerte die Diskussion, dann mußten wir zurück; aber Jack hatte noch immer nicht genug. Auf dem Rückweg nahmen wir ein junges Mädchen mit, das uns als besonders intelligent, offen und gut formulierend aufgefallen war, um die Unterhaltung fortsetzen zu können. Ihr Name: Hildegard Brücher – heute Hildegard Hamm-Brücher.«

McCloy ging im Juni 1949 als Hoher Kommissar nach Deutschland. Schon Anfang 1945 aber war er als Leiter der *Civil Affairs Division* an der Durchführung der Besetzung beteiligt. Damals

verhinderte er durch sein persönliches Eingreifen die Zerstörung der Stadt Rothenburg o.T., zu deren Ehrenbürger er 1948 ernannt wurde.
Bei McCloy kann man sich immer auf die menschlich richtige Reaktion verlassen: Im Oktober 1950 verfügte er die Entlassung von Staatssekretär Ernst von Weizsäcker aus dem Gefängnis; im August 1951 lehnte er das Gesuch ab, den Freiherrn von Neurath aus der Haft in Spandau zu entlassen. In den folgenden Jahren trat er mit großer Verve vor dem McCarthy-Tribunal für Robert Oppenheimer ein.
Ich hatte McCloy und seine Frau, die für viele Deutsche damals der gute Geist war, im Sommer 1949 kennengelernt. Als ich eines Abends in ihrer Residenz in Homburg eingeladen war, berichtete der Hausherr von einem Jagderlebnis, das sich gerade zugetragen hatte.
Bei einer herbstlichen Treibjagd – McCloy stand, die Flinte im Arm, auf einer Waldschneise – kroch plötzlich unmittelbar neben ihm statt des erwarteten Hasen ein Mann aus der Dickung, der dort gewildert oder vielleicht auch Holz gestohlen haben mochte, jedenfalls hatte er ein schlechtes Gewissen. Der Mann erschrak bis ins Mark – kreideweiß riß er den rechten Arm zum deutschen Gruß hoch und schrie: »Heil Hitler.« Einer der anwesenden Amerikaner meinte: »Da kann man mal sehen, wie tief der Nazismus bei denen sitzt.« McCloy hörte sich das an und entgegnete trocken: »Ich hatte das Gefühl, diese automatische Reaktion zeige nur, wie tief verängstigt viele Leute gewesen sein müssen, wenn sie nach Jahren noch immer die gleichen Reflexe haben.«
Zu jener Zeit, angesichts der herrschenden Arbeitslosigkeit, war unser aller Hauptsorge die Demontage von Industrieanlagen, von der die Alliierten durch keinerlei Argumente abzubringen waren. Eines Tages hatte ich durch einen Zufall erfahren, daß die

Amerikaner wahrscheinlich bereit sein würden, diesen Irrsinn einzustellen, wenn die deutsche Regierung von sich aus sieben oder acht größere Werke zur Demontage anbieten würde.

Es schien mir unerläßlich, dieses Wissen, das gut fundiert war, dem eben gewählten ersten deutschen Regierungschef mitzuteilen. Ich machte mich also – es mag Mitte Oktober 1949 gewesen sein – nach Bonn auf, um Dr. Adenauer darüber zu berichten und um ihm zu raten, sich doch mit McCloy in Verbindung zu setzen. Aber Konrad Adenauer wollte nicht. Er habe McCloy noch nicht kennengelernt, und da dessen Frau deutscher Abstammung und eine Cousine seiner verstorbenen Frau sei, möge er ihn nicht von sich aus ansprechen.

Ich vermochte nicht recht einzusehen, was Adenauers Verwandtschaft mit der Demontage zu tun habe, und sagte beiläufig, meine Unterlagen zusammenpackend, ich würde nun Kurt Schumacher, dem Chef der Opposition, die Sache vortragen. Auf diese Ankündigung hin wurde sofort Ministerialdirigent Herbert Blankenhorn, der im Nebenzimmer saß, herbeigeholt, und Konrad Adenauer nahm die Sache dann doch in die Hand.

Jetzt, beim Niederschreiben dieser Episode, erschien es mir fast unglaubwürdig, daß der Bundeskanzler den amerikanischen Hochkommissar, der sich seit fünf Monaten in der Bundesrepublik befand, noch nicht ein einziges Mal gesprochen hatte. Ich las darum noch einmal die entsprechenden Kapitel der Adenauer-Memoiren, und in der Tat, der Name McCloy erscheint dort zum erstenmal Ende Oktober 1949. Man hat ganz vergessen, wie begrenzt in ihrer Bedeutung und wie nebensächlich die deutsche Regierung in jener ersten Zeit war.

Als die deutsch-alliierten Verträge 1952 unterzeichnet waren und Deutschland seine Souveränität wiedergewonnen hatte, kehrte der amerikanische Hohe Kommissar nach Amerika zurück. Und wieder wurde er von den jeweiligen Präsidenten –

den republikanischen wie den demokratischen – für mancherlei heikle diplomatische Missionen eingesetzt.

»1962, während der Kuba-Krise, war ich gerade in Europa«, erzählte McCloy, der damals Sonderberater in Abrüstungsfragen war. »Präsident Kennedy holte mich zurück, und ich nahm dann an den entscheidenden Sitzungen im Weißen Haus teil. Es war eine ganz kritische Situation. Rusk sagte damals: *It's eyeball to eyeball.* Das Gefühl des Bedrohtseins durch sowjetische Raketen vor unserer Haustür war so stark, daß man meinte, die Gefahr mit Händen greifen zu können. Meine Reaktion war, die Dinger müssen unbedingt raus und weg, sonst ist die ganze atomare Abschreckung zum Teufel, und unsere Verpflichtung Europa gegenüber bedeutet überhaupt nichts mehr.

Als man sich im Prinzip auf höchster Ebene darüber geeinigt hatte, schickte Chruschtschow Kusnezow als Verhandler hinüber, der vorzüglich Englisch sprach; er hatte in den Vereinigten Staaten – in *Lehigh* – studiert. Wir beide haben dann die Technika: wie abgebaut und wie kontrolliert wird, in allen Einzelheiten ausgehandelt. Er war ein bißchen nervös, dachte offenbar, wir würden abgehört, denn er verlangte plötzlich hinauszugehen. So setzten wir uns draußen auf einen Zaun und legten alles bis ins letzte Detail fest. Und genauso präzis wurden alle Absprachen eingehalten. Wir waren damals so stark – sowohl nuklear wie auch konventionell –, daß den Russen gar nichts anderes übrigblieb.

Schließlich stiegen wir von unserem Zaun herunter, gaben uns die Hand, und Kusnezow sagte: *Well, Mr. McCloy, we'll never be in this situation again.*«

Von 1961 bis 1963 war McCloy Sonderbeauftragter für Abrüstungsfragen bei Präsident Kennedy. Als Kennedy im Sommer 1963 in einer Situation steigender Nervosität – Nachwehen des Mauerbaus und Vorahnung der militärischen Behinderung auf den Zufahrtswegen nach Berlin – in die Bundesrepublik zu fahren beschloß, bat er zuvor McCloy zu sich, um ihn – den ehemaligen Hochkommissar – zu konsultieren. Gleich zu Beginn des Gesprächs teilte er McCloy mit, daß er nicht nach Berlin gehen werde, all seine Berater hätten ihm dringend davon abgeraten. McCloy war wütend: In diesem Moment nicht nach Berlin zu fahren . . . »Dann ist es besser, gar nicht erst in die Bundesrepublik zu reisen!«

Erst daraufhin hat der Präsident sich umentschlossen. Er fuhr in die alte Reichshauptstadt, wurde mit tumultartiger Freude begrüßt und sprach jene bekannten Sätze: »Alle freien Menschen, wo immer sie leben mögen, sind Bürger dieser Stadt Berlin, und deshalb bin ich als freier Mann stolz darauf, sagen zu können: Ich bin ein Berliner.« Nach seiner Rückkehr ließ er McCloy wieder kommen und sagte ihm, er habe nie zuvor so Eindrucksvolles erlebt.

Vor einigen Jahren – der Begriff Establishment war gerade aufgekommen – wurde in Amerika, genau wie bei uns, gern das Spiel gespielt: »Wer gehört zum Establishment?« In einem Freundeskreis, dessen Mittelpunkt Kenneth Galbraith war, wurde wie bei einem Puzzle die Idealfigur theoretisch zusammengesetzt: der Betreffende muß in Harvard studiert haben; er muß ein WASP *(White Anglo-Saxon Protestant)* sein; ferner als *Chairman* der FORD FOUNDATION, des COUNCIL ON FOREIGN RELATION und der CHASE MANHATTAN BANK fungiert sowie verschiedenen Präsidenten in hohen Posten gedient haben. Nachdem man sich auf diesen Typ geeinigt hatte, wurden die Lebensläufe einiger prominenter Amerikaner nachgeschlagen. Der einzige, auf den alle Vorbedingungen optimal zutrafen, war McCloy.

Aber diejenigen, die da meinen, man werde ins Establishment geboren, werden durch ihn eines Besseren belehrt: Jack McCloy war sechzehn Jahre alt, als sein Vater, ein kleiner Versicherungsbeamter, starb. Da der Vater keine Versicherung hinterlassen hatte, mußte seine Witwe zu Haus Wäsche waschen, damit der junge Jack auf die Quaker-Schule gehen konnte.

John J. McCloy wurde nicht ins Establishment geboren. Und er hat sich seine eigene Lebensweise und seine eigenen Maßstäbe erhalten: Er übernimmt keinen Vorsitz, wenn er sich dem Unternehmen nicht wirklich widmen kann; er hält nie große Reden, sondern ist immer der Fragende: »Was hältst du von dieser oder jener Sache . . .?« Viele nennen ihn das Gewissen Amerikas.

Planungschef beim Wiederaufbau der Welt

George Kennan

Im Januar 1947 – George Marshall war seit kurzem Außenminister, Dean Acheson sein Unterstaatssekretär – wurde George Kennan eines Tages zu Acheson gerufen, der ihm mitteilte, General Marshall habe beschlossen, einen Planungsstab im STATE DEPARTMENT einzurichten und er, Kennan, solle dessen erster Direktor werden.

Kennan, der zuletzt Botschaftsrat in Moskau gewesen war, hatte noch keinen selbständigen größeren Posten gehabt. Sein Name war außerhalb des State Department nur den Rußland-Spezialisten bekannt. Als aber im gleichen Jahr in der Juli-Ausgabe von *Foreign Affairs* ein Artikel erschien, der den Titel trug »Sources of Soviet Conduct«, und als die *New York Times* dann noch herausfand, daß der Autor, der mit Mr. X gezeichnet hatte, George Kennan, der Chef des neuen Planungsstabs war, da änderte sich dies mit einem Schlag.

Die Kommentatoren griffen zu Papier und Feder. In allen europäischen Kabinetten wurde der Artikel, seine Analyse und die Perspektiven, die er aufzeigte, diskutiert. Jedermann meinte, nun endlich das offizielle Konzept Washingtons zu erfahren – dabei handelte es sich im Grunde nur um Kennans persönliche Meinung. Dennoch sollte jene Spekulation sich bestätigen, denn Kennans Schlußfolgerungen wurden sehr bald zur offiziellen

Politik. Seine Analyse war das Fundament für die von Truman und Acheson eingeleitete Politik der Eindämmung des sowjetischen Imperialismus.

Nie zuvor und nie wieder seither hat ein Artikel eine solche Resonanz, eine so nachhaltige Wirkung gehabt. Immer wieder wurde er nachgedruckt, Jahre hindurch zitiert. Walter Lippmann schrieb im Sommer und Herbst jenes Jahres eine Serie von zwölf Folgen, die sich kritisch mit Kennans Gedanken auseinandersetzte. Und auch heute, fast dreißig Jahre später, weiß jeder politische Kommentator, was gemeint ist, wenn vom Artikel des Mr. X die Rede ist.

Ein Wort zur Genesis dieser sensationellen Niederschrift: James Forrestal, *Secretary of the Navy*, hatte Kennan einen Aufsatz über Rußland geschickt mit der Bitte, ihn sein Urteil wissen zu lassen. Kennan fand es einfacher, seine in vielem abweichende Meinung in einem eigenen Papier zum Ausdruck zu bringen, denn während der letzten zwei Jahre in Moskau hatte er nichts anderes getan, als über das Wesen der sowjetischen Macht nachzudenken und darüber, welche Probleme sie für die amerikanische Politik aufwirft. Als er bald darauf über dieses Thema vor dem COUNCIL ON FOREIGN RELATION in New York sprach, wo auch Ham Armstrong, der Chefredakteur von *Foreign Affairs*, ihn hörte, bat dieser ihn, einen Artikel dazu zu schreiben. Kennan fragte Forrestal und das STATE DEPARTMENT um Erlaubnis und schickte Armstrong das für Forrestal konzipierte Papier.

Er schickte es, ohne die geringste Ahnung zu haben, was da auf ihn zukommen würde, und vor allem ohne schließlich die geringste Freude an seinem Erfolg zu haben: Einiges war mißverstanden worden: er fand seine Empfehlung, *containment of Russia* – Eindämmung Rußlands –, als Grundorientierung gedacht, zur Doktrin erhoben. George Kennan, der selber sagt: *»When I think about foreign policy, I do not think in terms of doctrines. I* *think in terms of principles«*, litt schwer. Als hoher Beamter des STATE DEPARTMENT konnte er zu all diesen Interpretationen nicht Stellung nehmen, auch nicht auf Lippmanns Serie antworten. Am Ende lag er mit Magengeschwüren im Hospital: »Ich fühlte mich wie einer, der einen Felsbrocken auf einer Bergspitze losgetreten hat und nun hilflos zusehen muß, wie dieser seinen verhängnisvollen Lauf ins Tal unaufhaltsam fortsetzt.«

Im ersten Band seiner Memoiren schildert Kennan, was ihm vorgeschwebt hat, als er den X-Artikel schrieb. Er fand, daß Amerika während des Krieges und auch in der Periode danach der sowjetischen Expansionslust zu viele Konzessionen gemacht hatte, in der Hoffnung, auf diese Weise eine positive Zusammenarbeit zwischen Amerika und der Sowjetunion für die Nachkriegszeit sicherstellen zu können. Er fürchtete, daß viele Leute und manche Regierungen, die die Vergeblichkeit dieses Bemühens beobachtet haben, alle Hoffnung würden fahren lassen und sich dem Defätismus anheimgeben könnten, anstatt sich gemeinsam gegen die sowjetische Expansion zu wappnen. Eben darum *containment of Russia* als wichtigste Aufgabe. In dem Artikel hieß es, es sei notwendig, die Russen mit einer wirklichen Gegenkraft zu konfrontieren.

Nun hatte Kennan aber nicht so sehr militärisches als vielmehr politisches *containment* gemeint – hier saß das Mißverständnis. Sein Plan war es nicht, rund um die Sowjetunion militärische Stützpunkte aufzubauen, um auf diese Weise jede Aggression zu verhindern. Er war überzeugt, daß die Sowjetunion keine Lust hätte, noch weitere Gebiete zu annektieren. Die Sowjets haben sich einmal, in Finnland, die Finger verbrannt, so räsonierte er, auch scheuten sie die Verantwortung, die eine offene Invasion mit sich bringe, und arbeiteten darum sehr viel lieber politisch über Agenten und Strohmänner. »Wenn ich politisch sage«, fügte er hinzu, »heißt dies keineswegs ohne Gewalt, aber es heißt, daß die Gewalt innenpolitisch ist, nicht international – daß es sich also, wenn man so will, um eine Polizeiaktion handelt, nicht um ein militärisches Unternehmen.«

Zwei Grundüberzeugungen ziehen sich durch alles, was Kennan während der letzten dreißig Jahre in Artikeln, Interviews, Büchern und bei *Hearings* im Senat immer wieder und mit großer Konsequenz vorgetragen hat: *Erstens:* es ist falsch, alle Energien immer nur auf das Militärische zu konzentrieren. *Zweitens:* viel wichtiger ist die geistige, soziale und ökonomische Situation eines Landes.

Er war gegen die Errichtung der Nordatlantischen Allianz und der NATO, jedenfalls in der schließlich vollzogenen Form. Er meinte, durch die ständige Diskussion des militärischen Ungleichgewichts und durch die Stimulierung militärischer Rivalität werde die Gefahr, die man bannen wolle, erst richtig heraufbeschworen. Auch war er überzeugt, der Aufbau einer umfangreichen Militärmaschine werde die notwendige Konzentration auf das wirtschaftliche Wiederaufbau-Programm behindern und große Teile der dafür dringend benötigten finanziellen Mittel beanspruchen.

Heute sieht er sich bestätigt: »Die militärische Rivalität sowohl auf den Meeren als auch hinsichtlich der Nuklearwaffen erhält jetzt ihr eigenes Momentum; unaufhaltsam bewegt sie sich vorwärts wie ein Objekt im Weltraum« *(riding along on its own momentum like an object in space).*

Überdies hielt Kennan den Prager Coup im März 1948, der ja die Gründung des Nordatlantik-Paktes ausgelöst hatte, für kein so einschneidendes Ereignis. Er hatte diese Entwicklung schon im Herbst 1947 kommen sehen. Am 7. November 1947 hatte er Marshall eine Analyse der Weltsituation übergeben, in der er voraussagte, die glücklicherweise erfolgreiche »Eindämmung« der Sowjetunion müsse ja dazu führen, daß Moskau nun an der westlichen Peripherie des Imperiums die Schotten dicht machen werde. Solange der Kommunismus immer weiter nach Westen vordrang, diente es, so meinte er, den russischen Interessen, in der ČSSR zu zeigen, wie »frei« man im östlichen Orbit leben könne – nun aber werde dies anders werden: »Wir müssen uns darauf gefaßt machen, daß sie die demokratischen Institutionen einfach wegfegen werden, um die kommunistische Macht zu konsolidieren.«

Kennan fand es auch falsch, Deutschland wiederzubewaffnen, weil er befürchtete, Osteuropa und die Sowjetunion könnten dann aus Angst vor Deutschland zu einem Block zusammengeschweißt werden, wodurch die Teilung nicht nur Deutschlands, sondern Europas verewigt würde. Er hat schließlich den Krieg in Vietnam tief beklagt, weil er ihn von Anfang an für ungerechtfertigt und überflüssig hielt und für sinnlos auch im Sinne der Protagonisten dieses Unternehmens; er meinte, daß dieser Kriegsschauplatz die Aufmerksamkeit von den eigentlich wichtigen Problemen, der Kontrolle und schrittweisen Eliminierung der Atomwaffen, ablenken werde.

In einem einstündigen Fernseh-Interview mit Eric Sevareid im Juli 1975 antwortete Kennan auf die Frage, wie er sich erkläre, daß es überhaupt zu Vietnam hatte kommen können: »Ich komme beim Nachdenken immer wieder zurück auf die hypnotische Kraft des Syndroms, das wir ›Kalter Krieg‹ nennen. Es ist dem politischen Leben Amerikas in der Zeit des McCarthyismus und während der Auseinandersetzung über unsere China-Politik aufgezwungen worden. Mir scheint, daß seither jede Regierung Angst hatte, sie könne beschuldigt werden, nicht antikommunistisch genug zu sein.«

Dies sagt ein Mann, der nicht naiv nach Osten blickt, sondern einer, der Rußland, seine Geschichte und Zeitgeschichte wie ganz wenige andere kennt und der sehr früh feststellte, daß der sowjetische Imperialismus nur dann gestoppt werden kann, wenn er auf Widerstand stößt. Immer schon hatte Kennan vor dem Machtanspruch der Sowjets gewarnt.

Dean Acheson schreibt in seinen Erinnerungen »Present at the Creation«, George Kennan, der damals *Chargé d'Affaires* in Moskau war, habe auf Anforderung einen Kommentar zu der überraschend feindlichen Rede gekabelt, die Stalin am 9. Februar 1946 gehalten hatte. Der Außenminister schreibt: »Ein langer, wahrhaft bemerkenswerter Bericht, der einen tiefen Eindruck auf das Denken innerhalb der Regierung machte – auch wenn es noch ein ganzes Jahr dauerte, bis die Regierung sich entschloß, entsprechend den Beweisen für die Kennanschen Thesen, die dann vorlagen, zu handeln. Kennan diagnostizierte auch den Grund der sowjetischen Neurotik, mit der Moskau die weltpolitischen Probleme betrachtet: Jahrhunderte von Furcht – physischer Furcht der Bürger und politischer Furcht der Herrscher. Für die Regierung – sowohl zaristischer als auch bolschewistischer Prägung – war immer Infiltration durch den Westen die größte Gefahr.«

Acheson fährt fort: »Kennan sagte voraus, sowjetische Politik werde es sein, jedes Mittel zu nutzen, um den Westen zu unterwandern, zu teilen und zu schwächen; die Mittel würden die kommunistischen Parteien, die Diplomatie, die internationalen Organisationen einschließen; die Sowjets würden alles, was ihnen nicht paßt, blockieren, Finten ersinnen, schwache Stellen ausfindig machen . . .«

George Kennan meint, es sei ein großer Fehler gewesen, die amerikanische Öffentlichkeit so schlecht vorbereitet zu haben auf den Umschwung von der Kriegsallianz – »die tapferen und beklagenswerten russischen Verbündeten« – zur Rivalität der Nachkriegszeit – »die bösen sowjetischen Störenfriede«. Die Konsequenz der daraufhin einsetzenden Enttäuschung sei jener aggressive Antikommunismus gewesen, der Ende der vierziger Jahre durch Moskaus immer neue Vorstöße in Osteuropa reichlich Nährstoff bekam. Als eine Art Faustregel im Umgang mit Russen formulierte er einmal: »Nur diejenigen können mit den Russen auskommen, die bewiesen haben, daß sie ebensogut ohne sie auskommen können.«

Hieß seine eine Grundregel: Nicht alles auf das Militärische konzentrieren, so war seine andere, bei vielen Äußerungen immer wieder durchscheinende Überzeugung die Komplementärgröße zu der ersten, nämlich: Die geistig-moralische und sozial-ökonomische Verfassung eines Gemeinwesens ist wichtiger als die militärische Stärke. Er meint, wenn man der tiefsitzenden Angst der Leute nachgehe, dann stelle man fest, daß sie sich gar nicht von außen bedroht fühlten, sondern daß ihre Unsicherheit vielmehr aus dem Inneren wachse, aus dem Bewußtsein, die eigene Zivilisation ist schwach geworden: »Die Schwäche einer übertrieben materialistischen Zivilisation, die Unfähigkeit, sich zusammenzureißen und der Bevölkerung im Frieden irgendeine Disziplin oder gar ernsthafte Opfer abzuverlangen.«

Vielleicht kann man diesen Grundzug George Kennans nur dann verstehen, wenn man sich Rechenschaft darüber gibt, daß er das Endprodukt einer langen Reihe landgebundener Generationen ist. Alle seine Vorfahren waren Farmer. Wie sehr er selber noch diesem Lebenskreis verhaftet ist, merkt man erst, wenn man bei ihm auf seiner Farm in Pennsylvania ist oder wenn man ihn in Norwegen, der Heimat seiner Frau, besucht, wo die beiden stets einige Wochen im Sommer verbringen.

Dort auf dem Lande, in Pennsylvania oder Norwegen, da lebt Kennan nicht wie ein Botschafter auf seinem Sommersitz, sondern wie ein Bauer, der alles selber bastelt, der gelernt hat, sich zu bescheiden. In derben Stiefeln und alter Joppe stapft er umher, baut an einem Schuppen, legt eine neue Steintreppe an, zimmert ein Fenster, konstruiert eine Seilwinde. Seine Werkstatt, in der alles erdenkliche Handwerkszeug sauber der Größe nach aufgehängt ist, verrät eine gewisse Pedanterie. Sich abfinden und sich einschränken, diese Tugenden hat er dort auf dem Lande, wo nicht alles machbar, nicht alles für Geld zu haben ist, schätzengelernt.

Wenn wir das nicht mehr können, dann, so meint er, sei es schlecht um unsere Zukunft bestellt; denn daß die Russen dies können, das weiß er aus eigener Anschauung. In einer Rede vor dem Frauenclub der Demokratischen Partei hat er im Oktober 1959 gesagt:

»Wenn Sie mich als Historiker fragen, ob ein Land wie das unsere auf lange Sicht Aussicht hat, mit einer zweckbestimmten, entschlossenen und disziplinierten Gesellschaftsordnung wie der sowjetischen zu wetteifern, ein Land, das übermäßiges Gewicht auf Komfort und Vergnügen legt, in seinem Bildungssystem Qualität durch Quantität ersetzt und nicht genügend soziale Disziplin aufbringt, um seine wichtigsten Industriezweige ohne verhängnisvolle Unterbrechung in Gang zu halten, wenn Sie mich also fragen, ob dieses Land mit der Sowjetunion lange konkurrieren kann, so lautet meine Antwort: Nein.«

Und aus dem gleichen Gefühl stammt die Antwort, die er einmal auf die Frage gab, warum wohl der Marxismus für die Jugend trotz Prag und Solschenizyn noch immer soviel Anziehungskraft besitze. Kennans Antwort: »Ich kann mir dies nur als die sublimierte Form einer Aversion gegen die moderne Gesellschaft erklären; gegen ihren Materialismus, ihren Mangel an Idealen, ihren ständigen Appell, den sie nicht an die Bereitschaft, für das Ganze Opfer zu bringen, richtet, sondern an private, egoistische Zielsetzungen. Ich denke, wir alle zusammen haben die Jugend in mancher Beziehung sitzengelassen, und ich meine, daß vielmehr dies als irgendein tiefes Verständnis für den Marxismus der Grund dafür ist, daß sie sich dieser Slogans bedient.«

Seitdem ich George Kennan Anfang der fünfziger Jahre bei Ernst Kantorowicz in Princeton kennenlernte, habe ich mich oft gefragt, worin eigentlich das Charisma besteht, das er unbestreitbar besitzt. Wieso hat er, so frage ich mich, einen so starken Einfluß auf junge Leute, auch wenn sie manche bittere Wahrheit von ihm zu hören bekommen. Wie kommt es, daß die jeweilige Regierung in Washington mit gespannter Aufmerksamkeit lauscht, wenn er seit Roosevelts Zeiten und bis heute deren Politik kritischer Betrachtung unterzieht.

Ist es der Historiker, dessen glasklare, emotionslose Analyse der jeweiligen Situation fasziniert, oder die kenntnisreiche, differenzierte Betrachtungsweise des weltoffenen Diplomaten oder schließlich die brillante Darstellung, die den großen Schriftsteller verrät, der, auch wenn er nicht ein bedeutender Historiker und ein einflußreicher Diplomat wäre, mit seinen Werken in das Pantheon jenseits des Ozeans eingehen würde?

Ich weiß, daß er dies alles auch ist, aber wichtiger bei der Beantwortung jener Frage scheint mir etwas anderes zu sein. Das, was George Kennan zu einer ziemlich einmaligen Erscheinung macht, ist seine moralische Autorität:

Seine Unbestechlichkeit Erfolg und Ruhm gegenüber. (Als ich ihm vor Jahren einmal voller Stolz vom Erfolg der ZEIT berichtete, sagte er nur: *Oh Marion, beware of success!*)

Sein Unangefochtensein durch Rücksichtnahme auf Karriere oder Popularität. (Es ist erstaunlich, mit welcher Bedenkenlosigkeit ein übertrieben korrekter Beamter und eher schüchterner Mensch sich nie gescheut hat, offene Kritik an der höchsten Führung zu üben, wenn die Sache dies nach seiner Meinung erfordert – beispielsweise bei der Deutschlandpolitik oder bei Vietnam.)

Seine Unabhängigkeit gegenüber allem, was gerade Mode ist, was bewundert oder kritisiert wird; was als modern kultiviert oder als reaktionär verdammt wird. (Er findet, Apartheid ohne soziale Diskriminierung entspreche bei Rassenverschiedenheit dem normalen Bedürfnis aller Beteiligten.)

Jeder denkende Mensch meidet Klischees, aber George Kennan entlarvt auch die, die man noch gar nicht als solche erkannt hat: »Daß der Frieden unteilbar ist« – wer hätte diese Metapher nicht schon benutzt –, »dies«, sagt er, »ist einfach nicht wahr und war zu keiner Zeit wahr. Immer wird es Konflikte geben, und die Sicherheit kann nur darin liegen, diese Konflikte zu isolieren und zu entschärfen. Wenn man darauf wartet, daß der ungeteilte Frieden sich einstellt, dann muß man in alle Ewigkeit darauf warten, anstatt zu handeln.« Oder: »Von allen Klischees, die zum Repertoire der NATO gehören, gibt es keines, das weniger mit der Wirklichkeit zu tun hat als das Gerede von einer ›nuklearen Erpressung‹. Wo, wann, gegen wen ist sie denn je eingesetzt worden?« so fragt er.

»Sie behaupten, George sei emotionslos«, sagte ein gemeinsamer Freund, mit dem ich über Kennan sprach, und fuhr fort: »Ich kenne niemanden, der so sehr Stimmungen unterliegt, der so leicht deprimiert ist, so sehr an der Welt, der Menschheit, dem eigenen Schicksal leidet.«

Es ist richtig, Kennan ist im Grunde ein melancholischer, sensibler Mensch, den jedes Ereignis in Schwingung versetzt, aber das meine ich nicht. Solche Emotionen befähigen ihn, das Tragische im Ablauf der Geschichte zu spüren, die hoffnungslose Diskrepanz zwischen Denken und Handeln, zwischen Planen und Vollenden. Dies ist es, was George Kennan eine Dimension mehr verleiht, als die meisten Beobachter besitzen. Aber wenn es ums akademische Analysieren geht – und daran dachte ich –, dann ist er ganz unbestechlich, ganz unangefochten

durch eigene Wünsche, Absichten oder Emotionen.
Es ist wahr, er hat es schwer mit seiner Dünnhäutigkeit. Immer ist er von allen Spannungen, Katastrophen und Unbilden betroffen – ob sie sich auf weltpolitischer Bühne ereignen oder im Familien- und Freundeskreis. Sich selbst gegenüber ist er von äußerster Radikalität in seinen Forderungen. Für andere hingegen bringt er viel Geduld auf. Er versteht es, zuzuhören, auch dann noch, wenn er längst gemerkt hat, daß es sich nicht lohnt; er drängt niemandem seine Erkenntnisse auf, hält nie belehrende Vorträge, aber er weiß sehr genau, was sein Urteil wert ist. Mit anderen Worten: Er kennt seinen Rang und ist dennoch von äußerster Bescheidenheit.
Im Februar 1945 – in Jalta tagte die Kriegsallianz im Hochgefühl und Überschwang des bevorstehenden Sieges über Hitler – erhielt Chip Bohlen, der als Berater und Dolmetscher Roosevelts an der Konferenz teilnahm, einen Brief von George Kennan aus Moskau, den er in seinem Buch »Witness to History« erwähnt. Bohlen schreibt: »Kennan, der sechs Monate zuvor als Botschaftsrat an die Botschaft nach Moskau gegangen war, war von tiefem Pessimismus erfüllt. Er hielt nichts von den optimistischen Äußerungen, die im Licht der militärischen Erfolge allenthalben gemacht wurden. Er sah voraus, daß die Konflikte unvermeidbar sein würden, die aus dem Wunsch der Alliierten, in Europa gesicherte, unabhängige Nationen zu etablieren einerseits und dem sowjetischen Drängen nach Westen andererseits entstehen mußten.«
George Kennan hatte damals schon eine Reihe Vorstellungen hinsichtlich der politischen Richtlinien, die er dem Freund in Jalta an Hand gab. Was Deutschland anbetraf, so war sein Rat, daß die Vereinigten Staaten die Teilung Deutschlands als Faktum akzeptieren, weil es unmöglich ist, gemeinsam mit den Russen eine Verwaltung zu führen, daß aber sofort begonnen

werden müsse, zusammen mit England und Frankreich eine westeuropäische Föderation zu gründen, die Westdeutschland einschließt.

George Kennan hat die Fähigkeit, ganz ohne Illusionen, aber auch ohne jede Ranküne zu analysieren und zu diskutieren. In einem Interview, das *Foreign Policy* im Sommer 1972 veröffentlichte, konterte er eine Betrachtung seines Gesprächspartners: »Sie führen eine Reihe von Dingen an, die Rußland zur Last gelegt werden: die Entsendung seiner Flotte in ferne Ozeane, Programme für militärische und industrielle Entwicklungshilfe, Verträge mit den Arabern und mit Indien, ausgedehnte Handelsbeziehungen mit bestimmten Ländern. Das ist alles richtig. Aber gibt es irgendeinen Grund, warum ein Land von der Größe Rußlands und seines ökonomischen Potentials diese Dinge nicht tun sollte? Gibt es etwas in dieser Aufzählung, was wir Amerikaner nicht tun, worin wir nicht vorangegangen wären?« Irgendeine Sonderstellung für Amerika zu fordern, entspricht nicht Kennans Weltbild. Und den Missionseifer, mit dem einige seiner Landsleute vor allem zu Dulles' Zeiten die Welt zu beglücken trachteten, findet er politisch abwegig schon deshalb, weil dadurch Erwartungen geweckt und Verpflichtungen eingegangen werden, die höchst lästig sind oder werden können. Darum war er 1947 auch entschieden gegen gewisse Passagen der Truman-Doktrin, beispielsweise gegen den Satz des Präsidenten: »Ich glaube, es muß die Politik der Vereinigten Staaten sein, diejenigen freien Völker zu unterstützen, die der Unterdrückung durch bewaffnete Minderheiten oder auswärtigen Druck widerstehen.« Kennan konnte nicht verstehen, warum man die spezifische Hilfe für Griechenland in den Mantel universaler Deklarationen kleidete.

Als ihn jemand einmal fragte: »Ist es eigentlich den Russen gelungen, uns zu überrunden?«, antwortete Kennan: »Nein, wir

– wie auch die Russen – haben uns unsere Niederlagen selbst beigebracht; keiner von beiden war den eigenen, anmaßenden Prätentionen früherer Jahre gewachsen.« Kennans sachliches und ungemein objektives Verhältnis zur Sowjetunion und zum Kommunismus hat die Ideologen und Fanatiker jeglicher Couleur verärgert: Die einen tadeln ihn als *Appeaser*, die anderen als *Kalten Krieger*. Dulles nannte seine Konzeption »negativ, nutzlos und unmoralisch«.

George Kennan kümmert dies alles wenig. Er scheut sich nicht, öffentlich zu erklären, daß er gegen eine egalitäre Gesellschaft ist. Er bezeichnet sich selbst als »Elitist,« also als jemanden, der an Eliten glaubt. Er hofft, daß sein Land nie ohne eine Elite sein werde, denn was sei die Alternative anderes als graue Mittelmäßigkeit.

Zuweilen hat er Ansichten, die ihn nach landläufiger Terminologie zum »Reaktionär« stempeln – aber ich habe nie gehört oder gelesen, daß er als solcher bezeichnet worden wäre. Jedermann spürt, daß er viel zu nuanciert ist, um in solche Kategorien gepreßt zu werden. Auch gewährt Lauterkeit wahrscheinlich eher Sicherheit gegen unqualifizierte Angriffe als der übliche Panzer aus Arroganz und banalen Modewahrheiten. Manchmal bringt das, was er beispielsweise über die Dritte Welt oder über Südafrika von sich gibt, auch mich in Harnisch, aber seine Begründungen sind so differenziert, daß ich mich hinterher frage, ob nicht vielleicht doch ich unrecht habe und nicht er.

In der Zeit, in der die entscheidenden Fundamente für die Epoche nach dem Zweiten Weltkrieg gelegt wurden: Truman-Doktrin, Marshall-Plan, Japan-Politik, war George Kennan als Chef des Planungsstabs im STATE DEPARTMENT instrumental und verantwortlich an den Entscheidungen beteiligt.

Es ist interessant, von ihm zu hören, wie kurz entschlossen ein so gewaltiges Werk wie der Marshall-Plan in Szene gesetzt worden ist – von den ersten Denkanstößen bis zur Verkündung sind nur fünf Wochen, allerdings intensivster Arbeit, vergangen.

Am 28. April 1947 kam George Marshall höchst deprimiert von der Außenministerkonferenz in Moskau zurück. Ihm war klargeworden, daß die Sowjets ein Interesse am wirtschaftlichen Niedergang Europas als Vorstufe zur »Machtergreifung der Kommunisten« hatten und daß es keinerlei gemeinsame Politik der Sieger geben könne. Er ließ Kennan kommen, der den Posten im Planungsstab noch nicht übernommen hatte, und trug ihm auf, einen *Ad-hoc*-Stab zusammenzustellen und in möglichst kurzer Zeit einen Bericht zu verfassen, der die wichtigsten Empfehlungen für das, was in Europa geschehen müsse, aufzeige; denn, so die Begründung, der Zustand dort verschlechtere sich in rapider Weise.

Am 5. Mai war der Stab beisammen. Es waren etwa ein halbes Dutzend Leute, von denen jeder Zugang zu den Erfahrungen einschlägiger Experten in verschiedenen Ministerien und Abteilungen hatte. Sie arbeiteten Tag und Nacht. Am 23. Mai legten sie Außenminister Marshall ihren Bericht vor, bei dem sie zwischen kurzfristigen und langfristigen Empfehlungen unterschieden. Der Außenminister versammelte am 28. Mai die Spitzen des Amts und die zuständigen Abteilungsleiter in seinem Büro und ließ die Arbeit in allen Einzelheiten diskutieren. Dann wurde Kennan aufgefordert, zu der Kritik Stellung zu nehmen. Er begründete noch einmal die wesentlichen Richtlinien, von denen er und der Planungsstab ausgegangen waren:

1. Daß Deutschland wirtschaftlich wieder voll und ganz auf die Beine gestellt wird und daß dies einen entscheidenden Beitrag für ein wiedererstarkendes Europa abgeben solle.
2. Daß die Europäer selber die Initiative für ein solches Programm ergreifen und Verantwortung übernehmen müssen.

3. Daß das Angebot ganz Europa – also auch den Osteuropäern gegenüber – abgegeben werden soll, damit, wenn denn Europa schon geteilt werden müsse, dies durch die Antwort der Russen und nicht durch die Offerte der Amerikaner geschieht.

Diese Grundgedanken und Erkenntnisse sind dann in vollem Umfang in die berühmte Rede eingegangen, mit der General Marshall am 7. Juni 1947 in Harvard das Programm der *European Recovery* verkündete.

In jener ersten Phase der Nachkriegszeit, in der die Welt sozusagen neu geschaffen wurde, in der die Strukturen verändert, andere soziale Muster erprobt und neue Allianzen gebildet wurden, kam dem Planungsstab soviel Bedeutung zu, wie er seither nie wieder gehabt hat. Dies lag zum Teil daran, daß die Politiker und auch die Bürokratien in den Ministerien damals mit akuten Problemen so vollständig ausgelastet waren, daß der Planungsstab für seine langfristigen Überlegungen unangefochtenen Spielraum bekam, und zum anderen lag es in der Person George Kennans.

Anders als die meisten Politiker und fast alle politischen Beobachter, die im allgemeinen nur die Anregungen anderer weiterdenken oder ergänzen, ist er ein originärer Denker. Damals, an jenem Wendepunkt der Geschichte, hat er die Welt und ihre Entwicklungstendenzen sowie die Akteure und deren Ambitionen neu zu durchdenken vermocht – nicht als Politiker, der von tausend Dingen abhängig ist, sondern als kreativer Mensch mit großem, historischen Wissen und politischer Phantasie.

Nachdem die Planung für Europa konzipiert und von höchster Stelle verkündet worden war, wandte sich die Aufmerksamkeit des Planungsstabs im Herbst 1947 Asien und dem anderen besetzten Gebiet – Japan – zu. Kennan sah die Entwicklung sehr zutreffend voraus: »Solange die chinesischen Kommunisten eine Minderheitsbewegung sind, die um ihr Leben kämpft ... müssen sie gute Beziehungen zu Moskau unterhalten. Sollten sie zu einer Mehrheit werden, sollte es ihnen gelingen, einen größeren Teil Chinas unter ihre Kontrolle zu bekommen, dann könnte es sein, daß ihre Beziehung zu Moskau von da ab nicht viel anders sein werde als heute diejenige Tschiang Kai-scheks – denn dann wären sie viel eher in der Lage, eine unabhängige Position Moskau gegenüber einzunehmen.«

In Washington gab es damals kein Konzept für Japan. Die Vorstellung war ganz einfach, daß nach vollzogener Entmilitarisierung und nach Sicherstellung der Reparationsleistung die Besetzung beendet und ein Friedensvertrag abgeschlossen werden würde. Im Juli 1947 hatte das STATE DEPARTMENT auf Vorschlag McArthurs an die elf Mitglieder der FAR EASTERN COMMISSION Einladungen zu einer Vorkonferenz geschickt, die den Entwurf des Friedensvertrags vorbereiten sollte. Russen und Nationalchinesen widersprachen diesem Plan heftig. Glücklicherweise, meint Kennan, denn wäre zu diesem Zeitpunkt ein Friedensvertrag zustande gekommen, wäre also Japan geräumt und dann sich selbst überlassen worden, hätte niemand sagen können, was aus dem Land werden würde. Nicht nur, weil es in einem vollständig wehrlosen Zustand und nach Abtretung der Kurilen und Südsachalins an die Russen auch noch von sowjetischen Stützpunkten eingekreist war, sondern weil auch die kommunistischen Fortschritte in China nicht ohne Einfluß auf Japan hätten bleiben können.

Niemand, weder in Washington noch bei den Alliierten Regierungen, hatte sich den Kopf darüber zerbrochen, auf welche Weise das Land sich werde schützen können. Der Chef des Planungsstabs, George Kennan, legte darum im Oktober jenes Jahres seine Besorgnis in einem Papier für Außenminister

Marshall nieder und schlug vor, die Vorbereitung eines Friedensvertrages einstweilen zurückzustellen.
Ende 1948 wurde Kennan von Marshall nach Japan geschickt, um die Situation zu studieren. Seine Schilderungen waren niederschmetternd: Millionen ausgebombter Leute, die Besatzungskosten auf etwa ein Drittel des staatlichen Budgets angestiegen, Chaos in der Industrie, wo laut Befehl die großen Konzerne aufgelöst werden mußten, ohne daß gesagt worden wäre, was weiter geschehen solle. Säuberungsprozesse, die ein gigantisches Ausmaß angenommen hatten – allein 120 000 Lehrer, insgesamt 700 000 Personen waren bereits mit Methoden und nach Gesichtspunkten, die für niemanden durchsichtig waren, »entnazifiziert« worden, und noch war das Ende dieser Massenveranstaltung nicht abzusehen.
Kennans Bericht enthielt detaillierte Empfehlungen: Lockerung des Besatzungsregimes, mehr Verantwortung für die Japaner; weniger Reformen, mehr wirtschaftlicher Wiederaufbau; Stopp der Reparationen und der Reinigungsprozesse; Reduzierung der Besatzungsarmee und der Besatzungskosten auf ein Minimum; Verstärkung der japanischen Polizei, Ausrüstung einer starken Küstenwache und maritimer Polizeikräfte. Bei all seinen Empfehlungen behielt er immer das Ziel vor Augen, letzten Endes mit den Russen zu einem Arrangement zu kommen: Rückzug der amerikanischen Verbände aus Japan (mit Ausnahme von Okinawa) gegen gewisse russische Zusicherungen in Korea.
Jene Empfehlungen, die Ende 1948 vom NATIONAL SECURITY COUNCIL und vom Präsidenten genehmigt wurden, sind dann zur Grundlage der neuen Politik in Japan geworden.
Im ersten Band seiner Memoiren schreibt George Kennan abschließend: »Ich habe das Gefühl, daß, nach der Arbeit am Marshall-Plan, mein Anteil am Zustandekommen dieser Veränderungen der wichtigste konstruktive Beitrag gewesen ist, den

ich für die Regierung in all den Jahren habe leisten können.«
Damit allerdings sollte seine offizielle Tätigkeit auch ihr Ende finden. Am 1. Januar 1949 hatte Dean Acheson die Führung des STATE DEPARTMENT übernommen. Kennans Beziehungen zu diesem Chef waren anders und schwieriger als die zu Marshall. Und als im Herbst 1949 die obere Etage des STATE DEPARTMENT plötzlich verlangte, daß die Papiere des Planungsstabs von den Unterstaatssekretären und Abteilungsleitern diskutiert werden sollten, ehe sie den Außenminister erreichten, daß sie also diesem nicht mehr direkt vorgelegt werden dürften, sah Kennan keinen Sinn mehr in seiner Tätigkeit. Der Zweck des Planungsstabs war es ja gerade gewesen, den Minister mit Informationen und Ansichten zu konfrontieren, die er auf dem üblichen Instanzenweg nicht bekam.
Es fiel Kennan um so leichter, das STATE DEPARTMENT zu verlassen, als er hinsichtlich des Atlantik-Paktes anderer Auffassung war als das STATE DEPARTMENT, weil er, wie schon dargestellt, die Gefahr einer russischen Offensive nach Westen nicht gegeben sah.
Sein Konzept ging – im Gegensatz zum STATE DEPARTMENT – von zwei Voraussetzungen aus. *Erstens:* Deutschland darf nicht wiederbewaffnet werden und muß außerhalb der NATO bleiben. *Zweitens:* es muß alles getan werden, um den Weg für eine spätere Überwindung der Teilung Europas offenzuhalten. Der Abfall Titos von Moskau im Juni 1948 bestärkte ihn in der Ansicht, es müsse möglich sein, in Europa eine Zone militärischer Neutralität zu schaffen, aus der sich zu gegebener Zeit sowohl die Amerikaner als auch die Russen zurückziehen könnten. Weder die US-Regierung noch die europäischen Alliierten teilten seine Meinung: »Meine Freunde, denen die Teilung Europas weniger Kummer bereitete – manchen machte sie sogar Freude –, dachten nur daran, wie sie einen sowjetischen Angriff,

den die Militärs für Anfang der fünfziger Jahre voraussagten, am besten abschrecken könnten.«
Im Juni 1949 verließ Kennan Washington. Noch schied er nicht endgültig aus dem Dienst aus, sondern trat einen langen, unbezahlten Urlaub an, der nur im Mai 1952 unterbrochen wurde, als das STATE DEPARTMENT ihn zum Botschafter in Moskau ernannte. Aber schon nach acht Monaten wurde er von Moskau zur *persona non grata* erklärt und mußte die Sowjetunion wieder verlassen. Als Dulles dann im Frühling 1953 plötzlich erklärte, für George Kennan sei kein Platz mehr im diplomatischen Dienst und auch nicht in der Administration – Kennan hatte nämlich in einer Rede dessen Wahlkampfparolen vom *roll back* des Kommunismus und der »Befreiung der Satelliten« scharf angegriffen – wurde der ehemalige Diplomat als Historiker nach Princeton zum INSTITUTE FOR ADVANCED STUDIES geholt, wo damals die weltbewegenden Geister der Zeit arbeiteten: Albert Einstein, Robert Oppenheimer, John von Neumann . . .
Das Institut – kein riesiges Gebäude, eher ein großes Landhaus – liegt in einem Park am Rande von Princeton, es ist eine einzigartige Einrichtung. Es gibt dort keine Studenten und auch keinerlei Verpflichtungen für die Berufenen. Es ist einfach ein Platz, der denen, die zu außerordentlicher Leistung befähigt sind, ein Gehalt und ideale Arbeitsmöglichkeiten bietet: Spezialbibliotheken, Schreibkräfte, ruhige Arbeitsräume. Dort sind viele Bände des Kennanschen Œuvres entstanden.
Eigentlich ist es unverzeihlich, daß das STATE DEPARTMENT nicht versucht hat, Botschafter Kennan mit allen Mitteln zu halten; schließlich war er einer der ersten Karriere-Diplomaten Amerikas. 1924 war der diplomatische Dienst als selbständige Laufbahn eingerichtet worden; im gleichen Jahr war George Kennan nach Abschluß des Studiums eingetreten. Und mit den Jahren ist er dann wirklich zu einem Modell des modernen Diplomaten

geworden: Er spricht drei Fremdsprachen fließend: Russisch, Französisch und Deutsch; er kennt die Geschichte und Kultur – insbesondere die Literatur – Rußlands und Deutschlands *à fond;* er hat eine besondere Begabung zur Analyse, und seine Berichte zu lesen, ist ein Genuß. Überdies: George Kennan – großgewachsen, schlank, gutaussehend – ist charmvoll, liebenswürdig, musikalisch . . . welcher Auswärtige Dienst würde sich nicht glücklich schätzen, durch einen solchen Mann repräsentiert zu sein. Vielleicht aber ist es ein »Naturgesetz«, daß ein so eigenständiger Geist in den großen modernen Apparaturen keinen Platz finden kann.

Noch einmal von der Kennedyschen Administration ernannt, war George Kennan von 1961 bis 1963 Botschafter in Belgrad. Aber er hielt es nicht lange aus: der Kongreß, der den Jugoslawen die Meistbegünstigung verweigerte und gewisse schon zugestandene Vorteile zu streichen drohte, machte es ihm unmöglich, dort zu wirken. Er quittierte den Dienst und ging zurück nach Princeton.

Längst freilich hatte sich gezeigt, daß seine Wirkungsmöglichkeit durch Artikel und Vorträge an Universitäten und im Rundfunk weit größer war als auf einem Botschafterposten. Nie zuvor habe ich erlebt, daß vom gesprochenen Wort so viel Wirkung ausgehen kann wie von seinen *Reith-Lectures* im Jahr 1957. Er war damals für ein Studienjahr in Oxford und hatte diesen jedes Jahr von der BBC ausgestrahlten Zyklus von sechs halbstündigen Vorträgen übernommen. Jeden Sonntagabend saßen die politisch interessierten Hörer gebannt am Rundfunk, von Woche zu Woche wuchs ihre Zahl – schließlich waren es Millionen, nicht nur in England, auch auf dem Kontinent.

Was sie zu hören bekamen, war eine Bilanz der Ost-West-Beziehungen aus ganz neuer Sicht. Zwei Themen waren besonders brisant: Sein Vorschlag, beide – die östlichen wie die westlichen – Besatzungstruppen zurückzuziehen, also ein *Disengagement* herbeizuführen, wozu eine Rede Chruschtschows vor dem Parlament der DDR am 8. August 1957 eine gewisse Anregung bot, und seine Warnung, die kontinentaleuropäischen Mitglieder der NATO nicht mit taktischen Atomwaffen auszurüsten, weil dadurch später mögliche Abrüstungsverhandlungen enorm erschwert würden. Denis Healey sagte damals, daß seit den berühmten Reden Churchills die *Reith-Lectures* von George Kennan die bei weitem größte Breiten- und Tiefenwirkung gehabt haben. Kennan selbst war von dem Widerhall seiner Vortragsreihe vollkommen überrascht. Als ich ihn kurze Zeit danach in Oxford besuchte, meinte er, er habe sehr lange überlegt, ob er die Reihe wirklich übernehmen solle, denn er hätte immer gefürchtet, daß diese Vorträge ganz langweilig sein würden.

Natürlich war die Resonanz nicht nur positiv. Das offizielle Washington und selbstverständlich auch das damalige Bonn waren wütend: George Kennan sei unrealistisch, sei naiv – Acheson bezeichnete die *Disengagement*-Idee als »furchtsame und defätistische Rückzugspolitik«. Die *Neue Zürcher Zeitung* füllte dreimal hintereinander alle vier Spalten ihrer ersten Seite mit zornigen Kommentaren. Sie wetterte gegen »die studierstubenbedingten Vorstellungen George Kennans«, gegen seinen Neutralismus und seine »gewagt optimistische Einschätzung der Immunität innerlich gesunder Staaten«. Es wäre interessant zu wissen, wer angesichts der Situation in Italien, Spanien und Portugal auch heute noch daran zweifelt, daß soziale und ökonomische Gesundheit den Staaten besseren Schutz gegen kommunistische Pressionen gewährt als militärische Stärke.

Die in den *Reith-Lectures* dargelegte Hauptthese war im Grunde die gleiche, die er schon in den vierziger Jahren vertreten hatte: Den Russen steht der Sinn nicht nach weiteren militärischen

Eroberungen, sie halten politische Expansion für risikoloser. Darum muß alles für die wirtschaftliche Gesundung und die soziale Entspannung der europäischen Staaten getan und unter allen Umständen verhindert werden, daß die Teilung Europas zur Permanenz wird. Sein Vorschlag: Disengagement der Großmächte, also das Auseinanderrücken der östlichen und westlichen Militärmacht.

Immer war er der Meinung gewesen, das Wichtigste sei es, die Russen wieder aus Zentraleuropa herauszubringen. Er konnte nicht verstehen, warum die Europäer sich von den Amerikanern so abhängig dünkten, daß sie lieber die russischen Divisionen in Kauf nahmen, als auch die US-Truppen abziehen zu sehen.

Das Argument: Die Russen gehen nur hinter die Weichsel, die Amerikaner müssen hinter den Ozean zurück, war für seine Lagebeurteilung unerheblich. Und auf den Einwand, konventionell seien die Russen den Europäern turmhoch überlegen, lautete seine Antwort: Auch während des vorigen Jahrhunderts haben sie stets eine Militärmacht unterhalten, die weit größer war als notwendig – »Das war schon 1840 und 1880 so; es war nach der Revolution von 1917 nicht anders als vor der Revolution.« Neu und bedrohlich sei nur die Tatsache, daß die Russen zum erstenmal mit ihren Armeen im Herzen Europas stehen. Wenn es gelänge, sie zum Rückzug zu bewegen, dann wäre, so meinte er, die Situation für Westeuropa nicht viel anders als während der ausgehenden Zaren-Zeit.

Bis zur Mitte der fünfziger Jahre erschien es mir durchaus zweifelhaft, ob Kennans Theorien den verängstigten Europäern (»Die Sowjets rollen doch in zwei Tagen durch bis zum Atlantik,« hieß es damals) psychologisch ausreichende Sicherheit gewähren könnten. Aber 1958, nach Stalins Tod, nach den Ereignissen in der DDR, in Ungarn und Polen, die doch alle bewiesen, daß es keinen monolithischen Kommunismus mehr gab, und angesichts des großen wirtschaftlichen Wiederaufschwungs in Europa erschien mir seine Theorie höchst einleuchtend. Die Entrüstung über ihn aber, so meinte ich, konnte doch nur ein Zeichen dafür sein, daß das Denken der Kritiker auf den alten Schienen eingerostet war und sie von neuen Fakten keine Notiz nahmen. Wie fehl am Platz der Vorwurf war, er sei ein naiver Träumer, zeigen schon wenige Passagen aus jener Vortragsreihe:

»Mir scheint es prinzipell sehr viel wichtiger, die russischen Truppen aus Mittel- und Osteuropa herausbringen, als eine neue deutsche Armee aufzustellen, die den Russen, solange sie da sind, widerstehen kann.«

»Gewalt ist und bleibt ein unvermeidlicher Begleiter unseres Daseins. Die Alternative zur unentrinnbaren Gewalt ist nie und nimmer Gewaltlosigkeit . . . Aus allem, was ich gesagt habe, folgt darum nicht, daß man einseitig auf die atomare Abschreckungswaffe verzichten soll – aber militärische Vorkehrungen sind nicht Selbstzweck, sondern Mittel zum Zweck.«

»Die NATO ist kein Ersatz für Verhandlungen. Der Gegensatz zu den Sowjets ist so komplex, daß wir uns nicht auf ein einziges Mittel verlassen können: weder nur auf Politik noch allein auf militärische Maßnahmen.«

Nichts in der Ostpolitik war während der letzten 25 Jahre bei uns so umstritten wie die sowjetische Note vom März 1952. Nicht nur damals, auch heute entzünden sich gelegentlich noch vehemente Kontroversen an diesem Thema. Darum fragte ich George: »Kannst Du mir einmal erklären, warum die drei Siegermächte die sowjetische Note vom 10. März 1952 sogleich abgelehnt haben, anstatt die dahinterstehenden Absichten erst einmal auszuloten?«

Mit dieser Note, über die jahrelang diskutiert wurde und die die Bundesrepublik zeitweise in zwei Lager zu spalten drohte, hatten die Russen offenbar erreichen wollen, daß die Ratifikation des Deutschlandvertrags und des Vertrags über die Europäische Verteidigungsgemeinschaft erst einmal aufgeschoben wurde. Der Lockpreis: ein der Note beigefügter Friedensvertrag, der die Wiedervereinigung Deutschlands vorsah sowie den Rückzug aller fremden Truppen binnen Jahresfrist; dafür sollte den Deutschen gestattet werden, eigene Streitkräfte, soweit sie zur Verteidigung notwendig sind, zu unterhalten; gleichzeitig wurde freilich zur Bedingung gemacht, daß Deutschland keinerlei Militärbündnis eingeht, das sich gegen einen der ehemaligen Kriegsgegner richtet; schließlich wurden Deutschland im Friedensvertrag die demokratischen Rechte einschließlich der Pressefreiheit garantiert.
Kennan antwortete, daß eine Koalition zu schwerfällig sei, um auf derartig plötzliche Angebote reagieren zu können. In diesem konkreten Fall sei die gemeinsame Politik – Eingliederung Deutschlands in die NATO – von langer Hand vorbereitet worden. Alle seien darauf festgelegt gewesen, vor allem England und Frankreich, die damals mehr Angst vor Deutschland gehabt hätten als vor der Sowjetunion. Es würde also viel zu lange gedauert haben, die drei Regierungen und danach auch noch die drei Hochkommissare zu einem neuen Übereinkommen zu bringen. Auf diese Weise haben wir leider nie erfahren, welchen Preis die Russen für den Nicht-Beitritt Deutschlands zur NATO zu zahlen bereit gewesen wären.
Gerd Bucerius, Verleger der ZEIT, der 1952 noch CDU-Abgeordneter war und den die Frage, ob Adenauer damals richtig gehandelt hat, lange Zeit quälte, hat Kennan gelegentlich gefragt: »War es richtig, daß Adenauer und die CDU/CSU-Fraktion beschlossen, erst die beiden Verträge zu ratifizieren und

dann mit den Russen zu verhandeln – schon um nicht den Rapallo-Komplex der Verbündeten zu wecken –, oder hätten Sie uns zur umgekehrten Reihenfolge geraten?«

George Kennans Antwort: »Wenn man wirklich hätte herausfinden wollen, ob die Russen es ernst meinten, dann hätte man die Sache offenhalten und sie, solange man noch eine gewisse Handlungsfreiheit besaß, mit dem Kreml diskutieren müssen. Es war müßig zu glauben, daß ein Deutschland, das Teil der EVG oder der NATO geworden war, noch in der Lage sein könnte, mit den Russen die Frage zu besprechen, die sie am allermeisten interessierte: die Frage der militärischen Zukunft Deutschlands und seiner Allianz.«

Seit drei Jahren beschäftigt Kennan sich nun mit der Epoche, die zum Ersten Weltkrieg führte: mit dem letzten Viertel des vorigen Jahrhunderts – insbesondere mit der russisch-französischen Allianz. Monatelang ist er herumgereist und hat in den Archiven gearbeitet: In Paris, Moskau, Wien und Bonn sowie in Helsinki, wo eine außerordentlich reiche Sammlung russischer Zeitschriften archiviert ist.

Er hat alte russische Provinzzeitungen gelesen und sich im Hinblick auf den Coburger Ferdinand von Bulgarien sogar um das Hausarchiv in Coburg gekümmert. Übrigens ist dabei ein Nebenprodukt angefallen: die Geschichte von der Wahl des jungen Prinzen Alexander von Battenberg zum bulgarischen Herrscher, die sich vor dem Hintergrund der französischen und russischen Machenschaften, gewürzt mit Bismarcks Pfeffer, umrankt von der Liebesgeschichte Alexanders mit einer preußischen Prinzessin, wie ein Polit-Krimi liest. Man muß hoffen, daß Kennan dieses Kabinettstück historischer Recherchen, das ganz neue Zusammenhänge aufdeckt, als Extrabändchen herausgeben wird.

»Und nun«, so fragte ich ihn kürzlich, »ein Menschenalter nach dem Zweiten Weltkrieg, hundert Jahre nach Bismarcks Berliner Kongreß, hängt Europas Schicksal vom Verhältnis der beiden Supermächte zueinander ab; wird Entspannung dieses Verhältnis bestimmen oder nicht?« Ich war besorgt darüber, daß allenthalben – sowohl in Amerika wie in Europa – die Argumente des Kalten Krieges wieder auftauchen. Der Ärger über die Russen hat sie zu neuem Leben erweckt – über die Russen, die angeblich ständig die *Détente* verletzen, die doch seit 1970 existiert, die heute mit größerem Nachdruck rüsten als zuvor, die in Angola intervenieren und daheim wie eh und je ihre Dissidenten unterdrücken.

Kennan ist ganz verblüfft: Da soll also 1970 ein grundsätzlicher Wandel in den Beziehungen zwischen der Sowjetunion und dem Westen stattgefunden haben, ein Einverständnis, das als *Détente* bezeichnet wird und dessen Grundsätze die Russen jetzt verletzen? Wenn mit *Détente* eine allgemeine Übereinkunft über eine neue Phase in den Beziehungen zwischen Amerika und der Sowjetunion gemeint sein sollte, dann könne er nur sagen, es gibt keine solche Übereinkunft. Es gibt nur bestimmte Abkommen über akademischen Austausch, über die Erweiterung der konsularischen Vertretungen und die Zusammenarbeit im Weltraum, Verträge, an die die Russen sich bisher auch präzis gehalten haben. Alles andere sind Phantastereien, die die Regierungen in Washington und Moskau mit Vergnügen haben sprießen sehen, die von der Presse mit Scheinwerfern angestrahlt und vom Publikum für Realitäten gehalten wurden.

Zu keiner Zeit, sagt Kennan, haben die Russen in einen allgemeinen Rüstungsstopp eingewilligt; nie haben sie uns dazu ermutigt zu meinen, *Détente* bedeute, daß sie linksrevolutionäre Bewegungen in der Dritten Welt nicht mehr unterstützen werden – im Gegenteil, hundert Mal haben sie betont, daß es keine ideologische Koexistenz gibt.

»Aber klimatische, atmosphärische Veränderungen gibt es doch?«

»Ja, gewiß, da ist Helsinki, aber kann irgend jemand im Ernst glauben, solche generellen Phrasen und Bekundungen könnten den Kreml dazu veranlassen, die strenge Diktatur des Proletariats zu lockern?«

George Kennan ist fast verzweifelt über soviel Unverstand, über das totale Unvermögen, aus der Geschichte zu lernen. Ärgerlich fragt er: »Können denn die westlichen Politiker nicht endlich begreifen, wie eng der Spielraum für die Sowjets ist? Seit dem Ende der fünfziger Jahre, also seit dem russisch-chinesischen Konflikt, befinden sie sich doch in einem Dilemma: Auf der einen Seite sehen sie im Handel mit den westlichen Industrienationen den bequemsten und schnellsten, wenn auch keineswegs den einzigen Weg zur wirtschaftlichen Entwicklung. Auch liegt ihnen daran, den Chinesen vor Augen zu führen, daß sie Alternativen haben, daß sie also auch ohne China können. Aus diesem Grunde brauchen sie den Anschein guter und freundschaftlicher Beziehungen mit dem Westen; doch sind sie Realisten genug, um zu wissen, daß sie den Schein nicht ohne das Sein haben können, mit anderen Worten, daß die Wirklichkeit dem Anschein in gewisser Weise entsprechen muß. Darum waren sie bereit, in diesem Sinne gewisse Konzessionen zu machen – und das ist dann das, was in westlichen Augen als »*Détente*« erscheint.«

»Auf der anderen Seite«, fuhr Kennan fort, »sind sie sehr darum besorgt, die Beziehungen zu dem, was von der ›Internationale‹ übriggeblieben ist, zu erhalten und ihre Verbundenheit mit der Dritten Welt – um die die Chinesen mit Erfolg buhlen – nicht zu gefährden. Dies schon um ihres Selbstverständnisses willen, aber auch wegen ihres eingeborenen Mißtrauens gegen die kapitalistische Welt. Unausdenkbar wäre für sie eine Situation, in der sie keine anderen Freunde mehr hätten als die westlichen Industrienationen.

Darum sind sie gezwungen, sich mit allen Mitteln gegen den Vorwurf der Chinesen, sie seien keine guten Marxisten-Leninisten, zu verteidigen. Deshalb müssen sie bei jeder sich bietenden Gelegenheit beweisen, daß sie gute Kommunisten sind, daß sie jede antiamerikanische und antiwestliche Bewegung unterstützen sowie alle revolutionären Gruppen, die irgendwo in der Welt zur Aktion drängen.

Der Westen hat keine Veranlassung und hat auch nicht das Recht, etwas anderes zu erwarten. Natürlich müssen die Russen für einen Sieg der Kommunisten in Portugal oder in Italien eintreten, selbst wenn sie vielleicht in einigen Fällen insgeheim wünschen sollten, daß dieser nicht eintreten möge. Das aber darf niemand merken, sonst würden die Chinesen sich dies sogleich zunutze machen.«

Kennan sieht keinen vernünftigen Grund dafür, wieder zu den Argumenten des *Kalten Krieges* zurückzukehren. Er weist darauf hin, daß die sowjetische Führung sich doch bemühe, die Widersprüche, in denen sie befangen ist, aufzulösen: sie bietet den Westmächten mehr Zusammenarbeit auf bilateraler Ebene an, besteht aber gleichzeitig darauf, gegenüber der Dritten Welt als traditionelle kommunistische Macht aufzutreten. Das sei natürlich vom westlichen Standpunkt aus keine ideale Lösung, aber was sie bewirkt hat, sei dennoch ein wichtiger Fortschritt verglichen mit dem, was vor zwanzig Jahren war.

Niemand kann prophezeien, aber daß George Kennan, der gleich nach Kriegsende die Entwicklung der fünfziger und sechziger Jahre so erstaunlich zutreffend vorausgesagt hat, jetzt nicht besonders pessimistisch ist, wirkt eher beruhigend. Allerdings: Seine Voraussetzung ist, daß wir weise und geduldig sind und uns keinen Illusionen hingeben.

George Kennans erster Brief im Jahr 1976 ist auf neuem Briefpapier geschrieben – im Kopf steht: KENNAN-INSTITUTE FOR ADVANCED RUSSIAN STUDIES OF THE WOODROW WILSON INTERNATIONAL CENTER FOR SCHOLARS. Also hat sich sein Traum erfüllt: Seit Jahren hat er dafür gekämpft, daß ein solches Institut in Washington gegründet wird, nun hat es der Siebzigjährige geschafft. Man muß hoffen, daß viele junge Rußland-Spezialisten nicht nur von seinem Wissen profitieren, sondern einige auch seine geistigen Maßstäbe übernehmen werden.

Der höchste Grad der Freiheit

Lew Kopelew

Bei der Beisetzung von Boris Pasternak in Moskau trat plötzlich ein junger Mensch an das offene Grab und sprach einen Vers des Dichters, ein zweiter folgte ihm, und dann löste sich einer nach dem anderen aus der umstehenden Menge, Freunde wie Fremde traten vor, sprachen auswendig ein paar Strophen, gingen zurück und tauchten wieder unter.

Ich glaube, es gibt kein zweites Land, in dem Literatur und Dichtung eine so große Rolle spielen wie in Rußland. Ungezählte Monatszeitschriften in hoher Auflage sind am ersten Tag ausverkauft. Literarische Vorträge im kleinen Freundeskreis sind ebenso häufig wie große öffentliche Diskussionen mit zeitgenössischen Autoren.

Eine Vorstellung von der großen populären Bedeutung literarischer Werke in Rußland habe ich eigentlich erst durch meinen Freund Lew Kopelew bekommen. Lew ist Germanist, Literaturkritiker und Theaterwissenschaftler. Leider ist er vor einigen Jahren in Ungnade gefallen, so daß in der Sowjetunion seit langer Zeit nichts mehr von ihm veröffentlicht wurde.

Ich habe vieles von ihm gelernt: Daß die deutschen Aufklärer des achtzehnten Jahrhunderts von Gottsched bis Schlözer die Werke ihrer russischen Kollegen ins Deutsche übersetzt haben, daß die Jugendfreunde Goethes, Lenz und Klinger, nach Rußland auswanderten, weil die Sehnsucht sie dorthin trieb; daß Herder russische und ukrainische Lyrik übersetzte, daß es von Chamisso Nachdichtungen russischer Dichter gibt; daß Heine, der unter dem Einfluß des Dichters Tjutschew erwog, nach Rußland zu gehen, seinen jüngeren Bruder überredete, eine Stelle als Militärarzt in der russischen Armee anzunehmen.

Karl Varnhagen von Ense, der Freund Goethes und Heines, war, so sagt Kopelew, der erste, der die »weltliterarische« Bedeutung Puschkins in einer Rezension hervorhob und der auch als erster dessen Werke übersetzte. Von Rilke, der um die Jahrhundertwende Tolstoj und den Maler Repin besuchte, der Werke von Lermontow, Dostojewskij und Tschechow ins Deutsche übertrug, der Pasternak und Gorkij kannte – von Rilke, bis zu Heinrich Böll, dessen Bücher in Millionen-Auflage in der Sowjetunion gelesen werden, hat es über die letzten zwei Jahrhunderte einen regen literarischen Austausch zwischen den beiden Völkern gegeben.

Die Regierenden freilich, die stets die Freiheit des Geistes fürchteten, waren nie sehr angetan von diesen Kontakten. In seinem Essay »Faust in Rußland«, der in der Fischer-Reihe erschienen ist, schreibt Kopelew über die Zeit nach dem Dekabristen-Aufstand: »Eine Hofdame erinnert sich an die Empörung Zar Nikolaus I., als er erfuhr, daß seine Frau (eine Tochter der preußischen Königin Luise) am ›Faust‹ Gefallen fand: ›Diese Wirrköpfe Schiller, Goethe und ähnliche Schurken haben das ganze jetzige Durcheinander vorbereitet.‹«

In Kopelews Essay heißt es weiter: »Die ersten russischen Faust-Ausgaben wurden denn auch von der Zensur rigoros bearbeitet: Der Prolog im Himmel entweder ganz gestrichen oder stark gekürzt; die Anrede ›Herr‹ durch ›reiner Geist‹ ersetzt; das Faust-Gespräch über die Religion gestrichen; im Flohlied hieß es statt ›König‹ ›alte Dame‹.«

Wenn man Lew Kopelew und seine Frau Raja – sie ist Amerikanistin – in ihrer Wohnung in Moskau besucht, einerlei zu welcher Tageszeit, klingelt das Telefon bestimmt ununterbrochen: Ein Theaterintendant fragt um Rat, er wolle ein Stück von Goethe in der nächsten Saison aufführen – was wohl am geeignetsten sei? (Kopelew sagt: »Natürlich ›Egmont‹.«) Ein Student ruft an, er sitzt an einer Dissertation über ein Thema aus der deutschen Literatur – was soll er lesen? (Kopelew nennt ihm zwei Werke). Eine Lehrerin fragt, wann sein Vortrag über Rilke stattfindet und ob sie teilnehmen dürfe . . .

»Lew kann einfach nicht nein sagen«, klagt Raja, »für jeden ist er da, selbst aber kommt er zu nichts. Soviel Hilfsbereitschaft bedeutet doch schließlich, daß irgendwo anders jemand beraubt wird oder irgend etwas Schaden leidet: Seine Gesundheit, seine Kraft, seine Zeit. Lew aber gibt jedem etwas: Rat, Bücher oder mindestens Zeit, und die wird doch immer kostbarer, je älter er wird und je weniger Zeit ihm bleibt. Er prüft die Arbeiten von irgendwelchen Kandidaten – gescheiten und törichten – natürlich, ohne je etwas dafür zu fordern. Er tut viel mehr als ein normaler Professor an der Universität. Es gibt zu viele Freunde, Kameraden, Kollegen, Bekannte – oft müssen wir aus Moskau flüchten, damit er mal zu sich selbst kommt.«

Raja hat recht, Lew ist die Güte in Person. Und er ist dabei auch noch lustig – er kann lachen wie kaum ein anderer, was nach neun Jahren in Stalins Lagern und Gefängnissen eine schier überirdische Leistung ist. Wenn der hochgewachsene, bärtige Mann, der einer Ikone oder einem tolstoijschen Roman entstiegen sein könnte, die Arme ausbreitet, um einen Freund zu begrüßen, dann geht jedem das Herz auf.

Immer fühlt er sich verantwortlich. Jeder Hilferuf scheint sich speziell an ihn zu richten. Und immer ist er bereit, steht er zur Verfügung. Typisch ist folgende Geschichte: Lew war sehr krank gewesen, hatte drei Wochen im Krankenhaus zugebracht – Herzinfarkt. Er mußte sich schonen, war selber ängstlich geworden, lag viel zu Bett, fühlte sich außerstande, schwere Dinge zu tragen oder andere physische Arbeit zu verrichten. An einem schönen Sonnentag ging Raja mit ihm am Strand der Moskwa spazieren. Plötzlich ein lauter Hilfeschrei: ein kleines Mädchen war hinausgeschwommen und ging plötzlich unter. Es war ein Sonntag, viele Leute am Strand, ein paar junge Leute schon im Wasser – aber der erste, der wie ein Blitz zu der Stelle schoß und tauchte, war Lew.

Seine politischen Protest- und Rettungsaktionen sind genauso spontan: Von Sinjawskij hatte er nur gehört, und von Daniel kannte er noch nicht einmal den Namen, aber als die beiden in Schwierigkeiten gerieten – es war im Februar 1966 –, hatte er sofort das Gefühl: »Ich muß helfen.« Und so war er unter den ersten drei, die protestierten. Einen anderen Dissidenten, der in eine Irrenanstalt eingeliefert worden war, kannte er nur wenig, mißbilligte dessen Ansichten auch zum Teil, aber als er hörte, wie schlecht es jenem dort erging, setzte er sich hin und schrieb einen Brief an den Chef der Anstalt: »Wir sind alle Menschen, wir wollen alle von unseren Kindern geachtet werden, auch Sie wollen doch den Ihren ohne Scham in die Augen blicken. Sie können dem Gefangenen, der ein nobler Mann ist, nicht die Freiheit geben, aber soviel Macht, daß Sie seine Existenz erträglich gestalten können, haben Sie.« Später erfuhr er, daß der Betreffende von jenem Moment an Bücher, Papier, Feder und etwas mehr zu essen bekommen hatte.

Wenn man Lew auf diese Aktivitäten anspricht und dabei ein wenig die Stirn runzelt, sagt er: »Ich zahle doch nur meine Schulden ab.« Und erklärend fügt er hinzu: »Als ich seinerzeit verhaftet wurde, haben meine Freunde protestiert, einige sogar an Stalin geschrieben, was damals lebensgefährlich war.«

Nach und nach habe ich Kopelew dazu gebracht, seine Lebensgeschichte zu erzählen. Sie ist ungewöhnlich, vielleicht aber auch ganz typisch für seine Generation – beides Grund genug, sie einmal in Umrissen niederzuschreiben.

Lew ist 1912, also noch während des *Ancien Régime*, in der Ukraine geboren, wo sein Vater Agronom auf einem Gut war. Das Gut lag unweit Kiew in unmittelbarer Nähe von Babij Jar, einem Ort, der später zu einer Stätte des Grauens werden sollte. Auch seine Großeltern wurden dort 1941 von der SS erschossen. Im gleichen Hause mit dem Agronomen lebte eine deutsche Familie, Schlesier, die Kinder oder Enkelkinder im Alter von Lew und seinem Bruder hatten. Die enge Freundschaft, die sich dort anbahnte, führte dazu, daß die beiden Kopelew-Jungen fließend Deutsch lernten.

Mit fünfzehn Jahren war für Lew die Schulzeit beendet. Es folgten sechs Jahre Arbeit als Hilfsarbeiter, Bauarbeiter, Metalldreher – dann wurde er Werkjournalist und Lehrer in der Erwachsenenschule im Charkower Lokomotiv-Werk. Nebenher oblag ihm als »Rotem Hilfsaktivist« die Kulturarbeit mit den ausländischen Arbeitern; er gewann dort manche Freunde, darunter Willy Husemann aus Berlin, dessen Bruder Walter später zur *Roten Kapelle* gehörte und 1943 hingerichtet wurde.

In Charkow war er Mitglied des *Komsomol* und hatte als solcher die Aufgabe, am »Umbau der Landwirtschaft« mitzuarbeiten, also an der Kollektivierung – oder deutlicher gesagt – an der befohlenen Ausplünderung der Bauern. Lew sagt, er und seine jungen Genossen hätten dies als eine »bittere historische Notwendigkeit« angesehen und ihre Mitwirkung daran als »heilige Pflicht«, weil ja alles dem Aufbau einer glücklicheren Zukunft dienen sollte.

Nach der großen Hungersnot von 1932 wurde er schwer krank. Von körperlicher Arbeit dispensiert, durfte er ein Studium an der philosophischen Fakultät der Universität Charkow beginnen. Aber Stolz und Freude währten nicht lang, 1935 wurde er ausgeschlossen. Begründung: Sein Vetter, ein früherer Trotzkist, war bald nach der Ermordung Kirows (Dezember 1934), die ja den Auftakt zu den großen Säuberungen bildete, verhaftet worden.

»Sippenhaft?« »Nein, ich war 1929, damals siebzehnjährig, ein paar Wochen als Mitläufer der Opposition, die sich ›leninistisch-bolschewistisch‹ nannte, mit diesem sehr viel älteren Vetter verbunden gewesen. Als aufrechter Jungkommunist hatte ich diese Episode beim Eintritt in die *Komsomol*-Organisation ausführlich geschildert. Als dann die Verhaftung des Vetters bekannt wurde, wurde ich herausgeschmissen und gleichzeitig mußte ich die Universität verlassen.«

Da aber Mitarbeiter und Vorgesetzte seine Verdienste im Betrieb zu rühmen wußten, wurde er nach einiger Zeit wieder rehabilitiert. Der Ausschluß wurde rückgängig gemacht und in eine »strenge Rüge« wegen »Schwächung politischer Wachsamkeit« verwandelt.

Lew hatte schon Jahre zuvor mit achtzehn ein gleichaltriges Mädchen geheiratet – aber er wohnte immer noch bei den Eltern, weil es für Neuvermählte keine Wohnungen gab. Als dann gerade in jener Zeit der Vater, ein Fachmann für Zuckerrübenbau, nach Moskau versetzt wurde, weil im Zuge des neuen Fünf-Jahres-Plans Zuckerrüben nun auch in Rußland und nicht, wie bisher, nur in der Ukraine angebaut werden sollten, entschlossen sich die jungen Leute, mitzugehen.

In Moskau zog die Familie: die Eltern, Lew und seine Frau sowie Lews jüngerer Bruder – also fünf Personen – in ein Zimmer von 17,5 Quadratmetern. Das Zimmer war Teil einer Wohnung, in der noch zwei andere Familien hausten: »Wir meinten, es im Vergleich zu anderen eigentlich ganz gut getroffen zu haben.«

1935 bis 1938 studierte Lew Germanistik am Moskauer Spracheninstitut und als Aspirant und Assistent zugleich Philosophie und Literatur im Institut für Geschichte IFLI, das bei der Moskauer Intelligenzija auch heute noch einen besonders guten Namen hat. Im Mai 1941 promovierte er dort mit einer Arbeit über »Schillers Dramatik und die Probleme der Französischen Revolution«. Während der gleichen Zeit erschienen seine ersten Aufsätze, Essays und Gedichte, auch hielt er bereits selbständige Kurse ab über »Sturm und Drang« und deutsche Romantik.

Nach der Promotion bekam er eine Anstellung als stellvertretender Chef der Abteilung für ausländische Dramatik bei der Theatergesellschaft in Moskau. Aber er hatte den Posten kaum angetreten, da brach am 22. Juni 1941 nun auch für die Sowjetbürger der Krieg aus. Lew, jetzt 29 Jahre alt, meldete sich sofort als Freiwilliger. Im August wurde er eingezogen und an die Nordwestfront geschickt, wo er aufgrund seiner Sprachkenntnisse »Instrukteur für Aufklärungsarbeit im Feindesheer« wurde. Die Waffen, mit denen er kämpfte, waren lautverstärkende Geräte und Flugblätter, und seine Aufgabe war es, Gefangene und Überläufer zu verhören. Als schließlich 1943 eine antifaschistische Frontschule für Wehrmachtsangehörige errichtet wurde, übernahm er dort eine Stelle als Lehrer.

Lew war, wie er selber sagt, zutiefst überzeugt, ein unbestechlicher radikaler Kommunist und Stalinist zu sein – seit 1942 als Kandidat der Partei. Er war erfüllt von den proklamierten Idealen des Humanismus und Internationalismus. Dies bedeutete für ihn »objektive, wissenschaftlich-soziologisch bestimmte Auffassung der Weltgeschichte« und »Achtung für alle Völker, Nationen und Rassen«. Natürlich mußten – das war ihm klar – für die zeitbedingte Kriegspropaganda Ausnahmen gemacht werden, natürlich war es notwendig, nationalistische Parolen zu entwerfen, an Heldentum und Patriotismus zu appellieren, aber er glaubte, daß die, die ihre Vaterlandsliebe mit Orden und Wunden – er hatte beides aufzuweisen – unter Beweis stellen konnten, untereinander offen zugeben konnten, daß dies nur ein Provisorium war. Das Ziel würde doch letzten Endes Internationalismus und Humanismus sein.

Wäre dieses sicher keineswegs einzigartige Schicksal verfilmt worden, würde der Zuschauer an dieser Stelle zum erstenmal spüren: »Das kann nicht gut gehen.« Und es ging auch nicht gut. Im Sommer 1944, Lew war damals als Major im Einsatz an der 2. bjelorussischen Front, wurde er einem *Natschalnik* unterstellt, mit dem er schon zu einer Zeit, als jener noch sein Untergebener war, manche weltanschauliche Auseinandersetzung gehabt hatte. Denn jener war ein schlauer Parteifunktionär – erfahren im Buhlen um die Gunst der Obrigkeit –, dem es stets vor allem darum zu tun war, als erster die neuesten Direktiven zu erfahren, um sie gegen jene auszuspielen, die davon noch nicht wußten. Er war ein leidenschaftlicher, brutaler Deutschenhasser, der »parteiische Wachsamkeit und rücksichtslose Disziplin« zur obersten moralischen Maxime des Politoffiziers machte.

Lew Kopelew mit seinen »obskuren Idealen« war für ihn ein »kleinbürgerlicher Intelligenzler«, ein »nichtsnutziger Büchernarr« und dazu noch ein »Sau-Jud«. Es ärgerte ihn maßlos, daß sein Untergebener die Schriften von Lenin und Stalin besser zu zitieren wußte als er selbst, auch empörte ihn, daß Lew bereit war, Unterschiede zwischen dem deutschen Volk und den Nazis zu machen.

So schürzte sich der Knoten. Noch vor dem Einmarsch in Ostpreußen hatten unter den Parteifunktionären lange Auseinandersetzungen über das Verhalten den Deutschen gegenüber stattgefunden. Als es dann schließlich soweit war und sich die bisher nur in der Theorie bestehenden Differenzen in der Realität manifestierten, war der Eklat unvermeidlich. Der

Natschalnik und der oberste Chef genossen die »Begleiterscheinungen« des siegreichen Einmarsches. Lews Zorn aber stieg und stieg.
Er trat in der Parteizelle gegen die beiden auf; da inzwischen Plünderungen und Vergewaltigungen vom Frontkommando unter Strafe gestellt worden waren, befürchteten sie eine Anzeige und kamen dem zuvor. Im März 1945 wurde Lew aus der Partei ausgeschlossen, seines Postens enthoben und bald darauf im Raum von Danzig im Lazarett, wo er schwer verwundet lag, verhaftet.
Die Anklage lautete: »Bürgerlich-humanistische Propaganda des Mitleids mit dem Feind. Nichterfüllung von Befehlen, Verleumdung der eigenen Truppenführung, der sowjetischen Presse, des Schriftstellers Ilja Ehrenburg und der Verbündeten.« Der Verbündeten? Lew, der ja überzeugter Kommunist war, hatte darauf hingewiesen, daß Churchill und Roosevelt imperialistische Politiker sind und daß sie daher nur provisorisch Alliierte sein könnten. Er glaubte, daß, sobald das Hitler-System endgültig zusammengebrochen sei, die Sowjets mit den deutschen Antifaschisten und Antiimperialisten den ideologischen Kampf gegen die Churchills und Roosevelts gemeinsam führen sollten, denn nach seiner Meinung hätten die deutschen Arbeiter, das deutsche Volk die wahren Verbündeten sein müssen.
Unter dem Eindruck des Kriegselends lehnte das Fronttribunal das Verfahren ab, aber die KGB-Beamten schickten die Akte nach Moskau, wo sich ein Ferngericht in Abwesenheit des Angeklagten der Sache annahm: Kopelew und mehrere Schicksalsgefährten wurden kurzerhand ins Lager abgeschoben. Verschiedene Proteste, Gnadengesuche, Bittschriften führten dazu, daß Lew – noch immer ohne Urteil – im Spätsommer 1946 zu einer neuen Untersuchung aus dem Lager in das Moskauer Gefängnis überführt wurde.

Im Dezember sprach ihn das Tribunal des Moskauer Wehrkreises frei, und am 4. Januar 1947 durfte er nach Hause gehen. Aber nach zwei Monaten hatten »die Harten« sich wieder durchgesetzt – er wurde von neuem verhaftet und die Anklage wieder aufgewärmt. Sie lautete diesmal verkürzt: »Verleumdung der Führung, Zersetzung der Truppe durch feind-freundliche Propaganda und bürgerlicher Humanismus.«
Im Mai 1947 wurde er zu drei Jahren verurteilt. Dem Staatsanwalt war das zu wenig, und so erhielt er in einer neuen Gerichtssitzung zehn Jahre, zuzüglich fünf Jahre Entzug aller Bürgerrechte. Als er aus diesem Schock erwachte, befand er sich »Im Ersten Kreis der Hölle«, zusammen mit Solschenizyn.
»Dürfen die Leute eigentlich wissen«, so fragte ich ihn einmal, »daß du in Solschenizyns Roman als Lew Rubin eine der Hauptrollen spielst?«
»Warum nicht? Nur bitte berücksichtige, daß er den Kerl noch naiver und dümmer darstellt, als ich damals schon ohnehin war.«
»Im Ersten Kreis der Hölle« blieb Lew bis 1950, aber die Freiheit sah er erst im Dezember 1954, nach insgesamt neun Jahren und neun Monaten Haft, wieder. Rehabilitiert wurde er dann schließlich 1956, übrigens zugleich mit sieben Freunden, die sich für ihn eingesetzt hatten und deshalb aus der Armee und dem Lehramt ausgestoßen worden waren. Auch die Richter, die ihn freigesprochen, und die, die ihn zu milde mit nur drei Jahren bestraft hatten, waren damals entlassen worden und hatten Parteistrafen erhalten.
Seine Ehe hat die lange Trennung durch Krieg und Gefängnis nicht überdauert. Er wurde geschieden und heiratete 1956 Raja, die genauso ein Prachtstück ist wie er selber. Eine seiner Töchter aus erster Ehe ist mit Pawel Litwinow verheiratet, dem Enkel von Maxim Litwinow, der nach Tschitscherin und vor Molotow neun Jahre lang Außenminister der Sowjetunion war. Pawel

Litwinow hat einige Jahre in Sibirien zubringen müssen, weil er auf dem Roten Platz für Daniel und Sinjawskij demonstriert hatte.
Endlich in Freiheit, begann Lew sofort wieder zu schreiben: Buchbesprechungen für *Nowyj Mir*, Aufsätze über deutsche Schriftsteller für die literarische Enzyklopädie: über Brecht, Böll, Thomas Mann, Anna Seghers, Erwin Strittmatter. Und er hielt Vorlesungen. 1960 wurde er wissenschaftlicher Mitarbeiter am Institut für Kunstgeschichte, wo er verschiedene Kompendien: »Die Geschichte der deutschsprachigen Theaterwissenschaft vom 18. bis 20. Jahrhundert« herausgab und viel publizierte, unter anderem eine große Brecht-Biographie.
Diese fruchtbare Periode nahm 1966 ein jähes Ende, als Kopelew zusammen mit Paustowskij und dem Linguisten und Philosophen Wiatscheslaw Iwanow (der inzwischen sein Schwiegersohn geworden ist) zugunsten von Daniel und Sinjawskij protestierte und sich daran dann eine ganze Serie von Eingaben und Aktionen anschloß: 1967 ein Brief über die Zensur, den er im Nachgang zu Solschenizyns berühmtem Brief an den Schriftstellerverband schrieb; 1968, im Zusammenhang mit dem Prozeß Galanskow-Ginsburg, ein Brief über die unzulässige Einmischung des KGB und der Gerichte in ideologische und kulturelle Probleme an das ZK. Damit noch nicht genug, verfaßte er im Februar 1968 einen Artikel für das Wiener *Tageblatt* über die Rehabilitierung Stalins. Ferner 1969 einen Protest gegen den Ausschluß Solschenizyns aus dem Schriftstellerverband, 1970 gegen die psychiatrische Verhaftung von Schores Medwedjew und 1974 gegen den Ausschluß von Lidia Tschukowskaja aus dem Schriftstellerverband.
Die Folge: Publikationsverbot, Entlassung aus dem Institut, Ausschluß aus der Partei. Daß der Schriftstellerverband ihm nur eine strenge Rüge erteilte und ihn nicht auch noch verstieß, was

den Verlust des letzten Einkommens bedeutet hätte, war offenbar Bölls »Plädoyer für einen Freund« in der ZEIT zu danken.

»Was hältst du eigentlich von Solschenizyns Tätigkeit heute im Westen?«

»Ich bin tief enttäuscht. Ich finde seine Gesinnung dogmatisch und chauvinistisch. Er verficht seine Ansichten mit Intoleranz und propagandistischem Fanatismus. Offenbar teilt er die Menschheit neuerdings in zwei Kategorien ein: seine Gefolgsleute und seine Feinde, etwas Drittes gibt es nicht. Ich war ihm unendlich verbunden, und ich weiß seine Bedeutung als Schriftsteller, der die Sprache wieder pflegt, und als Erwecker des Gewissens und Wiederentdecker alter moralischer Werte sehr hoch zu schätzen. Gerade deswegen aber bin ich über seine politischen Predigten, die er im Ausland hält, seine reaktionären Utopien und seine Rechthaberei wirklich betroffen und bitter enttäuscht.«

Lew war ein begeisterter und offenbar auch ungewöhnlich begabter Lehrer. Darum schmerzt es ihn, daß er nicht mehr lehren darf. Er muß ein hervorragender Pädagoge sein: Zufällig kenne ich zwei Deutsche – ehemalige Kriegsgefangene –, die während des Krieges in seiner *Antifa*-Schule waren; noch heute leuchten deren Augen, wenn sie beschreiben, was für ein Erlebnis es für sie war, wenn Kopelew alle vierzehn Tage kam und über sowjetische Literatur und Kunst zu ihnen sprach.

Im Frühjahr dieses Jahres wird im Westen – in der Bundesrepublik, in Frankreich und Amerika – ein Buch von Kopelew erscheinen, das den Titel trägt »Aufbewahren für alle Zeit!« Das war der Stempel, mit dem die Akten der Verurteilten während des Stalin-Regimes versehen wurden. Sein Buch umfaßt die Zeit vom Einmarsch der Russen in Ostpreußen 1945 bis zu seiner Verurteilung 1947.

Er schildert die Eroberung Ostpreußens, seine Verhaftung, seine Verurteilung, die Jahre im Lager. Es ist ein philosophisches Buch, der Rechenschaftsbericht eines Mannes, der als begeisterter Kommunist auszog, sein Vaterland zu verteidigen, die Faschisten zu vernichten, die Imperialisten zu entmachten, um dann mit den Rechtgläubigen – auch den Deutschen – eine neue Welt der Humanität und des Internationalismus aufzubauen.
Er brauchte lange, um voll zu begreifen, daß die Wirklichkeit anders aussieht, daß die Verhältnisse so nicht sind. Lew wurde verhaftet, unmittelbar nachdem er mit seiner Propagandatruppe ein deutsches Regiment zum Meutern und damit die Festung Graudenz zur Kapitulation gebracht hatte. Für ihn ist und bleibt es unbegreiflich, daß oft geübte Tapferkeit, unwandelbare Treue, über Jahre bewiesene Glaubensstärke durch eine einzige mutwillige Verleumdung, durch die Lüge eines Opportunisten einfach ausgelöscht werden können. Eine Ahnung, ganz vage noch, überkam ihn freilich bereits bei der Verhaftung:
»Schon damals, in der ersten Stunde, empfand ich, noch unklar zwar, jene absolut undurchdringliche Gleichgültigkeit, mit der Worte ohne jede Verbindlichkeit gesprochen werden. Eine Gleichgültigkeit, nicht einmal kalt, sondern einfach temperaturlos, farblos und sinnlos. Sie macht gewöhnliche Menschen fähig zur Teilnahme an jeder beliebigen Sache, öfter an einer bösen als an einer guten, öfter an einem Verbrechen als an einer Heldentat, obwohl sie auch bei sogenannten Massen-Heldentaten – im Krieg, in besetzten Städten, in Versammlungen, in denen wichtige, riskante Beschlüsse zu fassen sind – eine Rolle spielt. Diese Menschen werden dann zu unbeirrbaren, indifferenten Befehlsempfängern, sie sind mit dabei, bewirken etwas, sind nötig. Vielleicht können sie zu Hause oder unter Freunden sich auch freuen, traurig sein, träumen, leiden. Aber wo sie ›dienen‹, wo sie ›einen Posten bekleiden‹, ›Befehle ausführen‹, wo sie

keine Namen haben, sondern Dienststellungen und Ränge, dort werden sie zu einer grausam brutalen Kraft, die anwächst, sich ausdehnt wie ein verschlammter Strom.

Damals, an jenem sonnigen April-Morgen, kam ich zum erstenmal mit dieser kalten Kraft in Berührung, spürte sie dann mit jedem Jahr deutlicher, quälender, erstickte an ihr, stemmte mich gegen sie, zappelte in dem bodenlosen, zähen Morast herum, tastete nach einem festen Punkt. Manchmal schien es, als kame ich allmählich an festes Land, noch ein bißchen, und ich fände heraus, könnte herausklettern, leichter atmen . . . Aber nein, von neuem wurde ich in den Sumpf zurückgestoßen, wieder zog, fesselte, würgte mich der zudringliche, kalte, klebrige Schlamm.«

Kein Einzelschicksal. Dutzende von Erniedrigten, Beleidigten, am System Gescheiterten kreuzten Kopelews Weg durch die Feldgefängnisse, Lager und Strafanstalten. Es ist aufregend, seine langsame Verwandlung mitzuerleben, den Entwicklungsprozeß zu verfolgen, der aus einem bedenkenlos Gläubigen erst einen zornigen, dann einen enttäuschten, schließlich aber einen furchtlosen Menschen von großer Weisheit gemacht hat.

»Damals, zur Zeit meines ersten Verhörs, war ich von einem fest überzeugt: Das Ziel heiligt die Mittel. Unser großes Ziel war der Sieg des Weltkommunismus – um seinetwillen kann man und muß man lügen, rauben, Hunderttausende, ja Millionen von Menschen vernichten, alle, die diesem Ziel hinderlich im Wege stehen könnten. Um das Regiment zu retten, muß man den Zug opfern, um die Armee zu retten – das Regiment. Für den, den es trifft, schwer zu verstehen. Aber jedes Schwanken, jedes Zweifeln in derartigen Fällen rühren nur von ›intelligenzlerischer Wehleidigkeit‹ von ›liberaler Schwäche‹ derer her, die den Wald vor Bäumen nicht sehen . . .

Die Begriffe Gut und Böse, Menschlichkeit und Unmenschlich-

keit waren für uns hohle Abstraktionen. Und ich dachte nicht darüber nach, warum Menschlichkeit abstrakt sein sollte, historische Notwendigkeit oder Klassenbewußtsein aber konkret. Begriffe, wie Gewissen, Ehrenhaftigkeit, Humanität, hielten wir für idealistische Vorurteile, bürgerliche und eben deswegen lasterhafte Vorurteile.
All dies erkannte ich erst viel später. Doch schon in den letzten Kriegsmonaten fühlte ich es wie eine unaufhaltsam wachsende Bedrohung. Damals begann ich zum erstenmal, wirklich nachzudenken, und kam zu dem Schluß, daß absolute, dogmatisch unerschütterliche, sittliche Normen unbedingt notwendig sind. Die Relativität der Moral: alles, was uns nützt, ist gut, alles, was dem Feind nützt, ist schlecht, die wir predigen und Dialektik nennen, schadet schließlich uns, schadet dem Sozialismus, erzieht skrupellose Handlanger des Todes.« Soweit Lew Kopelew in seinem Buch.

Was werden die Folgen der Veröffentlichung sein? Wird man Lews Motivation in Moskau verstehen? Oder wird man seine Sorge, seine verzweifelten Selbstgespräche wieder als Tatbestand des Paragraphen 58 mißverstehen?: ». . . die Sowjetherrschaft zu schwächen oder konterrevolutionäre Verbrechen zu inspirieren . . .?« Und wenn dies geschähe, wer sollte dann bei uns noch glauben, daß »Normalisierung« mit Vertretern einer solchen Denkungsart überhaupt möglich ist oder je sein wird?
Ich staune immer wieder über Lew, am meisten aber bewundere ich an ihm die Freiheit, die er besitzt. Vielleicht sollte man besser sagen: die Freiheit, die er sich nimmt, die er aus dem Nichts gezaubert hat: »Ich lebe *inspite of*«, schrieb er in einem seiner letzten Briefe, »das ist auch eine Art von Freiheit, denn sie gibt mir die Möglichkeit, nur das zu sagen und zu schreiben, was ich wirklich denke. Ich bin keiner Instanz verantwortlich, nur

meinem eigenen Gewissen. Ich gehöre zu keiner Partei, auch nicht zu den Dissidenten. Ich glaube nicht mehr an ein allgemein verpflichtendes Programm und charismatische Verheißung. Mein Imperativ lautet, so zu leben und zu handeln, daß man sich nie mehr seiner Taten und Reden zu schämen braucht.«

Wenn ich mir Lews Lebensweg vor Augen führe und dann bedenke, wie wir hier im Westen leben, dann scheint mir, daß der Gebrauch, den wir von der Freiheit machen – die uns völlig kostenlos zur Verfügung gestellt wird –, doch ziemlich armselig ist.

Historiker, Diplomat, Europäer

Carl J. Burckhardt

Jakob Burckhardt, von dem es heißt, er sei der letzte umfassend gebildete Gelehrte deutscher Sprache gewesen, lebte noch, als sein Großneffe Carl Burckhardt 1891 in der alten Patrizierstadt Basel, nahe dem Münster, hoch über dem Rhein, geboren wurde. Der junge Carl Jakob hat als Kind auf dem Schönenberg, dem Besitz des Großvaters, noch Franz Overbeck, den Freund Nietzsches, gekannt. Später haben ihn dort die eigenen Freunde, Hofmannsthal, Rilke und viele andere, besucht.

Eine leise Wehmut schwang stets mit, wenn Carl Burckhardt von jenen Tagen erzählte, da er vom Schönenberg zu Pferd nach Basel hineinzureiten pflegte. Und unvergeßlich ein gelegentliches Aperçu: »Ich erinnere mich noch so gut an den charakteristischen Pferdegeruch der großen Städte Wien, Paris, Rom . . .«

Welches Vergnügen, mit ihm durch Rom oder Paris zu wandern: Überall lebten für ihn die Geister vergangener Zeiten. Nicht als bronzene Denkmäler oder archiviertes Bildungsgut, sondern als Menschen aus Fleisch und Blut mit überraschenden Zügen und Bezügen, durch lustigen Klatsch der Zeitgenossen mit ihren skurrilen Eigenschaften und kleinen Schwächen charakterisiert.

Carl Burckhardt hat in München und Göttingen studiert. In jenen Jahren ist er in der großen Literatur Deutschlands heimisch geworden, die ihm dann ebenso präsent war wie die französische oder die griechische und römische der klassischen Zeit. Er wanderte auf den Spuren Goethes nach Weimar und Frankfurt und fuhr mit einem Freunde im Dogcart durch das Land – von München bis Basel im Einspänner!

Sechs Jahrzehnte lang hat er – Historiker, Diplomat und Europäer – die Geschichte des 20. Jahrhunderts schreibend und handelnd begleitet und mitgestaltet; er hat den Zusammenbruch des Habsburgischen Reiches und der alten europäischen Ordnung aus nächster Nähe erlebt; er hat das Heraufziehen des Massenzeitalters, den Wechsel von Demokratie und Faschismus, die Verbindung von autoritärer Ordnung und chaotischer Grenzenlosigkeit, früher gespürt als die meisten anderen.

Und er konnte erzählen wie kein anderer – häufig spöttisch, gern ein wenig maliziös, aber stets auch mit einem Schuß Selbstironie. Er war ein *Raconteur*, wie nur jene Generation ihn hervorzubringen imstande war, die als letzte noch über Muße verfügte und in ländlichen Schlössern und städtischen Salons auch das entsprechende Publikum fand. Niemand erfuhr soviel Hintergründiges auf Reisen, oft schon auf der Fahrt in den nächsten Ort, wie er. Seine Phantasie flocht dabei immer neue geschichtliche Assoziationen und Vergleiche ein.

Mit einundzwanzig Jahren wohnte er 1912 in München dem Begräbnis des Prinzregenten Luitpold bei. Er hat die Szene beschrieben, und die Beschreibung macht den Sinn für historische Dimensionen deutlich, der schon den Studenten auszeichnete. Die Schilderung beginnt mit der beiläufigen Bemerkung: »Fräulein Anastasia Held, meine betagte Zimmervermieterin, war schon schwarz gekleidet, als ich nach Hause kam. Ihre Augen waren rot, sie schluchzte vorwurfsvoll, weil ich ein Ausländer war und sie somit annahm, ich sei ihrem Schmerz gegenüber weitgehend verständnislos . . .«

Dann wird der Trauerzug beschrieben: »Eine halbe Pferdelänge

Lew Kopelew

Carl J. Burckhardt

voraus schritt einsam Wilhelm II., der deutsche Kaiser und König von Preußen. Einsam schritt er dahin, kein Muskel seines Gesichtes bewegte sich, die blauen Augen blickten starr, tiefernst. Unerschöpflich scheinende Macht, Hoheit und Ernst des Herrscheramtes stellte er dar. Als erster unter seinen Paladinen wandelte er dahin, ein Mime, vom nahe bevorstehenden Schicksal schon gezeichnet – einem Schicksal, das nicht seiner Person galt, sondern der ganzen tausendjährigen Welt, als deren Vertreter er vor uns auftauchte und wieder verschwand.«

Im folgenden zählt Burckhardt sie alle auf, die dort am Vorabend des Ersten Weltkriegs vorbeizogen: die Habsburger, Wittelsbacher, Wettiner, der Herzog von Teck als Vertreter des englischen Königs, ein russischer Großfürst aus dem Hause Holstein-Gottorp für den Zaren, der Infant von Spanien, der Herzog von Genua . . ., und er fährt fort: »Alle diese Fürsten waren seit Menschengedenken miteinander verschwistert, fast alle waren deutschen Ursprungs, alle nannten sich untereinander ›Vettern‹ – eine große blutsverwandte Sippe. Sie verschwanden vor unseren hohen Fenstern langsam und unheimlich wie die Könige vor Macbeth. Es war verwunderlich, daß der Letzte im Zuge nicht einen Spiegel in der Hand hielt und daß man die drei Hexen nicht wispern hörte.«

Carl Burckhardt ist selbst in einer streng hierarchischen Welt aufgewachsen, im Basel der Jahrhundertwende, wo die alten Patrizierfamilien noch in ihren Barockhäusern wohnten und in Equipagen fuhren. Darum war ihm das aus solchem Miniaturdasein in imperiale Dimensionen übersetzte Wien, wohin er als junger Attaché der Schweizer Gesandtschaft geschickt wurde, sehr vertraut.

Dort, auf seinem ersten Posten, erlebte er die letzten Tage der alten Monarchie spanisch-österreichischer Provenienz, lernte er die Fürstin Pauline Metternich kennen, »die beste Zeugin für den Untergang des dritten französischen Kaiserreiches«, wie er sagte. Wirklich angezogen aber fühlte er sich von der *fin-de-siècle*-Stimmung des damaligen Wien. Fast jedes Wochenende verbrachte er bei Hofmannsthal, mit dem ihn eine jahrelange enge Freundschaft verband, dort traf er gelegentlich Arthur Schnitzler, Rainer Maria Rilke, Jakob Wassermann.

1923 schreibt er an Hofmannsthal aus Venedig: »Alles in unserer Generation ist Abschied. Die nächsten werden es schon leichter haben, das Beste wird vergessen sein. Als das Römische Reich Deutscher Nation verschwand, war es schon so schattenhaft geworden, daß Goethe 1806 bloß notierte, es habe aufgehört, zu sein.« Und dann philosophiert er über den Sturz des Habsburgischen Reiches, des Imperiums der Romanows, des großen Osmanenreiches.

Damals, 1923, als Carl Burckhardt diese Zeilen schrieb, war er gerade von seiner ersten wichtigen diplomatischen Mission zurückgekehrt. Das Internationale Komitee des Roten Kreuzes hatte ihn in die Türkei geschickt, um die Kriegsgefangenen, die dort noch immer zurückgehalten wurden, freizubekommen und die Situation der unterdrückten griechischen Minderheit zu prüfen. Eine schwierige Aufgabe, denn die neuen Machthaber ließen im allgemeinen niemand in das Land.

Burckhardt aber hatte Erfolg. Doppelten Erfolg: Er leitete den Rücktransport der Gefangenen ein, und er schrieb sein erstes Buch; vielmehr Hofmannsthal, der Freund, der den umfangreichen Bericht an die Genfer Behörden las, griff zur Schere und schnitt alle unpolitischen Schilderungen und alles, was nicht geheim war, heraus – so entstand die »Kleinasiatische Reise«. Heute steht eine lange Reihe von Bänden neben jenem schmalen ersten Büchlein.

Sicherlich meinte man zu jener Zeit, vor dem jungen Basler liege eine stetig aufwärtsführende diplomatische Karriere, der aber schrieb schon als Attaché: »Arme Leute, diese Diplomaten. Am Schluß sind sie sich alle ungefähr gleich. Da sind sie einige Nasenlängen vor dem Ziel ihrer Karriere, dann müssen sie in ihre Ursprungsländer zurück, Gnadenbrot essen, Genealogie treiben, apologetische Memoiren schreiben.«

Er hat es nicht lange ausgehalten in diesem Beruf, in den er erst nach dem Zweiten Weltkrieg noch einmal für ein paar Jahre zurückkehrte. 1946 überreichte er de Gaulle sein Beglaubigungsschreiben und vertrat als Missionschef sein Land in Paris. Damals wurde die Schweizer Gesandtschaft in der *Rue de Grenelle,* die bis dahin immer eine bescheidene Rolle gespielt hatte, plötzlich zum geistigen Mittelpunkt des diplomatischen Korps. Burckhardt war der einzige Mensch, der den berühmten grünen Frack der Académie, also der Elite Frankreichs, trug und zugleich den Orden *pour le mérite,* das Zeichen der deutschen geistigen und wissenschaftlichen Elite.

Nach seinem Ausscheiden aus dem diplomatischen Dienst widmete Burckhardt sich ganz historischen Studien. 1929 ist er Professor in Zürich, 1934 erscheint der erste Band des »Richelieu«. Erst 1937 tritt er wieder als Akteur auf die politische Bühne. Er wird vom Völkerbund als HOHER KOMMISSAR nach Danzig geschickt, um die Unabhängigkeit der freien Stadt, die damals innenpolitisch bereits von den Nazis gleichgeschaltet war, zu überwachen. Eine hoffnungslose Aufgabe, der er sich im Gefühl, alles tun zu müssen, um den Krieg zu verhindern, unterzog.

Dieser Versuch endete, als am 1. September 1939 die ersten Granaten der »Schleswig-Holstein« auf der polnischen Westerplatte vor Gdingen einschlugen. Burckhardt hat darüber in seinem Buch »Meine Danziger Mission«, einem der besten Bücher über die Entstehung des Zweiten Weltkriegs, berichtet.

Nach einem langen Heimweg, der ihn im Auto (mit zwei

Hunden und mehreren Jagdgewehren) über Königsberg, das Baltikum, Finnland, Schweden wieder in die Schweiz führte, trat er ganz in den Dienst des Roten Kreuzes, verzweifelt bemüht, Hitler bei der Genfer Konvention zu halten. 1944 wurde er Präsident des Internationalen Komitees. Wieder war er damit beschäftigt, dem Diktator Gefangene, Gequälte und Unterdrückte – die Insassen der KZs – zu entreißen.

Unvergeßlich die Schilderung der Begegnung mit dem sterbenden Carl von Ossietzky im KZ Esterwegen; unübertroffen die Skizzen von seinem Besuch auf dem Obersalzberg bei Hitler, seinen Verhandlungen mit Heydrich, Himmler und Göring. Zweimal hat er Hitler aufgesucht, um das Schicksal der Danziger Juden abzuwenden; und drei Jahre zuvor, 1934, war er als Vertreter des Schweizer Roten Kreuzes bei Heydrich und Kaltenbrunner – »die ersten schwarzen Uniformen, die ich aus der Nähe sah« –, um die Erlaubnis zum Besuch des Konzentrationslagers Esterwegen zu erwirken.

Früher als alle anderen Zeitgenossen hatte Burckhardt mit dem Spürsinn des Jägers die Zeichen der Zeit verstanden. Im Juli 1921 berichtete er Hofmannsthal von einem Besuch in Prag: »Alle Epochen der kaiserlichen Welt wurden mir lebendig. Alle haben hier einen großen Ausdruck gefunden, und daneben wirkt ein eigentümlich gespenstisches Element, das all diese breite Pracht in unheimlicher Weise ironisiert, entrückt, und wenn es übermächtig wird, eine finstere Zukunft ahnen läßt. Auch in Dresden hat mich etwas bedrückt. Das Schöne war da, und doch wie durchscheinend, als sollte es einmal ohne Auferstehung verschwinden.«

1922, der Faschismus war gerade im Entstehen, sieht er in Bologna die ersten Schwarzhemden und beschreibt dieses Phänomen mit einer Treffsicherheit, deren Präzision erst Jahrzehnte später deutlich werden sollte:

»Die Gruppe fühlte sich stark, diese jungen Männer waren sich bewußt, im Aufstieg zu sein, was sie trug, wohin es sie trägt, wußten sie wohl nicht, sie jubelten drohend und gelobten, gefährlich leben zu wollen, wozu, beschwert sie wenig, einfach aus Lust an der Bewegung, an der Gefolgschaft, der immer so rasch sich wieder verflüchtigenden Treue. Ideen? – Ein wenig üblicher Zeitinhalt, Nationalismus, Italianità, soziale Bestrebungen ohne durchdachte Ziele. Macht und ihre Freuden, Widerwillen gegen so vieles, das als hypokritisch erscheint. Jugend vor allem, Begeisterung über die Schnelligkeit der Ereignisse, die man zu lenken glaubt, etwas Nietzsche, etwas Sorel . . . Das Ganze scheint mir nicht auf wirklich große Zeiträume hin angelegt zu sein, aber wir werden manches erleben, was von hier aus seinen Ursprung nimmt.«

Und einige Monate später aus der Schweiz: »Vielleicht wird man eines Tages auf andere Sterne fliegen können, und dann? Und wenn man dabei seine Seele verlieren sollte. Fortan wird es möglich sein, die Macht des Bösen, des verderblichen Herrschtriebes ins Grenzenlose zu steigern. Die Mittel, unsere Welt zu zerstören, werden in den Händen von ganz wenigen liegen, und es gibt für mich keinen zwingenden Grund, der mich verhindern könnte, anzunehmen, daß diese wenigen satanisch kluge Erfolgsmenschen sein könnten, natürlich in Schafspelze gehüllt, triefend von zwingender Mode-Ethik. Noch ein Krieg, und wir werden unter dem Druck der Angst, des Hasses, des Zorns Zerstörungsmittel ersinnen, die uns dann endlich die furchtbare Antwort der von uns so umworbenen Materie geben werden. Einmal über Nacht wird alles nur noch nackte Gewalt sein, nur noch entfesselte Kraft.«

Der Dreißigjährige, der diese prophetische Vision zu Papier brachte, war keineswegs von Politik besessen. Tagespolitik hat ihn immer gelangweilt, ihn interessierten die großen Zusammenhänge. Er glaubte – und für die Richtigkeit dieser Behauptung ist er der beste Beweis –, daß nur der Dichter der historischen Wahrheit nahezukommen vermag.

Niemand beobachtete so antennenreich wie er, erzählte so nuanciert und gelegentlich so boshaft. »Lustig« war eine Lieblingsvokabel von ihm – über einen Freund gesagt, bedeutete sie fast so viel wie die Verleihung eines Ordens. Auch die Freunde, für die er, wenn es darauf ankam, alles tat, mußten seinem Spott oft herhalten. Aber er schloß sich selbst nie aus bei solch ironischer Betrachtungsweise: Schonungslos sind die Berichte über seine eigenen gelegentlichen *Fauxpas*, seine Vergeßlichkeit, die Konfusionen, die vor allem seine Reisen wie heitere Arabesken umgeben.

Sehr eigenartig dieses Nebeneinander von Zerstreutheit und zugleich äußerster Konzentration. Burckhardt brachte es fertig, vom Spaziergang zurückgekehrt, in den zwanzig Minuten, die bis zum Eintreffen irgendwelcher Gäste blieben (kaum ein Tag verlief ohne Gäste), völlig entspannt, die Zigarette im Munde, am Schreibtisch Platz zu nehmen, und augenblicklich glitt die Feder über das Papier. Briefe entstanden, wann immer eine Pause sich ergab, im Auto sitzend, in einer Hotelhalle wartend.

Zerstreutheit? Unübertroffen ist die Geschichte, wie der Sechzigjährige, ein wenig mürrisch, sich genötigt sieht, der Einladung zu einem Treffen ehemaliger Klassenkameraden zu folgen. Gedankenverloren geht er in Basel über den Münsterplatz, wo man sich treffen will. Schon von weitem sieht er sie stehen, grauhaarige Männer, und er fährt zusammen: »Mein Gott, die Lehrer sind auch dabei . . .«

Zerstreutheit und Konzentration; eine andere Dialektik, die ihn kennzeichnet: Hochmut, soweit es die Ansprüche an sich selbst, wohl auch an die geistigen Leistungen anderer betrifft, und echte menschliche Bescheidenheit, was die Beziehung zu den Menschen seines Alltags angeht. Der französische Chauffeur Charles, den es erst in Danzig und dann wieder in Paris gab, war eine Lieblingsfigur seiner »lustigen Geschichten«. Bruchstücke aus der Lebensgeschichte von Kellnern, Taxichauffeuren und zufälligen Passanten wurden zu improvisierten Romanen weitergesponnen und sofort wieder vergessen.

Mit den Tiroler Jägern, die ihn seit Jahren im Herbst auf Hirsch oder Gams begleiteten, konnte er stundenlang in alemannischer Mundart reden, und zwar so aufmerksam und beteiligt, als säße er mit französischen Schriftstellern oder deutschen Professoren am Tisch. Den alten Heimgartner, der ihn auf der Jagd im Arlberg zu führen pflegte und der noch bei den Kaiserjägern gedient hat, fuhr er einmal in einer langen Autoreise von Tirol nach Basel, weil er sich in den Kopf gesetzt hatte, Heimgartner müsse unbedingt die exotischen Tiere im berühmten Basler Zoo sehen. Aber Heimgartner mochte die gefangenen Kreaturen nicht sehen, er wandte sich traurig ab und fuhr postwendend mit der Bahn wieder zurück in seine Berge.

Carl Burckhardt war eine magistrale Erscheinung, die auf Fremde zunächst eher einschüchternd wirkte. Freunde freilich kannten sein Vergnügen an Klatsch, seine Lust am Spott. Einmal saßen wir in der Sonne vor seiner Jagdhütte. Ich war gerade angekommen und berichtete, daß ich meinen sehr geliebten alten Jagdhut auf der Reise eingebüßt hatte, worauf er sagte: »Man muß ihm ein Denkmal setzen, wir machen jetzt ein Gedicht auf ihn – du sagst, wen ich plagiieren soll.« Ich schlug vor: Morgenstern . . . Die Feder glitt, ohne abzusetzen, über das Papier. Ich las:

Der Hut
von Christian Morgenstern

Ein Hut begab sich in den Schrank,
Nicht er, nein Meier war sehr krank.

Der nannte sich des Huts Besitzer,
Doch sagt sein Freund, der Schulrat Schlitzer,
Mit Recht und logisch, aber giftig
Und stolz (sein Einwand schien ihm triftig):
Besitzer Du? Mit was besäße
ein Kopf, mein Lieber, laß' die Späße,
Ein Kopf den Hut – der Hut besitzt
Und dann (denn Schlitzers Kleinhirn blitzt) –
Besitzen tut man anderswo
Den Stuhl, die Bank. Der Hut war froh
Im Schrank, im schönen Tannenschrank,
Dieweil Herr Meier ernstlich krank.
Er dachte nach, auf seiner Krempe liegend
und filzig leise sich vor Lachen biegend:
Du glaubst zu sitzen und Du wirst besessen,
Tot und lebendig sollst das nicht vergessen.
Ja, Meierlein, jetzt mußt Du's büßen,
Benützest nicht mehr fürder mich zum Grüßen.
Du bist besiegt, endgültig liegst Du,
Vier Tannenbretter nur als Kopfbedeckung kriegst Du.
Ich aber, in des Schrankes dunkler Nacht,
Überdauer Dich mit Hausbesitzers Macht.

Wie wäre es mit Hölderlin? schlug ich vor. Wieder setzte sich die Feder in Bewegung, ohne sich auch nur mit einer einzigen Korrektur aufzuhalten:

Wenn am gerüsteten Mahle
Die Schaffnerin leise noch waltet
Und der beschwerliche Tag
Helios gen Mitternacht folget,
Sagen die Lüfte wohl an,

Wann sie die leinenen Tücher
Reinlichen Fenstern gepaart.
Still und geheim nur bewegen
Sterbliche wartend die Krüge,
Um den Wein aus Samos zu spenden.
Gürtet die Toga und lüftet die englischen Hüte,
Die Euch der einsame Kaufmann
Gütig am Mittag verkaufte,
Denn was behütet, ist heilig.
Aber am Wege steht Marion,
Die Tochter der grünlichen Ostsee,
Schaut hinüber zum Feste
Und ringt die lauteren Hände:
Hutlos stehe ich da, so klagt sie.
Mein Hut ist verschwunden,
Den ich gestern noch trug.
Heut' fährt er in eisernem Wagen
Fern und ferner dahin zu immer noch
ferneren Völkern,
Die seiner wert sind und fromm und ihn
im Tempel bewahren.

Und Eichendorff?

Der Brunnen rauschet so leise
Am Holunderbusch hinter der Nacht,
Ich kenne seine Weise,
Sie hat mir die Träume gebracht.
Von einer Jungfrau, die dächte
In der herrlichen Sommernacht
An die schönste der prächtigen Nächte,
Die ihr der Sommer gebracht.

Das Posthorn begann leise zu schmettern
Auf dem Wege beim hinteren Tann,
Der Hufschlag hallt auf den Brettern
der Brücke zum Schloßhof hinan.
Da sah ich auf goldenen Haaren
Ein Hütlein aus flämischem Samt,
Auf den Haaren, den wunderbaren,
Es war mir so innig bekannt.
Das Hütlein konnt' ich nicht greifen
In der herrlichen Sommernacht,
Wenn die Ähren im Mondschein reifen
und fallen, eh' man's gedacht.
Das Hütlein durft' nicht verweilen,
Es fuhr am Schlosse vorbei,
Dieweil die Hufe enteilen,
wird mir das Herz schwer wie Blei.

Schiller wäre auch interessant . . .

Wirre Fäden spinnt die Parze,
Und der Edle nimmt es hin,
Trotzt dem Sturm, wenn Fichtenharze
Aus geborst'nen Bäumen glühn.
Wenn das schäumende Gewässer
Über sanfte Städte läuft
Und die Menschheit immer nässer,
Aber groß am Schluß ersäuft.
Doch der Edle, der entronnen,
Rüstet sich zu neuem Tag.
Dauert, wirket, was begonnen,
Komme, was da kommen mag.
Endlich aus des Berges Klüften,

Leuchtet ihm das höchste Gut,
Hoch erhoben in den Lüften,
Schwenkt ein Geist der Freiheit Hut.

Es folgten noch Stefan George, Gottfried Benn, Rainer Maria Rilke. Ich sah nach der Uhr, weil ein weiterer Gast erwartet wurde. Der ganze Spaß hatte kaum mehr als eine Stunde gedauert.

Burckhardt war mit seinen Veröffentlichungen außerordentlich genau und selbstkritisch. Nur, was vollkommen geriet, durfte zum Verleger. Eine Sekunde habe ich mich gefragt, ob er gebilligt hätte, daß dieser Jux hier gedruckt wird, aber ich meine, in diesen Versen wird eine Seite deutlich, die man bei ihm nicht ohne weiteres vermutet und die den Olympier sehr menschlich zeigt.

Der Basler Carl J. Burckhardt war sein Leben lang ein Konservativer. Der Begriff »modern« als Selbstzweck, als Positivum schlechthin, kam ihm immer albern vor. Landschaft bedeutete ihm viel: Er fühlte sich eins mit ihr, mit Jura und Wallis, mit der Weite Ungarns, den Wäldern Polens und den Seen Ostpreußens. Gegen die Überbewertung der Tagespolitik, gegen die Intellektuellen und die Psychoanalyse hat ihn stets ein gewisser Argwohn erfüllt. Schon der Dreiunddreißigjährige schrieb 1924 an Hofmannsthal:

»Dieser Sigmund Freud wird im Lauf des Jahrhunderts unendlich viel mächtiger sein als alles, was in unserer Kindheit uns scheinbar fest verwurzelt umgab. Er befaßt sich mit dem, was die positivistische Welt, der er entstammt, eigentlich hätte leugnen müssen, er befaßt sich mit einem Etwas, das er Psyche nennt. Er systematisiert die uralte Kunst der Traumdeutung, und alles führt er auf das Persönliche zurück – die Ohrfeige irgendeiner ungeliebten Tante, die der unschuldige Zwölfjährige

erhält, unzüchtige Gebärden einer Amme schaffen komplizierte Abwehrsymptome . . .
Wenn ich daran denke, langweilt es mich zu träumen. Wie schön war die ferne Zeit, in der wir noch Aeolsharfen waren – das von außen geheimnisvoll Heranschwebende durch uns hindurchzog. Wo ist jener ›Hauch‹, jener Geist, welcher wehet, wo er will? Ist das Schöpferische etwas anderes als dieses Wehen? Wird nicht die Kunst verdorren, wenn wir uns abschließen gegen diesen Hauch? Wird sie nicht fratzenhaft werden, wenn sie sich auf das im Kreislauf individueller mechanischer Reaktionen, auf zufällig Erhaschtes und schamlos Preisgegebenes beschränkt?«

Er war eine ungewöhnliche Mischung von Intuition und Intellekt, von Musischem und Rationalem. Immer hat er reflektiert, geforscht und geschrieben – als Professor in Zürich, als Präsident des Internationalen Roten Kreuzes und als Botschafter in Paris. Und jene eigene politische Aktivität ist eingeflossen in seine Werke – er beschrieb, wie regiert wurde, und zeigte, wie Politik gemacht wird. Dem ersten Band seines Hauptwerks, der großen Biographie über den Kardinal Richelieu, der schon 1934 erschien, folgten zwei weitere Bände erst dreißig Jahre später. Dazwischen sind Biographien, Abhandlungen und Studien entstanden.

Er hat selbst einmal die Kindertage im Ritterhof in Basel beschrieben, »wo man damals keinen Schall vernahm, außer dem gewaltigen Rauschen des noch ungebändigten Bergstromes und hin und wieder das Rufen der Flößer, das ferne Rollen eines Wagens, den Klang der Pferdehufe, das Glockenläuten der Kirchen, Orgelton und Chorgesang . . .«

Eine Ewigkeit scheint vergangen zu sein seit jener Jahrhundertwende. Carl Jakob Burckhardt starb im Frühjahr 1974: Kaum zu glauben, daß jene versunkene Welt nur ein Menschenleben – nur einen Herzschlag – von der unseren entfernt ist.

Bewundert viel – und viel gescholten

Henry Kissinger

Wir haben sehr viel Unheil über andere Länder gebracht, man könnte darüber fast vergessen, daß einige Staaten von uns auch profitiert haben. So verdankt uns Österreich den bedeutendsten Staatsmann seiner Geschichte: den Fürsten Klemens Metternich; England seinen berühmtesten Musiker: Georg Friedrich Händel; und Amerika seinen größten Außenminister in diesem Jahrhundert: Henry A. Kissinger.

Vor zwei Jahren wäre dieser Satz bei kaum jemandem auf Widerspruch gestoßen. Heute läuft derjenige, der über Kissinger in so positiver Weise urteilt, Gefahr, als uneingeweiht, amoralisch und inkompetent abgestempelt zu werden. Nie habe ich gesehen, daß die Macht der Presse, von der ich im allgemeinen gar nicht sonderlich überzeugt bin, sich so deutlich manifestierte wie in der wechselnden Beurteilung Kissingers.

Bald nachdem er im Januar 1969 als Berater des Präsidenten für nationale Sicherheit eingeschworen worden war, wurde er von den Journalisten, die den Harvard-Professor als Berater verschiedener Administrationen seit langem kannten, in einer fast unvorstellbaren Weise hofiert. Wer etwas auf sich hielt, sprach nur von Henry. »Haben Sie Henry gesehen?« Wenn die Antwort auf diese Frage lautet: »Ich bin für morgen mit ihm verabredet«, war deutlich zu spüren, wie man sogleich zwei oder drei Stufen in der Achtung des Gesprächspartners stieg.

Typische Superlative, die man in jener Zeit lesen konnte: *The man that made foreign policy famous* (Newsweek); *»of the 56 Secretaries of State he has the chance to be remembered as the greatest in US-history«* (Time); *He may well be the biggest permanent floating foreign policy establishment in our history* (Washington Post); *»We are living in the Age of pax Kissingerus«* (New York Times); *America's most admired man* (Gallup Poll).

Und allgemeine Urteile, die man damals allenthalben hören konnte: »Er verbindet in einmaliger Weise geschichtliche Kenntnisse, pädagogische Erfahrung und Intuition für Menschen, Situationen und Timing.«

»Dieser Mann spielt virtuos auf einem Dutzend Schachbrettern zugleich: Vietnam, Europa, Japan, Südamerika, Nahost; er muß die Wirkung seiner Züge auf SALT, Energieprobleme, Welternährung – mit anderen Worten, auf militärische, wirtschaftliche und politische Konsequenzen zugleich bedenken, und es gelingt ihm.«

»Er ist ein glänzender Verhandler von hohem Intellekt, ungewöhnlicher Überzeugungskraft, großer Geduld, der es versteht, Charme und Humor richtig einzusetzen. Von allen Staatschefs und von Kollegen in aller Welt wird er so respektiert, daß jeder sich geehrt fühlt und es genießt, mit ihm zusammen zu sein.«

Henry Brandon, der geachtete Doyen der ausländischen Korrespondenten in Washington, nannte ihn *the most appreciated and adroit press briefer in White House history.* Ungezählte Kissinger-Bonmots kursierten unter den Journalisten, und immer neue amüsante Geschichten machten die Runde.

Als der Außenminister, der mit Vorliebe über sich selber spottet, nach der Ölkrise von König Saud in dessen Palast empfangen wurde, deutete er in einer Gesprächspause auf ein an der Wand hängendes Bild: »Ist das eine Landschaft in Saudi-Arabien?« Der

König antwortete: »Das ist eine heilige Oase.« Henry Kissingers Kommentar: »Das war so, als wenn man bei einem Katholiken das Bild der Jungfrau Maria an der Wand hängen sieht und fragt: ›Ist das Ihre Tante?‹ Wahrscheinlich habe ich«, so fügte er hinzu, »mit dieser Frage das Ölembargo um drei Monate verlängert.«
Die allgemeine intellektuelle Bewunderung, die dem Außenminister in jenen ersten Jahren seiner Tätigkeit im Weißen Haus zuteil wurde, ist heute nur noch selten. Man spricht nicht mehr von »Henry«. Jetzt heißt es kurz und bündig Kissinger. Und die Urteile, die man liest, lauten:
»Henry Kissinger mag für viele ein Held sein, aber er ist eine höchst komplizierte und seltene Mischung von außergewöhnlich guten und unnötig schlechten Eigenschaften. Wer ihn gut kennt – selbst sein überzeugtester Anhänger –, sagt, daß man ihm nicht trauen kann.«
»Er, der Frühvollendete, ist ein Zuspät-Kommer. Er vergaß, daß die Sicherheitskonferenz von 1975 nicht dem Wiener Kongreß von 1814 ähnelt ... Es wäre besser, wenn er sich in eine stille Universitätsstadt zurückzöge, um die Geschichte zu lehren, die er nicht verstanden hat.«
George Ball, einst Unterstaatssekretär, einer seiner unerbittlichen Kritiker, sagt: »Es hat nie eine wirkliche Kissinger-Strategie gegeben.« Er tadelt Kissingers Meisterwerk, Sadat aus der Front der anderen Araber »herausgebrochen« zu haben, und meint, man hätte diesen – die Stimme der Mäßigung – lieber als Schrittmacher für die Gesamtlösung einsetzen sollen. Jetzt würden die anderen arabischen Staaten ihre Kriegsvorbereitungen verschärfen, und einige von ihnen würden natürlich noch abhängiger von Moskau werden. Aber George Balls Prophezeiungen vom September 1975 haben sich als falsch erwiesen. Überdies hätte er seine Vorwürfe sicherlich reversiert, sie also anders herum vertreten, wenn Kissinger sogleich die Gesamtlö-

sung angestrebt und nicht erst einmal Ägypten, den wichtigsten Israel-Gegner, aus der arabischen Phalanx herausgelöst hätte.
Im Kongreß hört man die bittersten Klagen. Von Manipulation, von Täuschung und Lüge ist da die Rede. Ein Zwölf-Mann-Komitee des Abgeordneten-Hauses beschloß sogar, den Außenminister wegen Ungehorsams gegenüber dem Kongreß *(contumacious conduct)* zur Rechenschaft zu ziehen.
Während der letzten zwei Jahre war es ein beliebtes Thema der Presse, darüber zu spekulieren, wie lange er es wohl noch machen werde, wann er zurücktreten wird. Sein Ruhm beginnt zu verblassen, sein Lorbeer welkt, der Mythos des Superstars Henry Kissinger ist im Begriff, in Rauch aufzugehen. Wie ist es dazu gekommen?
Fehlschläge waren unausbleiblich – Erfolg in Permanenz wird niemand zuteil. Kissinger hat Fehler gemacht, vielleicht in Vietnam, sicherlich in Kambodscha, bestimmt in Zypern. Und auch der Kongreß fühlt sich wohl zu Recht gekränkt. Schwieriger ist es zu sagen, wann der Wendepunkt eintrat. Nur der Stimmungsumschwung bei den Journalisten läßt sich genau präzisieren: Im Mai 1973 wurde bekannt, daß das Weiße Haus die Telefone von 13 Mitarbeitern und vier Journalisten hatte überwachen lassen.
Der Grund war folgender: Am 9. Mai 1969 las Kissinger, damals Berater des Präsidenten für Nationale Sicherheit, auf der ersten Seite der *New York Times* eine Geschichte von William Beecher, die nur auf Geheiminformationen, also einer undichten Stelle, beruhen konnte. Es hieß dort, das Grenzgebiet Kambodschas werde von den Amerikanern bombardiert. Kissinger, zuständig für nationale Sicherheit, geriet außer sich vor Zorn. Er rief Hoover, den Direktor des FBI an und verlangte mit allem Nachdruck herauszufinden, wo die undichte Stelle sei, denn es war ja nicht das erste Mal, daß Material der höchsten Geheim-

Henry Kissinger

Helmut Schmidt

stufe auf ganz unerklärliche Weise in der Presse erschien.
Am 12. Mai 1969 begann die Telefonüberwachung der möglicherweise Verdächtigen. Sie dauerte in einigen Fällen bis zum 10. Februar 1973.
Dies alles aber kam erst 1973 im Zusammenhang mit der Watergate-Affäre heraus. Die Frage, die daraufhin sofort gestellt wurde, lautete: Wer hat den Befehl zum Abhören gegeben? Kissinger hat bei seinem Hearing durch die Senatoren des FOREIGN RELATIONS COMMITTEE, das ihn im September 1973 als Außenminister bestätigte, ausgesagt, er habe dem FBI lediglich die Namen derjenigen gegeben, die Zugang zu dem Geheimmaterial hatten, das dann in der Presse erschien. Jede weitergehende Initiative in dieser Angelegenheit leugnete er. Kissinger sagte: »Ich war damals erst seit vier Monaten im Amt, und ich bin nicht auf den Gedanken gekommen, das Urteil und die Entscheidung dieser Persönlichkeiten (des Präsidenten, des Justizministers und des FBI-Direktors) in Frage zu stellen.« Einige Presseleute haben dieser Darstellung nie vollen Glauben geschenkt, und seither datiert bei vielen der Stimmungsumschwung gegenüber Kissinger.
Nachdem der hypnotisierende Zauber der Unfehlbarkeit erst einmal gebrochen war, sprudelte Kritik aus allen Quellen. Harte Angriffe kamen aus Harvard, Kissingers alter Universitätsstadt. Viele ehemalige Kollegen halten sich für einen potentiellen Außenminister und natürlich für einen viel besseren. Von der Ostküste bis zur Westküste ließen die Intellektuellen Amerikas, bei denen sich während der Vietnam-Jahre viel Zorn aufgespeichert hatte, diesem nun freien Lauf.
Während der Watergate-Affäre hatte man Henry Kissinger aus Selbsterhaltungstrieb geschont, weil er die letzte unbeschädigte Säule jener Regierung war; insofern hat der *Secretary of State* eine lange Phase absoluter »Schonzeit« genossen, wie sie normaler-

weise keinem Minister gewährt wird und die unter anderen Umständen auch ihm nicht zuteil geworden wäre. Nach Nixons Abgang wurde dies anders. Da beschloß dann auch der Kongreß – ein neu gewählter Kongreß mit großer demokratischer Mehrheit –, sich alle Rechte, die im Laufe von Jahrzehnten an die Exekutive verlorengegangen waren, koste es, was es wolle, zurückzuholen. Es hagelte Einsprüche. Abgelehnt wurden: Kissingers Pläne in Kambodscha, in der Türkei, in Angola.

Mit jenem Idealzustand: Geheimdiplomatie treiben, diese unter dem Schutz des Präsidenten erst selbst entwerfen und dann auch noch ungestört ausführen zu können, ist es seither vorbei. Heute muß Kissinger versuchen, nicht nur mit Feinden und Freunden draußen fertig zu werden, sondern auch noch die Flagellanten und Enthüller daheim in Schach zu halten. Diese sind damit beschäftigt, unablässig neue Verfehlungen Amerikas aufzudekken: Sie behaupten, nicht die Russen, sondern die Amerikaner hätten mit der Einmischung in Angola begonnen; sie leuchten alle geheimen Winkel der CIA ab und sind glücklich, wenn sie amerikanische Verbrechen aufdecken können. Daß man unter solchen Umständen keine Außenpolitik machen kann, ist den meisten Beteiligten offenbar gleichgültig.

In Amerika muß man Erfolg haben, sonst ist man verloren. Wenn der Außenminister heimlich nach Peking fliegt, und es gelingt ihm nach zwanzig Jahren feindlicher Abstinenz, die Voraussetzung für eine Wiederaufnahme der Kontakte zu schaffen, dann ist Geheimdiplomatie Trumpf. Aber wehe, wenn nichts dabei herauskommt! Wenn alle begriffen haben, daß der Krieg in Vietnam militärisch verloren ist, dann soll der Außenminister ihn wenigstens noch politisch gewinnen: Es wird erwartet, daß er einen Rückzug einleitet, der wie ein freiwillig abgebrochener Vormarsch wirkt, auch soll er überdies noch alle Kriegsgefangenen heimbringen.

Man hat also von Kissinger verlangt, daß er aus einem leeren Zylinder ein Küken hervorzaubert, und als er dies tatsächlich fertigbrachte, erhielt er vom Nobel-Komitee den Friedenspreis zugesprochen; aber als das Küken bald darauf starb, fielen die Amerikaner über ihn her. Merkwürdigerweise ist während der ganzen Zeit Dean Rusk, der Außenminister, in dessen Amtszeit die Truppen nach Vietnam hineingebracht wurden, nicht ein einziges Mal erwähnt worden, die Kritik hat sich allein auf den konzentriert, dem es gelang, sie wieder herauszubringen.

Solange Aussicht oder auch nur Hoffnung bestand, der Krieg könne gewonnen werden, waren viele Mittel recht: Entlaubung der Wälder, Napalm-Bomben wurden hingenommen. Auch ein machiavellistischer, zäher Taktiker als Außenminister war willkommen. Als dann aber die Niederlage nicht mehr zu leugnen war, hätten die Amerikaner am liebsten einen Albert Schweitzer oder Gandhi zum Außenminister gehabt, um sich an ihm wenigstens moralisch wieder aufrichten zu können.

Ein Vorwurf gegen Kissinger, den man jetzt häufig in der Presse liest, heißt: »Auf Fragen der Menschenrechte verwendet er noch weniger Zeit als auf ökonomische Probleme.« Dies werfen ihm übrigens dieselben Leute vor, die sich darüber beklagen, daß er zu viele Dinge an sich zieht und nicht delegieren kann. Die Anklage lautet heute, Henry Kissinger habe zugelassen, daß der Vietnam-Krieg viel länger dauerte als notwendig. Der Krieg hätte, so heißt es, viel früher beendet werden müssen. Ein Beweis dafür, daß dies auch möglich gewesen wäre, wird nicht beigesteuert. Und die Tatsache, daß der Außenminister drei Jahre lang Geheimverhandlungen mit den Nordvietnamesen geführt hat, nehmen die Kritiker offenbar nicht zur Kenntnis. Verhandlungen mit Partnern übrigens, die Kissinger unvorstellbar schwierig nennt: »Wie Winkeladvokaten, die panische Furcht vor irgendwelchen Weiterungen haben und die sich weigerten, uns in den absurdesten Kleinigkeiten zu trauen.«

Ich habe Henry Kissinger 1955 in New York durch Hamilton Fish Armstrong, den Chefredakteur von *Foreign Affairs*, und dessen Frau kennengelernt. Kissinger, der damals zweiunddreißig war, hatte den Auftrag, für den COUNCIL ON FOREIGN RELATIONS – Amerikas prestigereiche Gesellschaft für Auswärtige Politik – als Studiendirektor eines prominenten Arbeitskreises von Sachverständigen ein Buch über Kernwaffen und Außenpolitik zu schreiben. Das Buch wurde sehr bald zum Bestseller.

Einige Zeit später kam Kissinger zu einer Konferenz nach Bonn. Um den Faden nicht abreißen zu lassen, lud ich ihn zum Mittagessen in den *Adler* in Godesberg ein. Wir unterhielten uns angeregt, aßen gut, tranken viel, aber als ich bezahlen wollte, stellte sich heraus, daß ich vergessen hatte, Geld einzustecken. Mein Gast sagte nur: »Den Trick werde ich mir merken«, und bezahlte.

Ich kenne niemanden, der so rasch in seinen Reaktionen, so treffend in seinen Bemerkungen ist wie Henry Kissinger. Als im vorigen Jahr Bundespräsident Walter Scheel Jack McCloy zum 80. Geburtstag eine Spende der Bundesrepublik, den »McCloy Fund«, überbrachte, gab Außenminister Kissinger im STATE DEPARTMENT ein Essen. Der Außenminister war gerade aus dem Nahen Osten zurückgekehrt und von mancherlei Sorgen geplagt. So wunderte sich niemand, als er in der Rede zu Ehren Scheels von den Problemen sprach, die ihn nicht schlafen ließen: Das Problem, das ihm am meisten Kopfzerbrechen verursache, so sagte er, sei die Bestimmung der amerikanischen Verfassung, die ihm, als nicht in Amerika geborenem Bürger, verbiete, sich um das Amt des Präsidenten zu bewerben. Inzwischen sei ihm jedoch eine Lösung eingefallen: Er schlage vor, daß Bayern sich als 51. Staat den Vereinigten Staaten anschließe – und zu Walter Scheel gewandt: »Ich denke, Herr Bundespräsident, dies würde,

nach allem, was ich höre, auch einige Ihrer Probleme lösen.«
Sehr kompliziert ist das Verhältnis der Intellektuellen zu Henry Kissinger. Es ist schwer zu analysieren, aber es hat eine Menge mit seinem Auf- und Abstieg zu tun. Bei den Journalisten spielt Neid eine gewisse Rolle und vor allem der Drang nach Abwechslung. Es ist eine zu diesem Metier gehörende professionelle Untugend: Wenn etwas – und sei es noch so positiv – eine bestimmte Zeit gedauert hat, dann wird es langweilig, und die Neigung zur Kritik setzt ein.
Für die akademischen Kollegen wiederum ist Henry Kissinger so etwas wie ein gefallener Engel: Einer, der seine Unschuld eingebüßt hat, weil er sich mit praktischer Politik beschäftigt, sich die Hände schmutzig gemacht hat. Einer der ihren aber darf eigentlich nur denken, nicht handeln; denn das heißt doch, Kompromisse zu schließen und gelegentlich, wie Adenauer das nannte, »die Grenzen der Wahrheit zu erweitern«.
Kissinger dagegen: »Das Problem der Politik ist es, erst zu denken und dann die Gedanken in Taten umzusetzen. Die meisten Intellektuellen verstehen kaum, daß es nichts nutzt, großartige Gedanken zu haben, wenn sie nicht durchgeführt werden können.« Doch gleichgültig, wie groß die Differenzen auch sein mögen, wenn die Intellektuellen mit ihm zusammen sind, dann erliegen sie allemal seinem intellektuellen Charme und wohl auch ein bißchen dem Mythos der Macht.
Es gibt eine Schilderung von Norman Mailer, der sich zögernd entschlossen hatte, Henry Kissinger aufzusuchen. Gleich zu Anfang stellte er fest, seine Aufgabe wäre leichter, »wenn er den Doktor Kissinger weniger sympathisch gefunden hätte. Ein Hauch von irgendeiner Undurchsichtigkeit oder von etwas Verruchtem wäre dem Vorhaben dienlicher gewesen«, wie er schreibt.
Der Doktor Kissinger selbst wußte natürlich genau, womit er

seinen Gesprächspartner fesseln konnte. Er erzählte ganz einfach von seinem ersten Besuch in Peking und beschrieb anschaulich, auf wie verschiedene Weise Russen und Chinesen Verhandlungen führen: »Zu Anfang beging ich den Fehler anzunehmen, daß die Chinesen genau so verhandeln würden wie die Russen: Wenn man mit den Russen an einem gemeinsamen Schlußkommuniqué herumbastelt, kann man sicher sein, daß, wenn man sie bittet, an einer Stelle ein Komma wegzunehmen, sie als Gegenleistung auch auf der Streichung eines Kommas bestehen. Als der Präsident in China war und ich zusammen mit Tschou En-lai an dem Kommuniqué arbeitete, das wir herausgeben wollten und aus dem hervorgehen sollte, wo wir übereinstimmten und wo es Meinungsunterschiede gab, bat ich darum, daß ein bestimmter Punkt, den die Chinesen aufs Tapet gebracht hatten, fallengelassen würde, weil es schwierig sei, ihn für uns Amerikaner verständlich zu formulieren. Als Gegenleistung wäre ich bereit, ihnen gegenüber ein Zugeständnis zu machen; aber Tschou sagte: »Erklären Sie mir, warum Ihnen dieser Punkt Schwierigkeiten bereitet, und wenn es mir einleuchtet, bin ich mit der Streichung einverstanden. Wenn nicht, wird mich nichts dazu bewegen, nachzugeben. Ihr Zugeständnis brauche ich nicht – Sie müssen es Ihrem Präsidenten, nicht uns gegenüber rechtfertigen.«

Auch Henry Kissinger ist ein Mandarin (als Nixon ihn 1969 ins Weiße Haus rief, hatte der Fünfundvierzigjährige schon fünf bedeutende Bücher geschrieben), vielleicht gehört darum die Begegnung mit Tschou zu den Höhepunkten seines politischen Lebens. Ich sah ihn damals kurz nach seiner Rückkehr aus Peking und weiß, wie beeindruckt er war. In lebhaften Farben schilderte er die Begegnung der beiden Delegationen. Er und seine Leute mit Aktenkoffern und Mappen bepackt – der Gastgeber Tschou dagegen erschien ohne jegliches Zubehör. Ein Bleistift war das einzige Handwerkszeug, das er bei sich trug. Und gelegentlich holte er einen kleinen Zettel aus der Tasche, auf den er während der achtstündigen Verhandlung ein paar Schriftzeichen malte. Keiner seiner Begleiter hatte es während dieser Zeit gewagt, auch nur ein Wort beizutragen.

Was hat den amerikanischen Mandarin als Diplomat und als Staatsmann zu Weltruhm geführt? Wahrscheinlich beides: sein Konzept und seine Methode. Doch zunächst einmal die Frage: Diplomat oder Staatsmann? »Der Diplomat glaubt, daß ein internationaler Konflikt aus Mißverständnissen herrührt. Darum sucht er nach einer Formel, um sie zu überwinden. Der Staatsmann glaubt, daß Konflikte auf einer Interessen-Kollision und auf differierenden Positionen beruhen, darum bemüht er sich, die Verhältnisse zu ändern.«

Die Verhältnisse zu ändern, das ist Kissingers Konzept. Seine Maxime heißt: »Man kann durch kein Abkommen Nationen daran hindern, Kriege zu führen, wenn sie dies unbedingt wollen. Darum muß man Voraussetzungen dafür schaffen, daß sie keine Kriege mehr wollen.« Die große Leistung Henry Kissingers, das, was ihm einst den Weltruhm einbrachte, war eben, daß er die geistigen Grundlagen, die Voraussetzungen der Politik veränderte. Vor Kissinger hatte, ungeachtet der Kennedyschen Bemühungen, noch immer die ideologische Außenpolitik von John Foster Dulles im STATE DEPARTMENT überwintert. Entscheidend war der moralische Impetus: Hilfe den Guten, Strafe den Feinden. Dulles hatte sich einst geweigert, Tschou die Hand zu geben, weil er ein Kommunist war und also ein Bösewicht; Dean Rusk bestand darauf, Peking nach der Tradition der Nationalchinesen Peiping zu nennen. China, das war Taiwan, die Insel mit 15 Millionen Bewohnern. *Festland China* mit seinen 800 Millionen Chinesen war nicht existent.

Kissinger geht davon aus, daß der Frieden keine natürliche und selbstverständliche Ordnung ist. Er meint, Frieden müsse sorgfältig und kunstvoll konstruiert werden. Umstände müßten herbeigeführt werden, die so sind, daß die Großmächte keine Lust mehr haben, ihre Interessen mit Gewalt zu verfolgen, weil sie begriffen haben, daß sich das nicht auszahlt, und weil sie zu der Überzeugung gelangen, daß ihre wechselseitigen Interessen berechtigt sind. Immer hat er gepredigt, nicht die Gegensätze zu betonen, sondern die gemeinsamen Interessen. Er findet, die Amerikaner sollten die großen Entwicklungslinien studieren, die eigene Position bestimmen und erst dann außenpolitische Entscheidungen treffen. Sie sollen darauf verzichten, Strafe oder Wohltat zum Kompaß zu machen, damit endlich das ewige Wechselbad von Illusion und Enttäuschung ein Ende findet.

Für ein paar Jahre ist dies gelungen – solange Erfolge sich einstellten: erstmalig wieder Beziehungen mit China, scheinbar und eben darum größere Nachgiebigkeit der Russen, Einsicht im Nahen Osten, wo es gelang, Bewegung in die Erstarrung zu bringen. Aber dann hielten die Erfolge der Entspannung mit den Erwartungen des Publikums nicht mehr Schritt, und schon taumelten die Amerikaner wieder zurück ins Wechselbad. Allenthalben wurde die Forderung laut, die Regierung solle zur Strafe für Angola die Getreidelieferungen einstellen.

In der *New York Herald Tribune* schrieb Anthony Lewis im Januar 1976: »Der Außenminister hat sich allerhand Rhetorik zu den sowjetischen Aktivitäten in Angola einfallen lassen, aber zur Unterdrückung der Menschenrechte in der Sowjetunion hat er wenig zu sagen. In diesem Jahr, in dem wir die Revolution der Menschenrechte feiern, ist es besonders traurig, Führer zu haben, denen die Menschlichkeit gleichgültig ist.« Und folgerichtig heißt es weiter: »Die amerikanische Politik des Schweigens angesichts unzivilisierter brutaler Handlungsweise« betreffe auch Chile, Brasilien, Indonesien und andere. Man solle, so

heißt es, Schluß machen mit der Umarmung solcher repressiven Regime und statt dessen das Engagement für jene Regierungen betonen, die die menschlichen Werte achten.
Da sind wir also wieder so weit wie zu Dulles Zeiten: Außenpolitik heißt Belohnung für die Guten, Strafe für die Bösen. Die Presse, der Kongreß, die Fakultäten stecken voller Dulles-Epigonen. An allen Stammtischen sitzen sie und klopfen wieder die alten Sprüche. Und mit Begeisterung stürzen sie sich auf Solschenizyn, einen überaus mutigen Mann, einen bewundernswerten Schriftsteller, der aber so wenig weiß, wie Politik in westlichen Demokratien funktioniert, daß er der Meinung ist, Präsident Ford hätte vor der Entlassung von Verteidigungsminister Schlesinger seine Alliierten konsultieren müssen: »Schließlich ist der Verteidigungsminister nicht nur ein Mitglied der amerikanischen Regierung, er ist tatsächlich für die Verteidigung der gesamten freien Welt zuständig.«
Den Außenminister verabscheut Solschenizyn, im Gegensatz zum Verteidigungsminister, weil er »eine Politik nie endender Konzessionen« betreibe und als Antwort auf seine Kritiker, fast wie bei einem Beschwörungszeremoniell, immer nur davon spreche, daß es keine Alternative zum Atomkrieg gibt. Kissingers Antwort an Solschenizyn und andere heißt: »Schmerzliche Erfahrung sollte uns gelehrt haben, daß wir unsere Möglichkeiten, soziale und politische Veränderungen in anderen Ländern zu bewirken, nicht überschätzen dürfen.«
Solschenizyn hat übrigens ganz recht: Kissingers Auffassung, daß erstens der Frieden sich nicht von selbst einstellt, sondern herbeigeführt werden muß, und daß zweitens der Krieg als Alternative zum Frieden im Zeitalter der Atombombe nicht mehr ins Auge gefaßt werden darf, ist die Grundlage seines Konzepts. Zwar wiederholen alle Leute die Erkenntnis, daß der Atomkrieg Selbstmord ist, aber was ein solcher Krieg wirklich

bedeuten würde, das entzieht sich der allgemeinen Beurteilung, es steht nur den wenigen Atom-Physikern und Experten, die es in der Welt gibt, bildhaft vor Augen. Gleichgültig, ob man mit Henry Kissinger, mit amerikanischen Wissenschaftlern oder hierzulande mit Carl Friedrich von Weizsäcker spricht, bei allen spürt man die existentielle Angst, die sie bis in schlaflose Nächte hinein verfolgt und die bewirkt, daß ihr Sinnen und Trachten nur auf ein Ziel gelenkt ist: die Ausschaltung dieser Waffen und die Sicherung des Friedens.

Kissingers Konzept beruht also auf der Vorstellung, es müsse möglich sein, eine globale Ordnung zu errichten und ihr Stabilität zu verleihen. Eine Ordnung, innerhalb derer die Großmächte ihre rivalisierenden Interessen gegeneinander oder miteinander ausgleichen können. In seinem Buch »Großmachtdiplomatie« steht der Satz: »Die Logik des Krieges ist Macht, und Macht hat keine ihr innewohnende Grenze. Die Logik des Friedens ist Maß, und Maß heißt Begrenzung.« Eben darum seine Suche nach einem internationalen System stabiler Ordnung.

Die meisten Kommentatoren wollen uns glauben machen, Henry Kissinger kopiere die großen Staatsmänner des 19. Jahrhunderts, nachdem er über sie gearbeitet hat: Metternich, Castlereagh und Bismarck. So als schlage er bei ihnen nach, um Fingerzeige für die heutige Situation zu finden. Und so, als sei sein Versuch, die Bipolarität durch Einbeziehung Chinas zu überwinden und ein weltpolitisches Dreieck zu etablieren, das allmählich zusammen mit Japan und einem stärker geeinigten Europa zu einem Fünfeck werden könnte, eine Replik der *balance of power* des vorigen Jahrhunderts.

Dabei sollte das Buch »Großmachtdiplomatie« mit dem Untertitel »Von der Staatskunst Castlereaghs und Metternichs« der erste Band eines umfangreichen Werkes über Aufbau und

Niedergang der internationalen Ordnung im 19. Jahrhundert sein. Die Reihe sollte die Periode bis zum Ersten Weltkrieg umfassen. Ich denke, Kissinger hat sich damals als Historiker jener Zeit zugewandt und sich so intensiv mit diesen europäischen Staatsmännern beschäftigt, weil er schon immer magisch angezogen wurde von der internationalen Ordnung, die sie etabliert hatten. Für Henry Kissinger, der als Junge während der Nazi-Zeit in Fürth die Schrecken der Willkür kennengelernt hatte und nach dem Krieg als zweiundzwanzigjähriger US-Sergeant im zerschlagenen Deutschland die Stadt Krefeld in kurzer Zeit wieder funktionsfähig machen mußte, waren Stabilität und Ordnung zu den erstrebenswertesten Voraussetzungen geworden.

Dies sein Konzept. Und seine Methode? Er glaubt an Doppelstrategie: Stärke plus Diplomatie oder richtiger: Diplomatie plus Stärke. Aber während Dulles nur aus einer Position der Superiorität verhandeln wollte, heißt Kissingers Maßstab: Parität. Militärisches Gleichgewicht genügt ihm. Die Kritiker, die der Meinung sind, der *US Secretary of State* gäbe bereitwillig eine Position nach der anderen auf, nur um mit den Russen im Gespräch zu bleiben, irren. Immer versucht er, etwas in der Hand zu haben, das er »ver-handeln« kann: Truppen in Europa werden nicht reduziert, damit es ein Lockmittel für den Rückzug der sowjetischen Truppen gibt. Mit China werden Beziehungen aufgenommen, um Druck auf Rußland ausüben zu können.

Zweimal hat Kissinger den Sowjets hart und erfolgreich gedroht; einmal im September 1970, als der jordanische König Hussein von syrischen Panzern und palästinensischen Guerillas bedroht wurde, und zum anderen im Yom-Kippur-Krieg, als die Sowjets im Begriff waren, den in die Enge getriebenen Ägyptern im großen Stil zu Hilfe zu eilen. Damals, in der Nacht vom 24. zum 25. Oktober 1973, hat Kissinger, der den tief in die Watergate-

Krise verstrickten Präsidenten nicht erreichen konnte, nach Beratung mit den Sachverständigen – aufgrund seiner Sondervollmachten – die amerikanischen Atomstreitkräfte mobilisiert, um das Eingreifen der Russen zu verhindern.
Alle Mitarbeiter sind beeindruckt davon, mit welcher Gründlichkeit Verhandlungen vorbereitet und mit welcher Ausdauer sie geführt werden. Sie meinen, das Geheimnis seines Erfolges sei die Kombination von deutscher Gründlichkeit und amerikanischem Pragmatismus. Er selber sagt: »Meine Mitarbeiter werden bestätigen, daß, wenn wir ein Problem in Angriff nehmen, die meiste Zeit darauf verwendet wird, erst einmal darüber nachzudenken, in welche Richtung die Welt und Amerika sich entwickeln sollten, bevor wir anfangen, über Taktik zu sprechen.« Eine große Rolle spielen für ihn psychologische Beobachtungen: Erst bei seinem zweiten Besuch in Kairo, im Dezember 1973, habe er angefangen, Präsident Sadat zu verstehen. Als die Gespräche zwischen Israel und den Ägyptern zu scheitern drohten, weil keiner bereit war, dem anderen schriftliche Garantien zu geben, schlug Kissinger vor, aus dem einen Friedensdokument zwei zu machen, die dann von ihm vermittelt und dem jeweiligen Partner zugestellt wurden.
Wie de Gaulle, den er sehr bewundert hat, nützt Kissinger alle diplomatischen Möglichkeiten, und wo es keine gibt, schafft er sie sich, beispielsweise durch ein neues Etikett. So eröffnete er Anfang 1974 mit Ägypten diplomatische Beziehungen, einschließlich des Austausches von Botschaftern und allem Zubehör, »im Prinzip«, weil es »formell« nicht so rasch möglich war.
Um dieser Fähigkeiten willen wird er von vielen der Manipulation beschuldigt. Richard Holbrooke, Chefredakteur der *Foreign Policy*, führt dafür folgendes Beispiel an: »Als der Außenminister in der Pressekonferenz gefragt wurde, ob ein Geheimpapier, das er und der Sowjetbotschafter Anatolyi Dobrynin nach den

SALT-Verhandlungen von 1972 unterschrieben hatten, als eine zusätzliche Vereinbarung anzusehen sei, lenkte er sofort ab und nannte es ein *interpretive statement.* Als er gefragt wurde, warum dann dieses nicht, wie vom Gesetz vorgeschrieben, dem Kongreß vorgelegt worden sei, antwortete er: *The interpretive statement as such was not submitted to Congress, but the interpretation was.*
Manipulation? Eine Demokratie, die gehalten ist, offen zu verhandeln, müßte dankbar sein für einen Außenminister, der in der Lage ist, über Geheimverhandlungen – und andere sind weder mit den östlichen Diktaturen noch mit den verfeindeten Parteien im Nahen Osten möglich – mehr zu sagen als nur: *No comment.*
Seine Methode, zwischen feindlichen Parteien zu vermitteln, ist so erfolgreich, weil er es fertigbringt, sich in die Situation beider Seiten zu versetzen. Ihn interessiert nicht: Wer hat recht und wer hat unrecht? Er konzentriert sich auf die Frage: Was kann man erreichen, wie kann man einen Kompromiß herbeiführen? Im Nahen Osten erschien er nicht – was wahrscheinlich jeder andere getan hätte – mit einem Meisterplan, um zu versuchen, dessen Vorzüge den Beteiligten zu oktroyieren, sondern er ging erst zu der einen, dann zu der anderen Seite und hat zunächst einmal gehört, was für Vorstellungen sich jeder machte. Nachdem er herausgefunden, besser herausgefühlt hatte, wie weit jeder unter Umständen zu gehen bereit sei, begann er mit dem mühsamen und zeitraubenden Geschäft, erst Israelis und Ägypter, dann Israelis und Syrer nach und nach zu Abstrichen von ihren Maximalforderungen zu überreden und Verständnis für die Wünsche des jeweils anderen zu wecken.
28 Tage lang ist er im Mai und Juni 1974 zwischen Jerusalem und Damaskus hin- und hergependelt – 24 200 Meilen, wie jemand ausgerechnet hat. Manchmal ganz nahe am Erfolg, dann wieder durch einen Zwischenfall weit zurückgeworfen. *Timing is crucial,*

sagt Kissinger, und: »Gelegenheiten kann man nicht auf Eis legen; hat man sie einmal vorbeigehen lassen, kommen sie gewöhnlich nie wieder.« Die immer wachen Kritiker mokierten sich damals über den Briefträger, der da von Juden und Arabern hin- und hergehetzt wurde. Sie fanden, die Tätigkeit sei unter der Würde eines amerikanischen Außenministers. Diesem aber fällt bei der Alternative zwischen Friedensbemühungen und Prestige die Wahl nicht schwer.

Als das syrisch-israelische Entflechtungsabkommen dann endlich zustande gekommen war, meinte Henry Kissinger, es sei auch Zeit, die Heimreise anzutreten: »Die Israelis werden mich sonst noch als Juden einbürgern und zum Barras holen. Ihr Rückkehrergesetz erlaubt ihnen das.« Die Kritiker vergessen, daß niemand anders diese Verhandlungen hätte führen können. Oder sollten sie für möglich halten, daß Unterstaatssekretär Sisco – dessen Domäne der Nahe Osten war und ist – dort das Auseinanderrücken der feindlichen Armeen und danach den Waffenstillstand zwischen den Erzfeinden Israel und Ägypten hätte zustande bringen können?

Während fast einem Vierteljahrhundert waren Kriege die einzige Bewegung, die es im Nahen Osten gab. Alles schien versteinert. Oft hörte man die Meinung: Das ist eben ein Problem, mit dem wir leben müssen, es gibt keine Lösung für den arabisch-israelischen Konflikt. Seit Jahren gibt es keine Verkehrsverbindung zwischen Israel und seinen arabischen Nachbarn, mit Ausnahme Jordaniens. Wer von einem Land zum andern reisen will, muß zwei Pässe haben, denn wer auf einem arabischen Flugplatz landet mit einem israelischen Stempel in seinem Paß, der darf nicht einreisen; umgekehrt gilt das gleiche. Jetzt jubelten Araber in den Straßen Kairos und Israelis auf dem Flugplatz von Tel Aviv, wenn Henry Kissinger von einem Staat zum andern pendelte. Aber solche Veränderungen scheinen nach einiger Zeit

den vergeßlichen Menschen ganz selbstverständlich zu sein.
Starken Anstoß haben Kissingers Methoden in der Vietnam-Zeit erregt. Oft erhielt er das Epitheton »amoralisch«. Bei der Invasion Kambodschas 1971 und beim Weihnachts-Bombardement von Hanoi 1972. Tad Szulc, ein ehemaliger Mitarbeiter der *New York Times*, der 1974 in *Foreign Policy* wohl die gründlichste Analyse der Vermittlertätigkeit des Friedensnobelpreisträgers veröffentlichte, spendet beides: Lob und harte Kritik. Er schildert, wie brutal und bedenkenlos Kissinger in der Wahl seiner taktischen Mittel sei, attestiert ihm demütigende Arroganz im Umgang mit dem südvietnamesischen Verbündeten und äußersten Zynismus, wenn es darum gehe, die Ziele zu erreichen, die er sich gesetzt hat. So habe er 1972 mit großer List alle getäuscht: Zuerst bei seinem Besuch in Moskau im April die Russen (die Bedingung, Nordvietnam müsse alle Divisionen, die seit dem 30. März in Südvietnam eingedrungen waren, zurückziehen, schien die 100 000 Mann, die bereits dort waren, nicht einzuschließen); dann die Chinesen: In Peking fragte er Tschou En-lai, warum Hanoi denn alles auf einmal haben wolle (er ließ durchblicken, daß man doch zwei Phasen anvisieren könne, erst den amerikanischen Rückzug, und dann werde man ja weiter sehen). Dem Präsidenten Thieu in Saigon verriet er, Nixon müsse, um im Herbst einen Wahlsieg McGoverns zu verhindern, Hanoi attraktive Angebote machen (wobei er andeutete, man wisse, daß die Nordvietnamesen ablehnen würden, und außerdem könne man nach der Wahl Hanoi ja wieder unter Druck setzen).
Aber noch einmal: Auch Szulc sagt nicht, wie man, ohne die Niederlage einzugestehen, den Wunsch der Regierung und des Volkes nach Beendigung des Kriegs, Rückzug der amerikanischen Truppen und Heimkehr der Kriegsgefangenen anders als mit Hilfe von List und Rücksichtslosigkeit hätte erfüllen können.

Hier nun muß man wohl eine grundsätzliche Anmerkung zum Thema Pragmatismus machen. Die Methode, alles daranzusetzen, ein Ziel zu erreichen: Zustimmung, Versöhnung, Vereinbarung oder was immer es sei – also einfach das zu tun, was praktisch ist –, bietet viele Vorteile. Wer von ideologischen Prämissen ausgeht, muß Emotionen, Werturteile, Überzeugungen berücksichtigen. Für den Pragmatiker gibt es dagegen nur einen Maßstab: *efficiency*. *Efficiency* befreit von vielen Fesseln und verleiht darum ein Maximum an Freiheit und Wirkungsmöglichkeit. Nur: An irgendeiner Stelle ist die Grenze, an der *efficiency* in Opportunismus übergeht. Darum ist Pragmatismus ohne Horizonte viel gefährlicher, als die meisten Menschen wissen.

Kissingers Horizont aber eröffnet viele Visionen, und dank seiner großen Formulierungsgabe ist er auch in der Lage, ihnen Ausdruck zu geben. Kein Außenminister denkt soviel über den Gang der Welt nach, über die großen Zusammenhänge der Geschichte und die Rolle, die sein Land zu spielen hat. Auch dies trägt zur Faszination seiner Persönlichkeit bei. Bruce van Voorst, der ihn als *Newsweek*-Korrespondent auf vielen Reisen begleitet hat, sagt: »Kissingers Weltbild ist so fesselnd, daß er vom syrischen Präsidenten Assad mehrmals um eine manchmal 45 Minuten dauernde Zusammenfassung der internationalen Lage gebeten wurde.« Sicher gibt es keinen aktiven Politiker, der neben den täglichen Problemen und den weltumspannenden Konflikten, mit denen er es zu tun hat, auch noch versucht, die langfristige Entwicklung vor Augen zu haben, dem Trend stets auf der Spur zu bleiben.

Henry Kissinger sagt, als er 1969 nach Washington kam, gingen alle Studien von der Annahme aus, daß Energie immer im Überfluß vorhanden sei – eine Gewißheit, die sich vier Jahre später als totaler Trugschluß erwies. Damals machte man sich Sorge, wie sich wohl Überschuß an Nahrungsmitteln werde eindämmen lassen; aber drei Jahre später wurde deutlich, daß das Problem gerade umgekehrt darin besteht, ausreichende Mengen zu produzieren. Kissinger hat darum schon 1972 für eine Welternährungskonferenz plädiert, weil, wie er sagt, »klar wurde, daß wir unsere Agrarpolitik nicht mehr ohne Bezug auf die übrige Welt konzipieren können«. Sein Ministerium ist führend, was die Ausarbeitung globaler Projekte anbetrifft: Energiebewirtschaftung, internationale Getreidereserven, Stabilisierung der Exporterlöse für die Dritte Welt.

Global ist sein Stichwort. In einer großangelegten Rede in Milwaukee im Juli 1975 hat er präzisiert, worum es ihm dabei geht: »In einer Zeit, in der tödliche Waffen in Minuten ganze Kontinente umspannen, ist unsere Sicherheit mit dem Frieden der Welt verschwistert; in einer Zeit, in der unsere Fabriken, unsere Farmen, unsere finanzielle Stärke von Entscheidungen abhängen, die in anderen Ländern getroffen werden, ist unser Wohlstand eng verwoben mit dem Wohlstand der übrigen Welt. Wir haben mehr Wirtschaftshilfe geleistet als irgendeine andere Nation in der Geschichte, wir haben mehr Leute in fremden Ländern ernährt und ausgebildet, mehr Flüchtlinge aufgenommen als andere. Wir taten dies, weil unser Volk großzügig ist und weil wir begriffen haben, daß unser eigenes Interesse eng verknüpft ist mit dem Schicksal der ganzen Menschheit.«

Seine Visionen sind manchmal sehr pessimistisch, sie werden, wenn ihn der Weltschmerz über die Tragik der Geschichte befällt, ganz düster: »Wenn die westliche Zivilisation (was bei ihm immer Japan einschließt) sich nicht ihrer Interdependenz – ihrer gegenseitigen Abhängigkeit – bewußt wird, dann treibt die Rivalität aller gegen alle jede Region dazu, ihre eigenen Vorteile zu maximieren, dies wiederum muß zu immer neuen Kraftproben führen, bis schließlich die innenpolitischen Krisen nur noch entsprechend autoritären Vorbildern zu meistern sind.«

In hoffnungsvolleren Momenten – und im allgemeinen ist er bewußt optimistisch, weil er weiß, wie wichtig klare Führung ist – klingt es ganz anders: »Gewiß sind wir heute größeren Schwierigkeiten ausgesetzt als vor zehn Jahren. Aber dafür gibt es auch ungleich mehr Möglichkeiten, weil uns nämlich gar nichts anderes übrigbleibt, als die Probleme – monetäre, wirtschaftliche, politische – gemeinsam anzupacken, und zwar auf globaler Ebene, nicht national. Die Frage ist nur, ob wir rasch genug handeln – ich denke, wir werden es schaffen.«

Washington hat Henry Kissinger in wenigen Jahren zum Staatsmann gemacht. Im Januar 1969, Nixon hatte ihn schon zum Berater für nationale Sicherheit ernannt, aber er war noch nicht vereidigt und noch nicht ins Weiße Haus eingezogen, traf ich ihn in New York. Wir hatten in meinem Hotel gefrühstückt und gingen anschließend die Fifth Avenue hinauf zum Central Park. Es waren sicher zehn oder fünfzehn Grad Kälte. Ein eisiger Wind fegte durch die Straßenschluchten, er färbte unsere Nasen rot und ließ den Harvard-Professor in seinem viel zu dünnen schwarzen Mäntelchen sichtbar frieren. Fast schien er mir ein wenig bedauernswert. Die Art, wie er über die vielgestaltige, nicht wirklich definierte Aufgabe sprach und über die enorme Verantwortung, die da so unerwartet auf ihn zukam, zeigte, daß das Amt wie ein Alp vor ihm lag. Der Reiz der Macht schien weit geringer als die Sorge, ob er dem Amt gewachsen sein werde und wie sich die Beziehungen zum Präsidenten gestalten würden, gegen den er in drei Wahlen gekämpft hatte. Schließlich wirkte auch die weltpolitische Lage nicht gerade rosig. Ihm schien Erfolg nur möglich, wenn, wie er sagte, alle Freunde, vor allem auch die europäischen Freunde, zu ihm hielten.

Im Herbst des gleichen Jahres war ich für die ZEIT in Rumänien, um über den ersten Besuch eines amerikanischen Präsidenten in einem kommunistischen Staat zu berichten. Es war ein Ereignis, das die Bevölkerung der Hauptstadt zu spontanen Jubelstürmen veranlaßte – eine Reaktion, die weder Gastgeber noch Besucher erwartet hatten. Auf Nixons Programm stand auch die Besichtigung eines modernen Arbeiterviertels in Bukarest. Ich hatte dort, wo an Ort und Stelle ein Lageplan über jenes Quartier orientierte, Aufstellung genommen, und in der Tat stiegen Ceauşescu und Nixon genau an dieser Stelle aus und schritten auf den Lageplan zu.

Fasziniert betrachtete ich den rumänischen Parteichef, den ich noch nie aus so unmittelbarer Nähe gesehen hatte. Erst als die Würdenträger sich wieder in Bewegung setzten, bemerkte ich Henry Kissinger, der allein und ein wenig gelangweilt abseits stand. Er war damals noch so unbekannt, daß niemand, nicht einmal die Journalisten, Notiz von ihm nahmen. Auch er schien über die unerwartete Begegnung froh zu sein, und so bummelten wir ungestört hinter der Gesellschaft her, die verschiedene folkloristische Einrichtungen besichtigte.

Nixon, der von einer großen Asienreise kam, hatte gerade auf der Insel Guam die sogenannte Nixon-Doktrin verkündet, mit der er auf sehr überzeugende Weise den Abbau des amerikanischen *overcommitment* einleitete. Zum erstenmal seit langer Zeit, so schien mir, konnte man die Umrisse einer Konzeption wahrnehmen, deren Fehlen ich bis dahin in vielen Artikeln beklagt hatte. Henry Kissinger war so entzückt über diese Feststellung, daß er, als wir wieder bei seinem Auto angelangt waren, sofort seinem Mitarbeiter berichtete: *You see, she said that finally there is a concept.* Eine Bemerkung, der ich entnahm, daß er bis dahin mit Anerkennungen nicht gerade überhäuft worden war.

Dies sollte sich sehr bald ändern. Nach seinem heimlichen Flug ins Reich der Mitte im Sommer 1971 wurde er mit einem Schlag zum Weltstar Nummer eins. Daß ihm selber diese Tatsache nicht verborgen geblieben war, konnte man beim ersten Besuch im

Weißen Haus ohne Schwierigkeiten feststellen. Die Selbstsicherheit wuchs von Jahr zu Jahr, aber stets wurde und wird sie durch Witz und Selbstironie gemildert – jedenfalls für Fremde und Besucher. Die Mitarbeiter haben es da offenbar schwerer: Henry Kissinger verlangt Einsatz bis zum Herzinfarkt. Er ist unbeherrscht mit Leuten, die nicht so schnell sind wie er selber, und angeblich kann er sich nicht vorstellen, daß er gelegentlich auch einmal unrecht hat.

Seine so erfolgreiche persönliche Diplomatie hat im übrigen dazu geführt, daß die Angehörigen des Außenministeriums, unter denen schließlich eine Reihe sehr erfahrener, kompetenter Leute sind, sich gänzlich überflüssig fühlen, daß sie enttäuscht und frustriert sind. Kissingers Erklärung dafür: In früheren Zeiten lag das Schwergewicht auf Verhandeln, nicht auf Analysieren, darum ist die Organisation des STATE DEPARTMENT mehr darauf gerichtet, Telegramme zu produzieren und praktische Tagesentscheidungen zu treffen als darauf, die Politik strategisch zu meistern, ein Konzept zu entwerfen. Außerdem könne man im Rahmen solch riesiger Apparaturen Außenpolitik ohnehin nicht mehr formulieren. Auch Kennedy sei ja über die Langsamkeit des Apparats verzweifelt gewesen, darum habe er McGeorge Bundy neben sich gehabt, so wie Johnson später Walt Rostow.

Als ich ihm im vorigen Jahr die Frage stellte, was er für den größten Fehler halte, den er als Berater des Präsidenten und als Außenminister begangen habe, schien er zunächst über die Unterstellung als solche recht überrascht, nannte dann aber Zypern. Seine Widersacher hüben und drüben hätten keine Schwierigkeit, ihm Dutzende von Fehlern zu unterschieben: Er hätte im indisch-pakistanischen Krieg von 1971 nicht die Pakistanis, sondern die Inder stützen müssen – ausgerechnet er, der für ein *balance of power* eintritt, die Inder, die mit der Sowjetunion verbündet waren! Er habe mit seiner China-Politik die japanischen Verbündeten bewußt beleidigt – dabei haben diese durch jene Politik unendlich viel mehr Handlungsfreiheit gewonnen! Seine unter Eid gemachte Aussage, von der Tätigkeit des CIA in Chile nichts gewußt zu haben, sei falsch – alle sprechen von einer Lüge, aber niemand von Meineid, weil sich jene Behauptung offensichtlich nicht beweisen läßt.

Vor allem aber dies: Er behandle Feinde zuvorkommend, Freunde dagegen niederträchtig. In der Tat gab es, vor allem im Jahr 1973, das Henry Kissinger, ohne diese Aktion ausreichend vorzubereiten, zum Jahr Europas bestimmte, mit den europäischen Alliierten viele Reibungen. Es war die Zeit, in der der französische Außenminister Jobert seine nationale Aufgabe darin sah, die Amerikaner weltweit zu bekämpfen: Wo immer Kissinger auftauchte, hatte Jobert bereits zuvor die französischen Botschafter – beispielsweise in Lateinamerika – zu der jeweiligen Regierung geschickt, um diese mit Sonder-Informationen vor den Absichten der Amerikaner zu warnen. In Marokko eskalierte diese Warnung sogar zu der Mitteilung, die USA unterstützten bei der Wahl des Pompidou-Nachfolgers heimlich Mitterrand gegen Giscard, um sich bei den Russen beliebt zu machen.

Und auch die Regierung Brandt-Scheel, die zusammen mit den anderen EG-Staaten im März 1974, also nach der Ölkrise, den Arabern eine gemeinsame Konferenz vorschlug, obgleich diese ihr Ölembargo gegen die Vereinigten Staaten noch nicht aufgehoben hatten, konnte nicht dazu angetan sein, Henry Kissinger besonders Europa-freudig zu stimmen. Denn sein Bemühen im Hinblick auf den Nahen Osten mußte nach dem Yom-Kippur-Krieg doch darauf gerichtet sein, mit den Arabern einzeln zu verhandeln und sie auf keinen Fall zu einer Front zusammenzuschweißen.

Wer ihm aber wirklich die Möglichkeit zu weiteren Erfolgen genommen hat, das ist der Kongreß. Der Kongreß, der entschlossen war, die allgemeine Empörung über einen Präsidenten, der sich immer tiefer in Missetaten und Lügen verstrickt hatte, zu benutzen, um die Macht der Exekutive zu beschneiden. Schon während der letzten Nixon-Phase begann der Kongreß, nicht nur die ihm langsam abhanden gekommenen Vorrechte wieder zurückzuerobern, sondern darüber hinaus tief in die Domäne der Exekutive einzubrechen. Nach und nach hat das Kapitol durch Einsprüche und Verweigerungen den Spielraum des Außenministers so eingeengt, daß dieser nun fast handlungsunfähig geworden ist.

Es hatte 1973 mit dem *Amendment* von Senator Jackson begonnen, das vom Kongreß gegen den Protest des Außenministers durch Abstimmung bestätigt worden war. Dieses *Amendment* machte das Inkrafttreten verschiedener Handelsvorteile, die der Sowjetunion zugesagt worden waren, von der Bedingung abhängig, daß Moskau jährlich eine große Anzahl Juden (die Rede war von 60 000) nach Israel ausreisen lasse. Die Sowjetführung war empört über diese Einmischung. Sie kündigte erstens den Handelsvertrag von 1972 und ließ zweitens nur noch 13 000 Juden ausreisen, während es im Jahr zuvor 35 000 gewesen waren. Außerdem hatte der Kongreß auch noch die Kreditspanne für das Handelsabkommen, auf das Breschnjew so viele Hoffnungen gesetzt hatte, auf die lächerliche Summe von 300 Millionen Dollar für vier Jahre limitiert.

Der zweite Streich: Nachdem die griechischen Obristen 1974 auf der Insel Zypern, die zu 80 Prozent von Griechen und zu 20 Prozent von Türken bewohnt wird, einen Staatsstreich angezettelt hatten in der Absicht, die Insel anschließend zu annektieren, besetzten die Türken Teile der Insel, um ihrerseits die türkische Minderheit zu schützen. Der amerikanische Kongreß – von einer starken griechischen Lobby bearbeitet – verfügte ein Waffenembargo gegen die Türkei und verbot die Auslieferung der aus der

US-Militärhilfe zugesagten Waffen. Die Türken waren wütend und verlangten den Abzug der Amerikaner von allen militärischen Stützpunkten und Anlagen; darunter waren vier elektronische Abhörstationen, die bis dahin Moskaus Raketenversuche überwachten und den militärischen Funkverkehr über der Sowjetunion abhörten.

Auch in Angola hätten die Russen sich ohne die Hilfe des Kongresses nicht so rasch und so nachhaltig festkrallen können. Zwar wäre angesichts der Erfahrungen von Vietnam sicher niemand auf den Gedanken gekommen, Truppen oder Marine-Einheiten nach Angola schicken zu wollen, aber daß der Kongreß sich weigerte, die von Kissinger beantragten 28 Millionen Dollar zur Verfügung zu stellen, nahm den Sowjets jedes Risiko für aggressive Handlungen und enthob sie jeder Mäßigung. Kissinger selber sagt, erst nachdem die finanzielle Unterstützung der nationalen Gruppen, die in Angola gegen die marxistische MPLA kämpften, im Dezember durch den Kongreß abgelehnt worden ist, habe der Strom russischer Waffen und kubanischer Söldner im großen Stil eingesetzt: in den folgenden vier Wochen sind viermal soviel Kämpfer und Waffen nach Angola gekommen als in den vorangegangenen sechs Monaten.

Ein endgültiges Urteil über Henry Kissinger als Außenminister wird erst möglich sein, wenn einmal alle Dokumente und Informationen zur Verfügung stehen, denn die Urteile der Zeitgenossen sind aufgrund der obwaltenden Umstände viel zu sehr von Emotionen bestimmt. Eines aber läßt sich schon heute sagen: Während sich die wenigsten Europäer noch an den Namen seines Vorgängers erinnern, obgleich William Rogers bis 1973 amtierte und dessen Vorgänger Dean Rusk in den acht Jahren, die er dem State Department vorstand, keinerlei Spuren hinterließ, sind die Marksteine, die Henry Kissinger gesetzt hat, aus der Geschichte schon heute nicht mehr wegzudenken.

Das Mögliche möglich machen

Helmut Schmidt

Der Anfang war nicht gerade rosig: Als Helmut Schmidt 26jährig im Oktober 1945 aus englischer Gefangenschaft – »Wir hatten bis zum Wahnsinn gehungert« – nach Deutschland zurückkehrte, gab es kein Zuhause mehr. Die Wohnung in Hamburg war ausgebombt und seine Frau noch während des Krieges in eine billige Wohnung vor den Toren Berlins gezogen. Dort, in jenem kleinen Ort, liegt auch das erste Kind begraben.
Berlin war damals, im Herbst 1945, eine einzige Ruinenlandschaft: Riesige Gebirge von Trümmern und Schutthalden, so weit das Auge reichte, durchschnitten von tiefen Tälern, den ehemals breiten Straßen, die sich nun zu kleinen Fußwegen verengt hatten. Trampelpfaden gleich wanden sie sich bald rechts, bald links um einzelne zu Tal gerutschte Felsbrocken.
Geld hatten die Schmidts nicht, Aussicht auf bezahlte Arbeit auch nicht. Das Ehepaar beschloß, ins heimische Hamburg zurückzukehren. Zwar gab es auch dort nur Trümmer – aber wenigstens waren es vertraute Trümmer. Sie lebten vom Verkauf der Raucherkarten, später verdiente er etwas Geld mit Nebenarbeiten: Steuererklärungen für kleine Geschäftsleute und gelegentliche Schreibarbeiten für die Partei, während seine Frau Loki Lehrerin wurde.
Ein paar Wochen der Besinnung in Hamburg, dann begann Helmut Schmidt zu studieren. »Wir waren erfüllt von dem

unbekannten Abenteuer geistigen Nicht-eingeengt-Seins, von der Suche nach einem neuen Deutschland, und wir genossen zum erstenmal im Leben die Wohltat der Meinungsfreiheit.« Er hatte sich immer für Architektur interessiert, hatte eigentlich Städteplaner werden wollen, aber dann mußte er das billigste Studium wählen, das, was am schnellsten ging: Volkswirtschaft. »Ich habe damals unheimlich viel gelesen und diskutiert und dabei mehr gelernt als in der Uni.« Diese Generation hatte schon zuviel hinter sich, als daß sie noch wie die vorangegangene gläubig zu den Professoren hätte aufblicken können – so gesehen begann schon damals der Umbruch, den später dann die Apo vollzog.

»Nachträglich hat sich ja nun herausgestellt, daß dies genau das richtige Studium war – oder halten Sie alles für Zufall?«

»Ich weiß nicht, ich glaube, wenn einer nicht eine ganz spezielle Begabung hat, die ausgebildet und gepflegt werden muß, dann ist es ziemlich gleichgültig, was er lernt. Wenn er was taugt, dann setzt er sich überall durch.«

»Was für Pläne und Absichten verbanden sich denn damals mit diesem Studium?«

»Überhaupt keine. Ich habe in meinem persönlichen Leben eigentlich nie geplant, aber ich hatte genug Selbstvertrauen, um zu wissen, daß ich es schon schaffen würde.«

»Und was war dieses Es?«

»Nicht unterzugehen und etwas Sinnvolles tun zu können.«

Es ist wahr, wenn man Helmut Schmidts Werdegang betrachtet, scheint sich eigentlich immer alles von selbst ergeben zu haben. So war es sicherlich ganz selbstverständlich, daß er als Student Bundesvorsitzender des SDS, des Sozialistischen Deutschen Studentenbundes, wurde; daß er nach Fritz Erlers Tod dessen Nachfolge als Fraktionsvorsitzender antrat; daß er und kein anderer als Nachfolger Willy Brandts ins Bundeskanzleramt

einzog, als dieser im Mai 1974 plötzlich zurücktrat.
Und auch die andere Aussage ist zutreffend und überzeugend: Es ging ihm immer darum, etwas für sein Land und für die Allgemeinheit zu tun; er würde nie sagen für die Nation oder fürs Vaterland, weil das zu große Worte sind, aber im Grunde meint er genau dies. Der höchste Grad der Beschwörung, der ihm geläufigste Appell lautet: »Sie als Preuße müssen doch . . .«, wobei für ihn die Hanseaten, denen er sich sehr bewußt zugeordnet fühlt, offenbar in der Nähe der Preußen angesiedelt sind. Schmidt wurzelt sehr bewußt in seiner Vaterstadt. »Bei uns in Hamburg«, sagt der heutige Bundeskanzler gern.
Im Juli 1962 stand in der Hamburger WELT ein Dreisterne-Artikel, der mit den Worten begann: »Wenn ich nicht Berliner wäre, so würde ich gern für immer in Hamburg bleiben wollen, vielleicht auch in München – aber wo sonst noch in Deutschland? In Frankfurt verdienen sie zuviel Geld, in Düsseldorf zeigen sie es außerdem noch, in Stuttgart sind sie mir zu eifrig und in Neu-Bonn zu aufgeblasen. Es bleibt Hamburg, diese großartige Synthese einer Stadt aus Atlantik und Alster, aus Buddenbrooks und Bebel, aus Leben und Lebenlassen . . .«
Aber dann schüttelt der Autor dieses, wie er meint, schlafende Hamburg und zürnt mit ihm. Es sei nicht getan mit Grünflächen-Idyllen in jedem Stadtteil und mit neuen U-Bahnstrecken: »Es mag genug sein für die Stadt Hamburg – es ist zu wenig für das Land, zu dem wir alle gehören.« Trotz intensiver Recherchen stellte sich erst Jahre später heraus, daß Helmut Schmidt der Autor jenes Artikels war.
Als ich jetzt die alten Schriften des neuen Bundeskanzlers las, war ich verblüfft, wie wenig dieser sich im Laufe der Jahre verändert hat. Zwar ist er ruhiger geworden und gebraucht nicht mehr so rüde Ausdrücke wie früher, auch hat er nicht mehr so häufig jene spontanen Zornes-Anfälle, die manchmal merkwür-

dig unbegründet erschienen – eher physiologisch als intellektuell bedingt –, aber seine Grundanschauung, seine politischen und moralischen Maßstäbe sind die gleichen geblieben.
Im Jahr 1948, damals als er in Hamburg studierte und alles noch im Fluß war, Psychologie und Soziologie noch nicht popularisiert und vulgarisiert waren, sondern ein verhältnismäßig unbekanntes Feld darstellten, das die Deutschen erst zu entdecken begannen, denkt der junge Schmidt über gesellschaftliche Entwicklungen nach und stellt fest, daß der Klassenaufbau nicht der Vorhersage des Kommunistischen Manifests entspricht. Daß es nicht das Eigentum an Produktionsmitteln ist, das Macht verleiht – siehe die machtlosen Aktionäre im Verhältnis zu den mächtigen Konzernherren –, daß es aber eine »neue Klasse« von Funktionären und Bürokraten gibt, die die Gesellschaft bedrohen. Manch einer hat dies heute, fast dreißig Jahre später, noch nicht verstanden. Er argumentiert gegen diejenigen, die da propagieren, die Sozialdemokratie solle eine Klassenpartei bleiben. Er findet, sie soll sich öffnen, soll mehr werden als dies.
Schmidts Forderungen zur Universitätsreform, die er 1948 in einem parteiinternen Mitteilungsblatt der Hamburger SPD veröffentlichte, klingen auch heute noch recht modern. Unter anderem forderte er damals, daß die Universitätsverfassungen den beharrenden Kräften nur die Rolle des Gegengewichts gegenüber den Vorwärtstreibenden einräumen sollten, vor allem auch bei der Berufung neuer Lehrkräfte. Ferner: Die Vorlesung sei zwar für die Darstellung großer Zusammenhänge unentbehrlich, für die Entwicklung der Urteilsfähigkeit und des selbständigen Denkens der Studenten müßten aber viel mehr Seminare eingerichtet werden – »das erfordert Berufung und ausreichende Besoldung einer größeren Zahl junger Dozenten und Assistenten«. Schließlich stellt er fest, Universitäten seien nicht dazu da, »Eintrittsscheine für eine gehobene Laufbahn« zu erteilen. Er

wettert gegen das »Berechtigungs- und Laufbahnwesen«.
Seit jenen Studententagen hat die Politik Helmut Schmidt nicht wieder losgelassen. Unter Berufung auf Max Weber ist er der Meinung, um Politiker zu werden, müsse man drei Eigenschaften besitzen: Leidenschaft, Verantwortungsgefühl, Augenmaß; er selber fügt hinzu: Einfühlungsvermögen, Beredsamkeit und Zivilcourage gehörten ebenfalls dazu. Er hat viel darüber nachgedacht, was eigentlich den Führer in der Demokratie kennzeichnet, denn er ist überzeugt, daß ohne ihn die Demokratie nicht zu überleben vermag. »Sie bedarf der Führer – von Washington und Jefferson bis zu Kennedy, von Disraeli bis zu Churchill, von August Bebel über Friedrich Ebert bis zu Fritz Erler.«
Erforderlich sind nach seiner Meinung Sicherheit des Urteils, Fähigkeit zur umfassenden Analyse und Argumente, die zu überzeugen vermögen. Der Politiker müsse die in der konkreten Situation möglichen Ziele und Wege deutlich machen können; er müsse zweitens in der Lage sein, rasch Entscheidungen zu treffen, und drittens aufzeigen können, was zur Verwirklichung getan werden müsse. Schließlich müsse er auch das Verwalten gelernt haben, sonst sei er zum Scheitern verdammt: »Adenauers hervorragende Eignung zum Regierungschef hing eben zu einem Teil mit der Verwaltungserfahrung des langjährigen Kölner Oberbürgermeisters zusammen.«
Wenn ich beschreiben sollte, warum der Politiker Helmut Schmidt ein so erfolgreicher Staatsmann ist, dann würde ich sein Bild genau aus diesen Mosaiksteinen zusammensetzen: Er, der auf vielen Gebieten kompetent ist – Wirtschaft und Währung, Außenpolitik und Sicherheit –, vermag eine Situation oder ein Problem glasklar zu analysieren; er versteht abzuschätzen, was unter den obwaltenden Umständen machbar ist; er besitzt Entschlußfähigkeit, um die entsprechenden Entscheidungen zu

treffen; und er verfügt schließlich über die notwendige Beredsamkeit und Formulierungsgabe, um die Leute zu überzeugen. Seine Urteilsfindung beginnt, wie er selber bekennt, immer mit einer instinktiven Reaktion, die er dann durch eigenes Nachdenken rational und sachbezogen prüft, um danach die gewonnene Erkenntnis im Gespräch mit mehreren, einzelnen oder in der Diskussion mit einem Team zu erhärten; meist stelle sich dabei heraus, daß der Instinkt recht gehabt hat. Schmidt liebt Diskussionen, vor allem solche, die Braintrust-Charakter haben, aber nicht um ihrer selbst willen. Seine Devise lautet: »Diskussionen müssen zu Ergebnissen, Ergebnisse zu Entscheidungen und Entscheidungen zu Taten führen.«

»Wenn sich etwas Außergewöhnliches, zum Beispiel ein Fall Guillaume, bei Ihnen ereignete, mit wem würden Sie das Bedürfnis haben, zuerst zu sprechen?«

»Nicht nur mit einem, mit mehreren, sicher mit Wehner, auch mit Brandt. Es kommt darauf an, worum es sich handelt: Beim Parlament ist meine Kontrolle Maria Schlei, in persönlichen Dingen mein Freund Berkhan, in bezug auf Außenpolitik häufig Sanne.« Carl-Werner Sanne ist Abteilungsleiter im Bundeskanzleramt. Bei allen Genannten fügt er, quasi als Begründung, hinzu: Der oder die hat nämlich ein ganz unabhängiges Urteil.

Die Bonner Korrespondenten und andere Beobachter beschreiben Helmut Schmidts Führungsstil so: Bei der morgendlichen Lagebesprechung, wie auch im Kabinett oder in Parteigremien, oft sogar auf der Rückreise von Gipfelbesprechungen oder Konferenzen, faßt der Bundeskanzler selbst die Ergebnisse für den Protokollführer zusammen und legt dann häufig dabei auch gleich das weitere Verfahren fest. Was sich als noch nicht entscheidungsreif erwiesen hat, wird in den Sitzungen ohne Umschweife abgesetzt.

Seine Umgebung, also die unmittelbaren Mitarbeiter, sind so

ausgesucht, daß nicht, wie zu Ehmkes Zeiten, hier und da Gerüchte entstehen – alle sind verschwiegen, schnell, präzis und leistungsfähig. Jeder faßt sich kurz, auch die Minister. Debatten, beispielsweise im Kabinett, ufern nicht mehr aus. Willy Brandt habe mit nie endender Geduld endlosen Debatten zugehört. Und oft sei solch eine lange Debatte dann mit der Bemerkung beendet worden, darüber müsse noch einmal geredet werden. »Helmut Schmidt dagegen greift sofort ein, wenn der Entscheidungsprozeß zu verschwimmen droht.«

Der Regierungschef, so sagen die Mitarbeiter, sei offen und freimütig im Gespräch, verlange dafür aber äußerste Diskretion. Sein Zwölf- bis Vierzehnstunden-Tag ist nach dem Prinzip der größtmöglichen Wirksamkeit eingeteilt; selten, daß einmal etwas Luft bleibt.

Der Präsident des Deutschen Forstwirtschaftsrats, der kürzlich bei ihm war, um über seine Sorgen zu berichten – vorgesehene Zeit: 20 Minuten –, wurde allerdings über eine Stunde festgehalten und war dann ganz imponiert von der Art und Weise, wie der Bundeskanzler die Gelegenheit benutzte, um etwas über ein ihm unbekanntes Gebiet zu erfahren: Wie man den Holzbestand pro Hektar mißt, mit welchen Methoden man den jährlichen Zuwachs ermittelt und so weiter.

Der Grund für die ungewöhnliche Verlängerung der Audienz mag auch gewesen sein, daß der Besucher ihm ein Bestimmungsbuch über Wasservögel mitgebracht hatte. Und so drehte sich denn die Unterhaltung eine ganze Weile um den Großen Brachvogel, um Wanderfalken und Strandläufer, während im Vorzimmer drei Minister warten mußten. Ein kritischer Kollege, dem ich diese Geschichte erzählte, meinte, zum erstenmal erscheine ihm dieser Kanzler richtig menschlich. Ornithologie ist eine geheime Leidenschaft des Bundeskanzlers. Es gibt deren auch noch weitere, beispielsweise Malerei und Musik. Er selbst

spielt, wie man weiß, Orgel, und nur ungern verpaßt er interessante Ausstellungen, wobei die französischen Impressionisten und die deutschen Expressionisten seine Vorliebe sind.
Als ich sein Hamburger Haus zum erstenmal nach dem Umbau, der nun doch nötig geworden war, wieder betrat, sagte ich bewundernd und ganz naiv: »Das muß aber ein erstaunlich geschickter Architekt gewesen sein.« Ich hatte Helmut Schmidt in zwanzig Jahren nie verlegen gesehen, jetzt aber schien er für einen Moment fast verwirrt: »So ein Lob habe ich noch nie bekommen – ich habe die Pläne nämlich selbst gezeichnet.«
Schmidt lebt für einen Regierungschef, noch dazu des potentesten Landes in Europa, sehr bescheiden. Er ist in dem Haus wohnen geblieben, das zu einer Siedlung der »Neuen Heimat« gehört; es befindet sich in Langenhorn, einem Vorort, in dem »man« in Hamburg eigentlich nicht wohnt. Sein Ferienhaus am Brahmsee in Schleswig-Holstein ist so winzig, daß jetzt daneben noch ein kleines Nebenhaus errichtet werden mußte für Büro und Fernschreiber und einen Schlafraum für die Leibwächter. Im ersten Sommer seiner Kanzlerschaft mußte er noch jedes Telefongespräch selber abnehmen: Der arglose Anrufer, der sich nur den Weg dorthin beschreiben lassen wollte, bekam einen rechten Schrecken, wenn ihm eine barsche Stimme: »Schmidt« entgegenschlug.
Helmut Schmidt kann sehr barsch, ja schroff abweisend sein, wenn er jemand nicht leiden mag. Überhaupt ist er in seiner Grundstimmung eher kühl und kurz angebunden, was vielleicht auf einer gewissen Unsicherheit beruht. Es fehlt ihm an Leichtigkeit – Liebenswürdigkeit ist nicht seine Stärke. Man hat oft das Gefühl, daß er ständig auf der Hut ist, jederzeit bereit, sich auf irgendeinen Unglücklichen, der sein Mißfallen erregt hat, zu stürzen. So ist er denn auch in der Diskussion oft aggressiver als nötig. Es gibt Leute, die meinen, er habe

Ressentiments, die er nicht loswerden könne. Es kann aber auch sein, daß diese scheinbare Wesensart mehr eine unkontrollierte Verhaltensweise ist: die Kehrseite ständiger Konzentration und verhaltener Energie.

In für ihn sehr typischer Weise hat sich damals, 1974, der Kabinettswechsel vollzogen. Brandt war am 7. Mai zurückgetreten und Schmidt am 16. Mai mit 267 von 492 Stimmen gewählt worden. Schon drei Tage nach seiner Nominierung hatte er das neue Kabinett beisammen. Fünf Minister waren sogleich ausgewechselt worden. Eine Woche später war die Regierungserklärung fertig. Im Kabinett änderte er sofort die Sitzordnung. Er setzte Wirtschaftsminister Friderichs und Finanzminister Apel dem Chefplatz gegenüber, »weil die immer am meisten reden müssen«. Und wenn die Fraktionsvorsitzenden hinzugezogen werden, die bisher in solchen Fällen irgendwo am Rande saßen – was den heutigen Bundeskanzler seinerzeit offenbar geschmerzt hat –, dann werden sie jetzt an privilegierter Stelle zwischen Friderichs und Apel placiert.

Der Zeitpunkt des Kanzlerwechsels war für Helmut Schmidt weiß Gott nicht günstig. Der große Erdrutsch der SPD bei den Hamburger Wahlen lag erst zwei Monate zurück: Die SPD war dort innerhalb von vier Jahren von 55,3 Prozent auf 44,9 Prozent gesunken, die CDU von 32,8 Prozent auf 40,6 Prozent gestiegen. Um den Trend zu wenden, blieb nicht mehr viel Zeit, denn danach folgten die Länderwahlen Schlag auf Schlag: Im Juni 1974 Niedersachsen, im Oktober Bayern und Hessen. Nirgends erreichten die Verluste der SPD das Ausmaß des Hamburger Debakels, aber Einbußen von drei Prozent mußte die Partei überall hinnehmen.

Schon während der Jahre zuvor hatte Schmidt in privaten Gesprächen seinem Groll oft freien Lauf gelassen und in der Öffentlichkeit eine sehr kritische Sprache geführt. Er fand, es sei

vor allem in der Periode von 1969 bis 1972 mehr versprochen worden, als man hätte halten können.
Im März 1974, zwei Monate vor dem Kanzlerwechsel, fand eine Fernsehsendung mit Merseburger und Nowottny statt, in der Schmidt dagegen polemisierte, daß die SPD als Ganzes – nicht nur die Regierung in Bonn – keinen klaren, eindeutigen Eindruck mehr mache; die SPD habe nach 1972 zu vielen neuen Mitgliedern gestattet, »irgendwelche schönen Rezepte zu verkünden und so aufzutreten, als sei dies die Meinung der Führung«.
Aufgefordert, Beispiele zu nennen, erinnerte Schmidt an den »Maklerbeschluß« (wegen des Maklerunwesens sollte der Berufsstand der Makler abgeschafft werden) und an die Aktion »gelber Punkt« (die den Eindruck erweckte, als sei allein die Gattung Einzelhändler an den Preissteigerungen schuld). Es gehe nicht an, meinte der damalige Wirtschaftsminister Schmidt, daß intelligente, wahrscheinlich gutwillige junge Akademiker in ihrer Eigenschaft als Jungsozialisten politische Programme verkündeten, die dann manche Leute als Programm der SPD ernst nähmen. Die Wähler seien nicht zur CDU gegangen, weil sie diese Partei attraktiver fanden, sondern weil sie den Eindruck gewonnen hatten, »daß die SPD die Interessen junger Akademiker wichtiger nimmt als die Interessen der Arbeitnehmer«.
Und zwei Tage nach dieser Fernsehsendung, in der Sitzung des Parteivorstandes am 8. März 1974, ist seine Kritik noch schonungsloser: »Einer der wesentlichen Eindrücke, den die Menschen in unserem Lande von Regensburg bis Flensburg haben, ist doch der, daß die SPD einen großen Teil, einen zu großen Teil ihrer Energie und Aktivität auf die innere Auseinandersetzung verwendet. Dieses Bild der dauernden inneren Auseinandersetzung, ohne daß irgendwo Klärung und Schlußstriche erfolgen oder neue Standpunkte bezogen werden und dann Schluß ist mit der Sache – dieses Bild ist seit Jahr und Tag gegeben . . .

Eines erwartet doch jeder Bürger von seiner Regierung: daß sie die klassischen Grundfunktionen des Staates anständig aufrechterhält, zum Beispiel wirtschaftliche und soziale Sicherheit. Wenn wir den Eindruck machen sollten, daß wir selbst das nicht ganz hinkriegen, dann können wir an Programmatik und Reformversprechen oben draufsetzen, was wir wollen. Wir haben zunächst einmal, wie jedwede Regierung in jedem Lande, die klassischen Staatsfunktionen für den Bürger befriedigend zu erfüllen, und dazu gehört neben wirtschaftlicher und sozialer Sicherheit auch: innere Sicherheit, innere öffentliche Sicherheit und nicht die Beschimpfung der Polizisten, die für Sicherheit sorgen.

... Den Wählern in der Mitte das zu verkaufen, was erst 1990 geschieht, das muß man Robert Jungk überlassen und den Futurologen. Die Sozialdemokratische Partei ist keine futurologische Seminareinrichtung, sondern eine Partei, die alle vier Jahre und zwischendurch noch in Kommunal- und Landtagskämpfen wiederum das Vertrauen braucht, das Vertrauen ihrer eigenen Leute plus dem Vertrauen der Mitte, die sich auch anders entscheiden könnte, falls wir sie verscheuchten.«

Helmut Schmidt spürte voller Unruhe und mit wachsendem Zorn, daß die Partei allmählich zerfranste und die Bürger sich enttäuscht und ärgerlich von ihr abwandten. Er wurde immer grantiger, mußte immer häufiger ins Krankenhaus. Für jemand, der zielstrebig ist, der zu wissen meint, was falsch ist und wie es besser gemacht werden könnte, war diese erzwungene Führungspassivität quälend. Lange schon schwankte er zwischen Widerstand und Resignation, und da Resignation dem Wesen eines so aktiven, so ungeduldigen Menschen von Grund auf zuwider ist, geriet er immer mehr in Konflikt mit sich selbst, wurde immer frustrierter. So war es für viele eine Überraschung, daß der während der letzten Jahre häufig kränkelnde Helmut

Schmidt nach Übernahme des Kanzleramts nicht unter dem Streß und der größer gewordenen Last der Verantwortung zusammenbrach, sondern ganz im Gegenteil förmlich aufblühte.
Unmittelbar nach der Wahl zum Bundeskanzler, noch am selben Tag, also am 16. Mai 1974, fand eine Sitzung der SPD-Bundestagsfraktion statt, in der Helmut Schmidt eine Art Manöverkritik hielt. Er sagte, nach dem Wahlsieg vom Herbst 1972 »haben wir ein wenig das Augenmaß verloren. Wir haben mit einem Teil unserer Wähler keine Tuchfühlung mehr, zum Teil deswegen, weil wir uns übernommen haben und glaubten, man könne in vier Jahren einer Koalitionsregierung das Jahrhundert in die Schranken fordern und Dinge als machbar ankündigen, für die eine Generation erforderlich ist«.
Helmut Schmidt war entschlossen, keine Zeit zu verlieren. Immer hatte er wie ein Verrückter gearbeitet. Als Fraktionschef, als Verteidigungsminister, als Wirtschafts- und Finanzminister hatte sein Arbeitstag nur selten weniger als 14 Stunden betragen, jetzt beflügelte ihn noch größere Aktivität. Wie ein Wirbelwind fuhr er in alle Gassen und Ecken, trieb die Bürokraten zur Eile, rief die Jusos zur Ordnung, redete den Unternehmern ins Gewissen. Auf dem Landesparteitag der SPD in Hamburg im September 1974 herrschte der Bundeskanzler die verdutzten Parteigenossen an:
»Was denkt ihr denn, was die Arbeiter interessiert, bei Edelstahlwerk Witten AG? Oder die, die auf Kurzarbeit gesetzt sind bei VW oder bei NSU oder in Wolfsburg oder in Emden? Was denkt ihr denn, was die Angestellten der Hamburger Sparkasse oder der Iduna interessiert? Oder die Leute auf Howaldt? – Theoriedebatte ist etwas Notwendiges – mein Gott, ja; man braucht Grundlagen. Ich bilde mir ein, in meinem Leben dazu auch eine ganze Menge beigetragen zu haben – mit mehreren Büchern, mit einer Reihe wissenschaftlicher Aufsätze und auch mit einem

ersten Entwurf zu einem Langzeitprogramm. Aber es ist etwas anderes, in seinem eigenen Studierzimmer mit seinen Genossen darüber zu reden oder dieses geistige Ringen quasi als Hauptinhalt einer Partei der öffentlichen Meinung darzustellen. Geht gefälligst hin in die Delegiertenversammlung der Gewerkschaften, in ihre Funktionärsversammlungen, geht gefälligst hin zu den Zusammenkünften der Arbeitnehmer unserer Partei, um zu begreifen, was die Arbeiter wirklich berührt. Und ersetzt dies nicht durch theoretische Bekenntnisse zu den Interessen der Arbeitnehmer.

Es gibt schwerwiegende weltwirtschaftliche Probleme, die 80 bis 100 Entwicklungsländer und 22 Industrieländer der Welt in diesem Jahr 1974/75 in schwerste Bedrückung bringen mit Inflation und Arbeitslosigkeit und daraus resultierenden sozialen Strukturproblemen. Guckt doch hin nach Italien, nach England, guckt hin nach Amerika mit beinahe schon sechs Prozent Arbeitslosigkeit! Ihr aber philosophiert über die Vergesellschaftung oder Nicht-Vergesellschaftung! Meine Güte noch einmal, dies ist eine Stadt, die genug Möglichkeiten hat, draußen die Welt einzufangen und zu lernen, was daraus zu lernen ist, und auch der Welt draußen zu helfen!

Die Weltwirtschaft ist in eine Krise geraten, die ihr nicht begreifen wollt. Ihr beschäftigt euch mit der Krise des eigenen Hirns statt mit den ökonomischen Bedingungen, mit denen wir es zu tun haben. Ja, ja, ja – es wird ja wohl auch innerhalb der eigenen Partei ein klares Wort erlaubt sein und nicht nur unseren Gegnern in der CDU/CSU gegenüber.«

Diese Rede löste bei den jungen Linken große Erbitterung aus. *Konkret* protestierte dagegen, daß jede Meinungsbildung mit der Drohung erstickt werde: »Wer nicht kuscht, hat die nächste Wahlniederlage auf dem Gewissen.« Die Bundesvorsitzende der Jungsozialisten, Heidi Wieczorek-Zeul, hatte Schmidt schon nach seiner ersten Regierungserklärung im Mai 1974 vorgeworfen, er löse nur kurzfristig Stimmenprobleme und verstärke die antiintellektuelle Stimmung in der Bevölkerung. Ihr Stellvertreter, Johano Strasser, meinte, die gegenwärtige Regierungspolitik der SPD sei dazu angetan, die Parteibasis zu zerstören, vielleicht sogar, die Partei zu spalten. Der SPD-Abgeordnete Ulrich Lohmar konstatierte, mit Willy Brandt sei die Strategie der inneren Reformen geopfert worden.

Der neue Kanzler stieß bei vielen Intellektuellen, nicht nur bei den Jusos, auf Abwehr und Argwohn. Er wird als »Macher« oder als »Pragmatiker« abgestempelt – wobei diejenigen, die ihn Macher nennen, es darauf abgesehen haben, ihn zu diskreditieren, während das Epitheton Pragmatiker zwar gelegentlich Anerkennung bezeugt, im allgemeinen aber auch eher abträglich gemeint ist. Alle diese Kritiker sehen nicht, daß die Situation, in der die Partei und das Land sich befanden und zum Teil heute noch befinden, nur mit einer Politik à la Schmidt gemeistert werden kann.

Merkwürdig: Wenn derselbe Helmut Schmidt, wie er ursprünglich vorhatte, Architektur und Urbanistik studiert hätte und dank seiner hohen Intelligenz und ungewöhnlichen Tüchtigkeit heute sicherlich einer der großen Städteplaner Europas wäre, dann würde er als solcher von allen Intellektuellen geschätzt und geehrt werden. Als Politiker aber ist er ihnen in hohem Maße suspekt! Sie lieben ihn nicht, sie achten ihn nicht einmal, aber sie brauchen ihn.

Intellektuelle sind bereit, den Maler, der ein interessantes Bild gemalt, den Tischler, der ein seltenes Möbelstück vollendet hat, oder den Intendanten, an dessen Theater eine perfekte Aufführung inszeniert wurde, zu loben, zu preisen und zu bewundern. Ein Regierungschef aber, der die höchste aller Künste beherrscht, optimal zu führen und zu verwalten und Menschen,

Dinge und Institutionen ohne allzu große Reibungsverluste maximal miteinander zu versöhnen, den kritisieren sie. Dabei gibt es nichts Befriedigenderes als mitzuerleben, wie ein Land anständig regiert wird.

Es muß wohl der antagonistische Widerspruch von Macht und Geist sein, der die Beziehung zwischen Politikern und Intellektuellen vergiftet. Wahrscheinlich ist es der Ärger des Politikers über den Intellektuellen, der angeblich niemandem verantwortlich ist und der, wie die Politiker meinen, immer nur kritisiert, ohne je beweisen zu müssen, daß er es besser machen könnte; und die Abneigung des Intellektuellen gegen den Politiker, der in seinen Augen ein anfechtbares Geschäft mit fragwürdigen Mitteln betreibt: Oft dubiose Kompromisse eingehen muß, »fünfe gerade sein läßt«, stets von Freiheit redet, aber seine Zuflucht meist bei der Autorität sucht.

Bis zur Bundestagswahl im Herbst 1976 werde von der SPD viel verlangt, schrieb der Bundeskanzler in einem Artikel zum achtzigsten Geburtstag von Kurt Schumacher im Oktober 1975: »Wir werden dabei unsere Kraft nicht auf Gedankenspiele im Sandkasten des Purismus verzetteln, sondern sie in Solidarität für unsere konkrete politische Arbeit einsetzen.« Da wird der Gegensatz ganz deutlich; und dann noch einmal in dem von ihm bei dieser Gelegenheit zitierten Wort von Schumacher: »Daß unsere Partei sich nicht darauf beschränken kann, Ideen zu wählen. Die Partei steht vor dem Problem, die nächstliegenden praktischen Aufgaben zu meistern.«

Über sein Verhältnis zu den Intellektuellen befragt, ist der Kanzler ungewohnt zurückhaltend. Sie hätten nicht gern, wenn man sie zwar anhört, aber ihren Rat dann nicht befolge. Philosophen taugten nicht zur Politik, und Politikern müsse man nachsehen, wenn sie für ihre Entscheidungen und ihr Tun nicht jedesmal die moralphilosophischen Grundlagen mitlieferten.

Was freilich der Politiker haben sollte, ist, so meint er, »ein geschärftes Empfinden für Wahrheit und Unwahrheit, für Gerechtigkeit und Ungerechtigkeit, für Gemeinnutz und Eigennutz«. Helmut Schmidt ist gewiß kein Philosoph, aber er hat ein sehr ausgeprägtes moralisches Koordinatensystem und ein bei allen Erwägungen und Entscheidungen immer wieder durchscheinendes Verantwortungsgefühl für die Allgemeinheit – die Gesellschaft – den Staat.

Er besitzt überdies eine Eigenschaft, über die nicht viele Politiker und auch nur wenige Intellektuelle verfügen – er hat Zivilcourage, und das heißt doch in seinem Fall: Er hat keine Angst, sich unpopulär zu verhalten. Er geht wie ein Terrier auf die dicksten Keiler los: Den Ideologen hat er auf dem Parteitag in Hamburg den Marsch geblasen; den Unternehmern bei der Versammlung des Bundesverbandes der Arbeitgeber im Dezember 1975 die Leviten gelesen: »Hören Sie doch auf, so zu tun, als wenn die Regierung die Löhne in Deutschland festsetzt.« Er geißelte den »verbandsoffiziellen Pessimismus« und empfahl den Unternehmern, sich weder als Ersatzpartei noch als Parteienersatz zu fühlen. Den Gewerkschaften erklärte er, daß die Gewinne der Unternehmer in diesem Jahr stärker steigen müssen als die Löhne, damit die Investitionsquote wächst und zukünftige Arbeitsplätze geschaffen werden.

Vielleicht ist es für ihn auch leichter als für andere, keine Rücksichten zu nehmen, weil er seine Position nur sich selbst zu verdanken hat – nicht den Gewerkschaften oder der Grünen Front, nicht Katholiken oder Protestanten.

Beim Kirchentag in Frankfurt im Juni 1975 attackierte er vor den 6000 Menschen, die sich in der überfüllten Kongreßhalle drängten, seine Parteifreunde, Pfarrer Albertz und Bundesverfassungsrichter Helmut Simon. Sie hatten erklärt, daß die staatlichen Maßnahmen gegen den Terrorismus die freiheitli-

chen Grundrechte bedrohen. Schmidt erwiderte, Unzufriedenheit mit diesem Staat sei überhaupt keine Entschuldigung für rechtswidrige Gewaltanwendung: »Das Grundgesetz ist in diesem Bereich nicht nur ein Angebot freiheitlicher Rechte, sondern ein System aus Angebot und Verboten, die eingehalten werden müssen.«
Bei derselben Veranstaltung stand in der Diskussion ein Mann auf, der »im Namen aller Schlesier« gegen die Preisgabe deutschen Gebietes durch die Regierung Brandt/Scheel protestierte. In der Halle erhob sich ohrenbetäubender Lärm – die Zuhörer übertönten mit rhythmischem Pseudo-Beifall den Sprecher, dem schließlich auch noch das Mikrophon abgestellt wurde. Gegen Schluß meldete sich der Kanzler noch einmal zu Wort, um dem Protestierer zu antworten. In der Sache stimme er ihm in keinem einzigen Punkt zu, aber dann sagte er, an das Publikum gewandt, mit großer Schärfe: »Daß Sie den Mann hier nicht einmal haben ausreden lassen, finde ich einfach skandalös und einer demokratischen Gesellschaft unwürdig.« Der Berichterstatter notierte: Der Saal reagierte mit beschämtem Schweigen.
Bundeskanzler Schmidt ist ein strenger Präzeptor – er glaubt nämlich an die diesbezügliche Verantwortung des höchsten Amtes; er weiß, daß man Maßstäbe setzen und auch übermitteln kann, wenn man sie selbst glaubhaft vertritt und wenn man seine Zielsetzungen überzeugend darzustellen vermag. Immer neue Felder beackert er auf diese Weise: Die Max-Planck-Gesellschaft, wirtschaftliche Gremien, Universitäten. Seine Fähigkeit, komplizierte Zusammenhänge, vor allem weltwirtschaftliche, einleuchtend darzustellen und Denkanstöße zu vermitteln, fasziniert die Zuhörer, fast immer.
In der Paulskirche in Frankfurt am Main warnte er im vorigen Jahr die Mitglieder des Deutschen Sportbundes vor einer

Sportideologie. Sie sollten aufpassen, daß sie sich nicht der Kampfideologie kommunistischer Gesellschaften anpaßten.
Immer hat er Sorge, Bürokratismus, Zentralisierung und staatliche Autorität könnten den Raum der Freiheit einengen. Darum verteidigt er den Wettbewerb und die Marktwirtschaft wie ein engagierter Liberaler. Als er erfuhr, daß in Hamburg Hunderte von Schauspielern ohne Engagement leben, weil angeblich die Schauspielschulen zuviel Nachwuchs ausbildeten, warnte er davor, hier regelnd einzugreifen. »Ich bin nicht sicher, ob der Staat den künftigen Bedarf an Schauspielern richtig einzuschätzen und zu planen vermag. Er hat auch den künftigen Bedarf an Öl und Kohle nicht richtig einzuschätzen vermocht . . . Je mehr Berufe wir durch Zugangsprüfungen versperren, um so mehr Rigidität bringen wir in die Gesellschaft und um so mehr Freiheit geht verloren.«
Diese Weltanschauung, von einem Sozialdemokraten vertreten, ärgert natürlich viele: Die Systemveränderer, die jungen Ideologen und die alten Orthodoxen. Die von der anderen Couleur, die parteipolitischen Gegner, ärgern sich auch, weil der Bundeskanzler ihnen auf einem Teilgebiet die Möglichkeit zur Polemik nimmt. Und von denen, die keinerlei Parteiinteresse haben, sind viele deshalb ärgerlich, weil sie meinen, Schmidt gäbe vor, alles zu wissen, mindestens alles besser zu wissen. Es habe gar keinen Zweck, sich mit ihm zu unterhalten, nach fünf Minuten belehre er seinen Gesprächspartner doch darüber, daß dieser nichts von dem Gegenstand der Unterhaltung verstehe.
Mag sein, daß dies in manchen Fällen zutrifft, wenn aber der Gesprächspartner kompetent oder über ein entlegenes Gebiet informiert ist, bombardiert Helmut Schmidt ihn mit Fragen und wird nicht müde, ihn auszuquetschen. Er ist eben noch immer neugierig, und man muß staunen, wie hoch sein Informationsstand in sehr vielen ganz verschiedenen Bereichen ist.

Neulich saßen wir in einer kleinen Runde beisammen, die früher regelmäßig zusammenkam. Carl Friedrich von Weizsäcker erzählte von interessanten Messungen, die auf Hawaii vorgenommen worden sind und bei denen sich herausgestellt hat, daß der CO_2-Gehalt der Atmosphäre durch Verbrennung von Öl und Kohle während der letzten Jahrzehnte ständig gestiegen ist. Er erwähnte den Bericht eines Professors, den er vor kurzem gelesen hatte und der daraus einschneidende Veränderungen für unser Klima ableitet, konnte sich aber nicht mehr genau erinnern, wo er ihn gelesen hatte. »Meinen Sie den auf der Wissenschaftsseite der Neuen Zürcher Zeitung?« fragte Schmidt. Ganz recht, den meinte er. Wer wirklich unstillbares Interesse hat, findet eben immer noch Zeit, mehr zu lesen als andere, auch wenn die Akten sich jeden Tag zu neuen Bergen auftürmen.
Richtig ist natürlich, daß der Kanzler über eine gute Portion Arroganz verfügt, die zu verschleiern er sich entwaffnend wenig Mühe gibt. Als ein Interviewer ihn einmal fragte, ob er nicht eine Mannschaft, die ihm zuarbeite oder wenigstens intellektuelle Gesprächspartner als ständige Begleiter entbehre, antwortete er: »Nein, intelligent bin ich selber. Ich brauche einen Beamten, der mich kontrolliert.« Und ein andermal: »Ich bin nicht vollkommen zufrieden mit meiner Partei, und die nicht mit mir. Aber ich finde keine bessere Partei, und die haben keinen Ersatz für mich.«
Die Besonderheit der Intelligenz dieses Bundeskanzlers besteht darin – und das kommt in jenem leicht ironischen Statement gut zum Ausdruck –, daß sie sozusagen doppelgleisig ist. Er besitzt alle Fähigkeiten des Intellektuellen zur Analyse, gleichzeitig aber auch jene praktisch zupackende Intelligenz des »gewußt wo«. Er sagt nicht nur kluge Sachen, er tut auch einfach ungemein viel gescheite Dinge, die vor ihm kein Regierungschef getan hat. So hat er auf seinen großen Reisen nach Amerika, Moskau und

China jeweils zwei Unternehmer und zwei Gewerkschaftsführer mitgenommen, nicht nur als Statisten, sondern als Mitglieder des engeren Beraterkreises. Sie haben beispielsweise an der Formulierung der Reden mitgewirkt, die der Regierungschef zu halten beabsichtigte. Eine treffende Beobachtung bei solcher Gelegenheit: »Der Kanzler ist ungemein klar, was das Konzept betrifft, stürmisch, was das Tempo der Erörterung angeht, aggressiv, wenn es sich um Passagen handelt, die ihm politisch falsch oder instinktlos erscheinen.«

Sein Renommee im Ausland ist nur mit Superlativen zu beschreiben. Meist ist er es, der, wenn es schwierig wird, erfolgreich in die Bresche springen muß: In Washington bei der Energiekonferenz im Februar 1974, in Rom im Dezember 1975, als es galt, Wilson bei der Stange zu halten. Mich hat am meisten beeindruckt, daß ein englischer Botschafter nach der berühmten Rede, die Helmut Schmidt vor dem Labour-Parteitag in England gehalten hatte, zu mir sagte: *You know, we would take him any day as our Prime Minister* – das von einem Engländer über einen Deutschen!

Zu jenem Ereignis, das auf dem Höhepunkt der inner-englischen Auseinandersetzung über den Austritt aus der EG stattfand, war Helmut Schmidt als Gastdelegierter gefahren. Die Antieuropäer hatten schon zuvor erklärt, sie würden den Saal verlassen, wenn er versuchen sollte, sie mit Belehrungen zu traktieren; die Diplomaten hatten ihm geraten, das Thema ganz und gar zu meiden, und letzte Warnung: Vor der Westminster City Hall, dem Tagungsort, krakeelten Demonstranten mit Plakaten – Schmidt aber sah hier eine Aufgabe, und darum wagte er es dennoch. Er gab Ratschläge erst nach geschickten ökonomischen Analysen in Form von witzigen Metaphern, seine Zurechtweisungen glichen werbenden Appellen: »Wir wissen, daß eure Entscheidung noch aussteht, aber eure Genossen auf dem

Kontinent wollen, daß ihr bleibt. Werft das bitte in die Waagschale, wenn ihr von Solidarität redet.« Der Beifall wurde schließlich zur Ovation, die sogar die Erzwidersacher Europas, Tony Benn und Peter Shore, mitriß.

Die *Sunday Times*, die ihm vor einiger Zeit eine ganze Seite widmete, nannte Schmidt den ersten westeuropäischen Führer von globaler Statur seit Charles de Gaulle. Kein anderer Regierungschef unserer Zeit sei so prädestiniert, so optimal geeignet für diesen »Job«: Ein mitreißender Redner, einer der drei oder vier Bonner Parlamentarier, die zu einer wirklich improvisierten Debatte in der Lage sind, ein fast legendärer Arbeiter, ein Fachmann für Wirtschaft, Verteidigung, internationale Beziehungen und Innenpolitik. Durch die englische Brille des Autors Godfrey Hodgson gesehen, unterscheiden sich der amtierende Bundeskanzler und sein Vorgänger wie folgt: Brandt ist unordentlich, spontan, intuitiv, emotional, warm; Schmidt ist ordnungsbewußt, logisch, kalt, von großer Selbstdisziplin.

Bemerkenswert ist, daß im Grunde das Verhältnis von Schmidts Deutschland zu Giscards Frankreich viel enger, konkreter, selbstverständlicher ist, als es die legendäre Beziehung zwischen Adenauer und de Gaulle war. Allerdings war in jenem Frühstadium die heutige Unbefangenheit wohl auch noch nicht möglich. Da hatte es die Generation des Ersten Weltkrieges eben viel schwerer. Ich denke, daß es für die beiden heute amtierenden Regierungschefs auch deswegen leichter ist, weil sie sich in einer dritten Sprache, die beiden fremd ist, verständigen; leichter nicht nur, weil es zwischen Adenauer und de Gaulle gelegentlich Mißverständnisse gab (denn keiner beherrschte die Sprache des anderen wirklich), sondern auch weil ein Teil jener Assoziationen, die die Reminiszenzen, den Gram und die Vorurteile von Jahrhunderten heraufbeschwören, wegfallen, wenn ein Deutscher und ein Franzose miteinander Englisch reden.

Wird nun also Europa endlich Wirklichkeit werden, denn man hat doch stets von der deutsch-französischen Aussöhnung als dem unerläßlichen Kernstück gesprochen? Helmut Schmidt läßt keine Gelegenheit aus, die praktische Zusammenarbeit unter den Beteiligten zu fördern, aber an ein integriertes Europa glaubt er nicht. Schon damals, als die Regierung Brandt/Scheel die Ergebnisse der Werner-Kommission, also die Wirtschafts- und Währungsunion, als Zielprojektion akzeptierte, war ihm klar, daß dies eine Utopie bleiben müsse, wenn man gleichzeitig beschloß, Griechenland aufzunehmen.

Wenn nun auch noch aus wichtigen politischen Gründen in absehbarer Zeit Portugal und Spanien dazukommen, dann kann von der Möglichkeit eines integrierten Europas nicht mehr die Rede sein, zu verschieden in ihrer Wirtschaftsstruktur sind diese *Newcomer*. Europa wird eine große Freihandelszone bleiben, meint Helmut Schmidt, mit soviel Kooperation wie nur irgend möglich – schon heute treffen sich ja die politischen Chefs der neun Außenministerien alle 14 Tage, die Regierungschefs dreimal im Jahr. Wenn man bedenkt, daß Wilhelm II. nie in seinem Leben in Paris gewesen ist, muß man zugeben, daß die Generation seiner Enkel es ein gutes Stück weitergebracht hat.

Helmut Schmidt hat fast alle Gaben, die den perfekten Regierungschef ausmachen, und dazu auch noch Fortüne. Man müßte die Rache der Göttin Nemesis fürchten, wenn er selber nicht den Zweifel als Korrektiv in der eigenen Brust trüge, auch wenn die, die in ihm nur den Macher sehen, dies nicht wahrnehmen. Im tiefsten Inneren nagt der Zweifel, steckt ein Melancholiker, der in dem Unbekannten, was heraufzieht, die dunklen Katastrophen viel deutlicher spürt als die lichten, hoffnungsvollen Momente der Geschichte. Und das ist gut so – jedenfalls, solange er es fertigbringt, stets Gelassenheit und Zuversicht auszustrahlen.

Ein Widersacher der Industriegesellschaft

Ivan Illich

Muß die Welt so sein, wie sie ist? War sie so gedacht, wie sie nun geworden ist? Oder kann man sie sich auch anders vorstellen? Und wenn dies der Fall ist, was eigentlich haben wir dann falsch gemacht?

Dies sind Fragen von Aufsässigen und Revolutionären; mindestens werden sie von jenen für aufsässig und revolutionär gehalten, die da meinen, es komme ja doch alles so, wie es hätte kommen müssen, und eben darum sei es am besten, alles so zu lassen, wie es ist. Eine Meinung, in der all jene sie erfolgreich bestärken, die von dem jeweiligen Zustand profitieren.

Viele Menschen erfüllt wachsendes Unbehagen, obgleich es den meisten in unseren Breiten besser geht als je zuvor. Wie ist diese Diskrepanz zwischen zunehmendem materiellen Wohlstand und abnehmendem seelischen Wohlbehagen zu erklären?

Die Kritiker der heutigen Gesellschaft schaudert es vor den Sachzwängen der Technologie, vor einer Welt, die zu einem einzigen gigantischen Dienstleistungsbetrieb zu werden droht, vor einem Leben, dessen Sinn sich in Wachstumsraten auszudrücken pflegt. Diejenigen, die über Alternativen nachdenken, träumen von Gleichgewicht, Stabilität und Harmonie. Der CLUB OF ROME, eine Gruppe kritischer Wissenschaftler, verkündet als Ziel: organisches Wachstum an Stelle des dynamischen.

Ivan Illich, der radikalste aller Kritiker, wünscht sich eine Gesellschaft von Menschen, die Selbstbeschränkung üben, die nicht mehr einfach Objekte von Vorgängen sind, sondern wieder Subjekte der Einrichtungen, die sie selber geschaffen haben – Bürger also, die ihr Schicksal autonom in die Hand zu nehmen gewillt sind.
Illichs Kritik gilt der Industriegesellschaft, ihrem Automatismus und ihrer Grenzenlosigkeit. Aber er begnügt sich nicht mit allgemeinen Urteilen, er studiert vielmehr ihre Gesetze und ihre Konsequenzen, Bereich für Bereich. Während der letzten 15 Jahre hat er nacheinander systematisch erst die Entwicklungshilfe, dann die Schule, danach den Verkehr und die Technik, jetzt schließlich den Medizinbetrieb kritisch durchleuchtet.
Begonnen hatte dieser ungleiche Kampf zwischen einem einzelnen und den großen Mächten unserer Gesellschaft mit der Kritik an der Kirche, der er als Priester mit dem Titel Monsignore angehörte. Ivan Illich, 1926 als Nachkomme einer venezianischen Familie in Dalmatien geboren, hat Theologie und Philosophie an der GREGORIANA in Rom studiert. Er erwarb zwei Doktordiplome und ein Lizenziat für Theologie. Einige Zeit verbrachte er an der CAPERANICA, der alten römischen Diplomatenschule, an der seit dem 15. Jahrhundert kirchliche Funktionäre ausgebildet werden. Aber sein Sinn stand nicht nach Hierarchie. Er beschloß, sich brennenderen Problemen zuzuwenden.
Wer Ivan Illich auf den Champs-Élysées oder dem Kurfürstendamm begegnete, auf der Piazza Venezia oder irgendwo anders, wo Hunderte von Menschen vorbeiströmen, würde, auch wenn er ihn nicht kennt, für eine Sekunde innehalten und zurückblikken: Er geht mit leichten, federnden Schritten, ein Vorübergehender, von dem man nicht weiß, woher er kommt und wohin er geht; er sieht aus wie jemand, der von einem noch nicht

Ivan Illich

Mochtar Lubis

entdeckten Erdteil stammt. Ein Angehöriger einer vergessenen Rasse – vielleicht wie ein Indianer.
Er wirkt asketisch und ist es auch. Holt man ihn an einem Flugplatz ab, so denkt man: Jetzt müssen wir erst einmal auf sein großes Gepäck warten, aber das ist ein Irrtum, er reist nur mit einer, allerhöchstens zwei Aktentaschen – immer zum Aufbruch bereit. Er schläft nie mehr als vier oder fünf Stunden, und er ißt wenig, aber er genießt gutes Essen, vor allem guten Wein.
Illich ist ein unruhiger Geist von großer Spannkraft und Elastizität. Er wird nie müde, alle Institutionen immer wieder von neuem in Zweifel zu ziehen und das Establishment aller Sparten vor den Kopf zu stoßen. Er ist ein Organisator von hohen Gaben, ein großer Provokateur, manchmal demagogisch, zuweilen listig, immer jedoch von integrer Moral. Die vielseitige Perspektive und rasche Reaktionsfähigkeit katholischer Eliteschulung stehen ihm ebenso zur Verfügung wie die simplifizierende Darstellungsgabe der Angloamerikaner.
Mit 25 Jahren verließ Illich Rom, ging nach Amerika und ist dort von Kardinal Spellman als Arbeiterpriester in den Slums von New York eingesetzt worden. Spellman, auf dessen Antrag er zu einem der jüngsten Prälaten der katholischen Kirche gemacht wurde, hat, ungeachtet starker Spannungen, die Illich dem Vatikan immer mehr entfremdeten, stets zu ihm gehalten. Fünf Jahre später wurde er stellvertretender Rektor der Universität von Puerto Rico. Dort ist es dann offenbar zum Zerwürfnis mit der Kirche gekommen. Er wirft der Kirche vor, sie habe sich durch ihre zentrale Bürokratie und ihre zum Selbstzweck gewordene Organisation pervertieren lassen. Der ehemalige Priester hängte sein Amt an den Nagel, aber die Kirche hat er nie verlassen.
Einige Monate vor der Veröffentlichung der päpstlichen Enzyklika zur Geburtenkontrolle, im Jahre 1967, hielt Illich eine Rede

vor Bevölkerungspolitikern. Er sagte: »Ich hatte gehofft, daß der Papst sprechen würde, und hatte gewettet, er werde schweigen. Ich verlor meine Wette und war enttäuscht ...« Er hatte gehofft, der Papst würde allen Menschen vor Augen führen, daß sinkende Kindersterblichkeit durch niedrigere Geburtenzahlen ausgeglichen werden müsse, wenn das krebsartige Wachstum der Menschheit gestoppt und die daraus folgende weltweite Entmenschlichung aufgehalten werden soll. Aber der Papst hatte sich gegen die Familienplanung erklärt.

»Nur Professoren«, so sagte Illich damals, »können sich in den Glauben hineingaukeln, man könne die Menschen dahin bringen, bei der Familienplanung Dinge als persönliche Beweggründe zu akzeptieren, die für den Wirtschaftler und Soziologen möglicherweise politische Gründe sind. Das eigene Verhalten in entscheidenden Dingen liegt immer jenseits der Reichweite einer Entscheidung, die andere treffen.«

Sein Resümee nach vielen Jahren in Südamerika: »Unter den derzeitigen politischen und gesellschaftlichen Verhältnissen kann man die Mehrheit der Menschen nicht dazu bewegen, Geburtenkontrolle zu üben.« Seine Begründung: Um als verantwortlicher Bürger oder als verantwortliche Eltern zu handeln und Entscheidungen zu treffen, sei Voraussetzung, daß man am politischen Leben teilnimmt und die dafür erforderliche Disziplin akzeptiert. Diese Voraussetzung aber ist, so meint er, für die Massen jener Länder einfach nicht gegeben.

Zur Erläuterung zitiert Illich die Erfahrung, die der im Exil lebende brasilianische Pädagoge Paulo Freire mit Erwachsenenbildung gemacht hat. Freire habe bewiesen, daß man etwa 15 Prozent der analphabetischen Erwachsenen in irgendeinem Dorf innerhalb von sechs Wochen Lesen und Schreiben beibringen kann – was nur einen Bruchteil der Kosten verursache, die das runde Schuljahr eines Kindes kostet; weitere 15 Prozent brauchten etwas länger. Wie er das macht? Freire läßt in jedem Dorf eine Liste von Wörtern zusammenstellen, die dort eine wesentliche Bedeutung haben oder die umstritten sind. Meist handelt es sich um politische Wörter, um die herum er dann eine Lehrstunde aufbaut. Für die Leute, die kommen, »ist das Lesen- und Schreibenlernen der wichtigsten Wörter ein Schritt, durch den ihre politische Teilnahme ein neues Niveau an Intensität und Wirksamkeit erreicht«.

Daß Illich in Europa geboren wurde, aber im lateinamerikanischen Kontinent lebt, den er in weiten Teilen zu Fuß durchwandert hat, sagt nichts Entscheidendes aus – er könnte überall leben. Im Grunde ist er mir immer als der Weltbürger *par excellence* erschienen. Er ist geistig in vielen Erdteilen und Kulturen zu Haus. Er wuchs viersprachig auf, heute spricht er acht Sprachen fließend und schreibt ohne Schwierigkeiten in fünf von ihnen. Seine Zettelnotizen macht er häufig in Latein, auch seine Art zu denken und zu analysieren ist lateinisch.

Anfang der sechziger Jahre ging Ivan Illich nach Cuernavaca, einer mexikanischen Stadt von etwa 120 000 Einwohnern, 70 Kilometer südlich von Mexico City, wo er zusammen mit zwei Freunden das CIDOC (CENTRO INTERCULTURAL DE DOCUMENTACIÓN) gründete. Es wird von vielen als »Zentrum für Subversion« bezeichnet. In Cuernavaca hat er zunächst eine Sprachschule eingerichtet, um Entwicklungshelfer und kirchliche Mitarbeiter für Lateinamerika auszubilden. Sie sollten dort erst einmal Spanisch lernen und auch begreifen, daß man unsere Zivilisation nicht einfach exportieren kann; sie sollten Material zur Geschichte, Kultur und zur spezifischen Problematik dieser Länder – das in Cuernavaca in einem einzigartigen Archiv gesammelt wird – studieren und diskutieren.

Eine von Illichs Maximen zur Entwicklungshilfe lautet: »Sie sollten lieber einen mechanischen Esel konstruieren, einen

Lastenträger, der nicht mehr als 30 Kilometer in der Stunde zurücklegt, der keine ›Straßen‹ braucht und nicht kaputtzukriegen ist, als ganze Lastwagenfabriken zu schicken; lieber 1000 Medizinkoffer mit einfachem Diagnosegerät für die fünf bis zehn geläufigsten Krankheiten als ganze Krankenhäuser.«
Manchem reaktionären Kritiker der Entwicklungshilfe wird bei der Lektüre dieser Sätze das Herz aufgehen, manchem linken Ideologen die Zornesröte ins Gesicht steigen. Umgekehrt werden jene sich ärgern und diese frohlocken angesichts seiner Kritik an der Schule, die er als Reproduktionsmechanismus einer auf Unterdrückung begründeten Gesellschaft charakterisiert. Das ist typisch für diesen Don Quichotte: Er nimmt es mit allen auf und verbündet sich mit keinem. Die Schule enge den Raum, in dem gelernt werden kann, willkürlich ein, obgleich in Wirklichkeit überall gelernt werden könne; dadurch sei es ihr möglich, die Kinder auf das System vorhandener unzulänglicher Umstände abzurichten und das Entstehen autonomer Menschen zu verhindern. Darum seine Forderung: »Die Gesellschaft muß entschult werden.«
Es geht Illich in allen Lebensbereichen um die Selbstbestimmung des Menschen. In seinem bei Rowohlt erschienenen Buch »Selbstbegrenzung« weist er nach, daß die Industriegesellschaft genau dies verhindert: »Es war die Hypothese der weltweiten Experimente, den Sklaven durch den Motor zu ersetzen; es ist aber offenbar geworden, daß das zu diesem Zweck eingesetzte Werkzeug umgekehrt den Menschen zu seinem Sklaven macht. Die Diktatur des Proletariats und die Freizeit-Zivilisation sind zwei politische Varianten der gleichen Beherrschung durch einen in dauernder Expansion begriffenen Apparat.«
Eine Industriegesellschaft, die unter dem Gesichtspunkt organisiert ist, unbeschränktes Wachstum und unlimitierte neue Bedürfnisse zu erzeugen, erscheint ihm als Perversion menschli-

cher Gemeinschaft. Einmal nach diesem Gesetz angetreten, gäbe es keine Grenze mehr für die Industrialisierung aller Werte. Der Mensch entwickle dadurch das ganz verkehrte Bedürfnis »Befriedigung in der Unterwerfung unter die Logik des Werkzeugs zu finden«.

Illich behauptet, jenes zerstörerische Werkzeug vermehre die Uniformierung, die Abhängigkeit, die Ausbeutung, die Ohnmacht. Die Führer dieses Systems beschreibt er als Männer, »die darauf geschult sind, gleichzeitig das Wachstum des Bruttosozialprodukts und die Konditionierung der Kunden zu gewährleisten«. Illich will an die Stelle der Industriegesellschaft, in der das Werkzeug den Menschen manipuliert, die »konviviale«, die lebensgerechte Gemeinschaft, die Gesellschaft im Gleichgewicht setzen, deren Maßstab nicht Produktivität, sondern der autonome Umgang von Menschen miteinander und mit ihrer Umwelt ist. Der Mensch brauche ein Werkzeug, um damit zu arbeiten, nicht aber einen Apparat, der an seiner Stelle arbeitet.

Der Mahner von Cuernavaca sagt nicht, wie man zu seiner konvivialen Gesellschaft kommt oder wie eine entschulte Gesellschaft aussehen würde; auch nicht, wie man die Autoproduktion dezimieren kann, ohne an Arbeitslosigkeit zugrunde zu gehen; auch nicht, wie eine Regierung den kostspieligen Gesundheitsdienst reduzieren kann, ohne von den Wählern zum Teufel gejagt zu werden. Er weigert sich ganz einfach, konkrete Vorschläge zu machen – was ihm viele sehr übelnehmen.

Ich denke, er hat ganz recht damit. Seine Aufgabe kann es nicht sein, auszutüfteln, wie die Institutionen verändert werden müßten. Auch der Theaterkritiker ist ja nicht verpflichtet, das kritisierte Bühnenbild neu zu entwerfen – wichtig ist nur, daß Illichs kritischer Blick, sein schonungsloses *j'accuse* – ich klage an – unser Bewußtsein verändert. Denn Veränderung kann nur durch Beeinflussung der öffentlichen Meinung erfolgen.

Ivan Illichs letztes Buch »Medical Nemesis«, das im Frühjahr 1975 unter dem Titel »Die Enteignung der Gesundheit« im Rowohlt Verlag erschienen ist, beschäftigt sich mit dem weiten Feld der Medizin. Es ist eine höchst provokative Polemik: gegen den modernen Begriff der Gesundheit, bei dem jeder für potentiell krank gehalten wird, der nicht untersucht und gesundgeschrieben worden ist; gegen die pharmazeutische Industrie, die in den Vereinigten Staaten für jeden von 350 000 praktizierenden Ärzten 4500 Dollar – also zusammen 1,5 Milliarden Dollar – für Werbung ausgibt; gegen die Zunft der Ärzte, die diesen ganzen Bereich monopolisiert, und gegen die Tendenz, den Dienst am Kunden ständig zu erweitern (1974 wurden in der Bundesrepublik 315 000 Kuren zu je 3500 Mark = 1 Milliarde Mark verschrieben), also gegen die irrsinnige Kostensteigerung.
Seine Kritik geht auch in diesem Fall, wie bei all seinen anderen Studien, von der These aus, daß bei jeder Entwicklung die anfänglichen Vorteile irgendwann in die ihnen spezifischen Nachteile umschlagen. Die Medizin tut nicht nur Gutes, sie verursacht auch Unheil – von einem bestimmten Punkt an wird das Wachstum an Schaden größer als das Wachstum an Nutzen. Wobei der Schaden, der entsteht, sowohl ökonomisch wie allgemein menschlich ist.
Ökonomisch: Es hat sich eine Art Verschwörung zwischen Produzenten und Konsumenten entwickelt, die zur Industrialisierung der Medizin geführt hat. Durch den Wunsch, die Lebensdauer zu maximieren und gleichzeitig Schmerzen und Krankheit zu minimieren, hat sich das Interesse des einzelnen mit dem kommerziellen Interesse der Industrie, Massengüter herzustellen, multipliziert.
Neben dieser Verschwörung von Konsumenten und Produzenten gibt es einen weiteren Teufelskreis, der die Kosten in

Permanenz steigen läßt: Die moderne Auffassung vom Tod hat den Kampf gegen den Tod sozusagen zum integralen Bestandteil der Sozialversicherung gemacht; dadurch steht die geballte Macht der öffentlichen Meinung hinter dem medizinisch-industriellen System und sorgt für seine ständige Expandierung. Alle Parteien rivalisieren durch immer neues Werben um die Gunst des Publikums. Soweit die ökonomischen Auswirkungen.

Der Schaden im allgemein-menschlichen Bereich beruht nach Illichs Vorstellung auf dem veränderten Verhältnis des säkularisierten Menschen zum Tode: Krankheit, Leiden, Tod sind entprivatisiert und vergesellschaftet worden; sie sind nicht mehr individuelles Schicksal, werden nicht mehr akzeptiert. Was dem Moslem Kismet, dem Hindu Karma, dem Christen Sühne war, ist, so meint er, in unserer medizinischen Zivilisation ein gesellschaftlicher Betriebsunfall geworden, der mit Pillen beseitigt werden kann.

Leiden und Krankheit sind nach moderner Auffassung unnötig, sie können technisch eliminiert werden. Der Tod schließlich muß mit ärztlicher Kunst bekämpft und immer weiter hinausgeschoben werden: »Wie ein zum Tode Verurteilter wird der Kranke gewissenhaft überwacht, um zu verhindern, daß er dann den Tod findet, wenn dieser sich einstellt.« Und: »Der technische Tod hat den Sieg über das Sterben davongetragen.« Der Wunsch der Gesellschaft nach mehr und mehr Medizin hat uns vom medizinisch-industriellen System so total abhängig werden lassen, daß wir schließlich meinen, es auch für Schnupfen, Streß und Alter in Anspruch nehmen zu müssen. Illichs Schlußfolgerung: Die Industrialisierung habe weit mehr vom Fortschritt der Medizin profitiert als der Mensch. »In der Industriegesellschaft ist es der Großmutter, der Tante oder der Nachbarin unmöglich geworden, sich der schwangeren Frau, der Verwundeten, der Kranken, des Krüppels oder der

Sterbenden anzunehmen – die wachsende öffentliche Nachfrage, die dadurch entstanden ist, kann unmöglich mehr befriedigt werden.«

Wir wollen die Perfektion der Gesundheit. Wir glauben, alles machen, auch den Zeitpunkt des Todes bestimmen zu können. Mit dieser Hybris, sagt Illich, fallen wir der Nemesis – der Rache der Götter – zum Opfer.

Da ist er wieder, der Monsignore, der ehemalige katholische Priester, wird mancher einwenden. Andere haben ihren Spott über Illichs Kampf gegen das Auto, seinen Plan, die Pflichtschule abzuschaffen, seine Forderung, Selbstbeschränkung zu üben, schon früher artikuliert. Ich meine, man könnte einen ganz anderen Einwand machen, nämlich daß er selber dem Fehler verfällt, den er der Industriegesellschaft zum Vorwurf macht: Er neigt dazu, seine Einsichten weiter und weiter zu treiben, bis sie schließlich in Absurdität umschlagen.

Dennoch: Das Wachstum an Erkenntnis, das ihm zu danken ist, bleibt unendlich viel größer als die Menge der möglichen Einwendungen.

Furchtlos im Kampf gegen Korruption

Mochtar Lubis

Es hat lange Zeit gedauert, bis die ehemaligen Kolonialgebiete sich zu eigenen Persönlichkeiten gemausert hatten. Technisch hingen sie noch lange Zeit an der Nabelschnur ihrer europäischen Kolonialherren.

So konnte man noch in den sechziger Jahren nicht ohne weiteres innerhalb Westafrikas telefonieren, weil alle Leitungen strahlenförmig zum Zentrum Paris oder London gingen. Man konnte auch nicht von Westafrika direkt nach Ostafrika fliegen. Wer per Flugzeug von Accra nach Nairobi gelangen wollte, mußte zunächst von Accra zurück nach Europa und dann dort neu zum Flug nach Nairobi ansetzen.

Andererseits war es auch wieder verblüffend, wie oberflächlich die Tünche europäischer Zivilisation in diesen Ländern haftete, wie lebendig sich die eigenständige Welt darunter erhalten hat. Ich erinnere mich, wie sehr es mich beeindruckte, als ich dies zum erstenmal in Vietnam wahrnahm. Damals führten die Franzosen dort noch das Regiment: Es war 1954 – also kurz ehe sie, schwer geschlagen, den Rückzug antraten.

Saigon hatte zu jener Zeit ganz den Charakter einer südfranzösischen Stadt: Schattige Alleen, hübsche kleine Restaurants, elegante Läden. Die Straßen hießen *Boulevard Lattre de Tassigny*, *Avenue Foch* . . . Ich kam aus Bangkok, wo es angesichts der fremden Schriftzeichen außerordentlich schwierig gewesen war, sich zurechtzufinden. Erfreut über die sichtbare Erleichterung, bestieg ich mit einer langen Adressenliste eines jener Miniaturwägelchen, die von radelnden Einheimischen fortbewegt werden.

Ich nahm sorglos Platz, sagte *Boulevard Lattre de Tassigny* 135, aber nichts geschah. Ich wiederholte die Adresse ein zweites und drittes Mal – nichts. Schließlich stieg ich aus und versuchte es mit einem anderen. Resultat: Wieder sah der Vietnamese mich verständnislos an; ich hätte ebensogut *ham and eggs* sagen können oder Kopf und Kragen. Lattre de Tassigny sagte ihm nichts – in seiner Sprache trug diese Straße einen ganz anderen Namen: Über die Welt, in der er und seine Landsleute lebten, hatten die Europäer für ein paar flüchtige Jahrzehnte ein loses Netz gespannt – für die Okkupanten hatte es orientierende Bedeutung, aber für niemanden sonst.

Gleichermaßen erstaunlich erschien es mir damals, wie wenig die führenden Leute Afrikas oder Asiens einander über die Grenzen hinweg kannten, ehe die Mitgliedschaft in der UN und die vielen Konferenzen unserer Tage dies von Grund auf änderten. Um so verblüffender war es für mich, den Namen eines Indonesiers, noch ehe ich ihn in seinem Heimatland kennenlernte, in Bangkok, Singapur und Malaysia erwähnt zu hören. Stets wurde er als ein hervorragender Exponent der moralischen und geistigen Elite Asiens apostrophiert.

Mochtar Lubis, 1922 in Sumatra geboren, hat sich seinen Namen im Kampf gegen Korruption und Ungerechtigkeit gemacht. Ein Kampf, der weit gefährlicher ist, als es einst der Freiheitskampf gegen die Kolonialmächte war. Gewiß war die indonesische Freiheitsbewegung auch seine Sache gewesen, aber sie war für ihn nicht das Allerwichtigste. Nationalismus war ihm weder Ziel noch Erfüllung, allenfalls Teil eines größeren Ganzen. Ihm ging es nicht um die Indonesier, die Holländer, die Japaner – ihm ging es und geht es um den Menschen, um die Humanitas.

Sein erstes Buch, 1953 in Indonesien erschienen, später ins Englische übersetzt, heißt »A Road with no End«. Es handelt von der Revolution und dem Kampf gegen die Rückkehr der Holländer unter englischer Ägide. »Revolution ist nur ein Mittel, um die Freiheit zu erreichen«, heißt es da, »und Freiheit ist nur ein Mittel, um des Menschen Leben mit mehr Glück zu erfüllen und nobler zu gestalten.« Und an anderer Stelle: »Das Individuum ist ein Ziel – der Staat nur ein Mittel.«

Zu eben jener Zeit entwarf Sukarno gerade sein Konzept der nationalen Persönlichkeit Indonesiens – eine Art Antithese zu Mochtars Humanismus, der sich, verglichen mit der heroischen Weltanschauung seines Führers, geradezu »dekadent« ausnahm und – so lautete denn auch der Vorwurf – »gesellschaftlich unproduktiv«. Ein Umstand, der angesichts der scharfen Kritik, die Mochtar Lubis nicht müde wurde, als Journalist an der Korruption von Regierung und Armee zu üben, geradewegs auf den Konflikt zusteuerte.

Als Neunundzwanzigjähriger hatten Mochtar und ein paar Freunde 1949 zusammen die Tageszeitung *Indonesia Raja* gegründet, deren Chefredakteur er dann wurde. Die Besonderheit des Blattes bestand darin, daß es stets – das heißt, wenn es nicht gerade verboten war (zur Zeit ist dies wieder einmal der Fall) – Korruptionsfälle anprangert; und zwar nicht mit dunklen Andeutungen und generellen Beschuldigungen, sondern im Klartext und mit Dokumentation: Wer, was, wo und wieviel.

So hatte er 1969 wochenlang detaillierte Unterlagen – Photokopien von belastendem Material, Briefe und Aussagen – veröffentlicht, aus denen ganz eindeutig Korruption und Mißwirtschaft der großen nationalen Ölgesellschaft *Pertamina* und ihres mächtigen Chefs hervorging.

Der Widerhall in der Öffentlichkeit war so groß, daß Präsident Soharto sich genötigt sah, eine Art ROYAL COMMISSION einzusetzen mit der Aufgabe, Nachforschungen über Korruption im allgemeinen und bei der *Pertamina* im besonderen anzustellen. Die Ergebnisse dieser Recherchen: Ungezählte Beispiele von Bereicherung und Machtmißbrauch wurden veröffentlicht. Der Präsident erklärte, er selbst werde sich an die Spitze des Kampfes gegen Korruption stellen. Dann verging viel Zeit, und nichts geschah. In gewissen Abständen fragte Mochtar Lubis in seinen Leitartikeln, warum denn nichts geschehe; aber es blieb dabei, die guten Vorsätze waren verflogen. Nichts änderte sich – außer daß Mochtar vermutlich einige Feinde dazugewonnen hatte.

Damals, bald nach Gründung der Zeitung, war es Mochtar Lubis gelungen, im Jahre 1950, als Sukarno heimlich eine zweite Frau genommen hatte, auch die Dokumentation hierfür – also den Ehekontrakt – in Photokopie abzudrucken. Das löste einen Sturm der Entrüstung im Lande aus mit Protesten und Anti-Sukarno-Kundgebungen, denn die Abschaffung der Polygamie galt allenthalben als Signum des Fortschritts. Besonders die Frauenorganisationen waren zornig, und da sie eine wichtige Rolle im Kampf um die nationale Unabhängigkeit gespielt hatten, war das für den Chef und die Führung äußerst unangenehm.

Mochtars zweites Buch »Twilight in Djakarta« ist denn auch im Gefängnis geschrieben und nach England herausgeschmuggelt worden. Es schildert das Leben in Djakarta während der fünfziger Jahre, nicht in literarischer Ambition, sondern um eines moralisch-politischen Zweckes willen. Es ist höchst aufschlußreich und gibt Zeugnis von dem seltenen Mut des Autors.

Neben anderem geht es um den unmenschlichen Kontrast von Luxus und Armut in Indonesien. Plötzlich versteht man, warum in einem Lande, in dem alle Leute unterbezahlt werden, jenes ›Eine-Hand-wäscht-die-andere‹ geradezu unvermeidlich ist und warum dieses System zwangsläufig zu einem immer undurchdringlicheren Dickicht von Korruption wird. Der Autor schildert, wie agile Geschäftsleute fiktive Gesellschaften gründen und Einfuhrlizenzen erschwindeln; wie Beamte, die von Hungerlöhnen leben sollen, dabei mitwirken, weil sie an den Profiten beteiligt werden. Wie ein Zeitungsbesitzer Artikel schreibt, um dunkle Geschäfte eines Bekannten zu verschleiern, weil jener, der Einfluß in der Partei hat, diesem dafür einen Parlamentssitz verschafft, der es ihm wiederum ermöglicht, Einfluß zu gewinnen und diesen dann in Geld umzusetzen.

Da ist ferner die Geschichte eines redlichen jungen Angestellten, der sich von diesen Gebräuchen distanziert und nichts damit zu tun haben will. Seine Familie lebt mit zwei anderen zusammen in einer Wohnung; von Jahr zu Jahr verspricht er seiner Frau, dafür zu sorgen, daß sie ein eigenes kleines Haus bekommen werden. Alle anderen, die sich jener üblichen Methoden bedienen, sind längst aus der Misere heraus. Lange Zeit widersteht er dem Drängen seiner Frau, die ihn zu verachten beginnt, weil er offenbar nicht so tüchtig ist wie die Kollegen. Schließlich wird das dritte Kind geboren, und nun vermag auch er es nicht mehr auszuhalten in der Enge mit den ständig streitenden Mitbewohnern: Er fällt um . . .

Ein anderer kleiner Beamter hört zu Hause täglich die Klagen: Kein Geld, und die Preise steigen, Anschreiben im Laden ist nicht mehr möglich, zu viele Schulden sind bereits aufgelaufen. Die Kinder sehen immer abgerissener aus, die Frau liegt immer häufiger krank im Bett, Medizin kann er nicht kaufen, schließlich sind alle Vorsätze dahin, auch er fällt um und macht es wie die anderen.

Eingeblendet zwischen diese realistischen Schilderungen sind

Szenen aus einem Debattierklub, wo eine Gruppe, die sich verantwortlich fühlt, darüber nachdenkt, wie man das Land retten könne. Sie diskutieren darüber, was Wahrheit ist; darüber, ob vielleicht der Kommunismus eine bessere Methode sei, um anständig durchs Leben zu kommen; sie reden über Gott und die Welt, aber die Zustände vermögen auch sie nicht zu ändern.

Mitte der fünfziger Jahre, angesichts der immer schwieriger werdenden Wirtschaftslage, verblassen die Ideale von Humanismus und Menschenwürde – Nationalismus und Fremdenhaß breiten sich aus. Alles Kosmopolitische, wie es Mochtar und seinen Freunden vorschwebte und wie sie es sich 1945 vorgenommen hatten, wird verdammt. Mochtar hängt die Literatur an den Nagel und engagiert sich politisch.

1956 muß er für einen Monat ins Gefängnis, dann folgt Hausarrest bis zum April 1961. Kaum war er frei, fuhr er nach Tel Aviv zur 10. Generalversammlung des Internationalen Presseinstituts. Mochtar Lubis ist viel gereist: in Asien, Australien, Europa und Amerika. Er spricht fließend Englisch und Holländisch, liest Deutsch und Französisch. Er schreibt in *Bahasa Indonesia*, der Landessprache, die in den zwanziger Jahren aus dem Malayischen entwickelt worden ist. Bis zu jenem Zeitpunkt wurde in Java Javanisch, in Bali Balinesisch gesprochen – aber immer schon war das Malayische die *Lingua franca.*

In Tel Aviv, wo er viele Freunde aus aller Welt traf, trat er auch als Sprecher auf: Er geißelte die Pressezensur und die Zustände in seinem Lande. Gleich nach der Rückkehr wurde er verhaftet und in Madium in Ost-Java mit zwei Dutzend führenden Politikern eingesperrt. Erst 1966, nach dem Sturz Sukarnos, sah er die Freiheit wieder.

Zwar durfte er in Madium schreiben und lesen, auch Sport treiben, aber die Jahre verstrichen ungenutzt, die Zustände im

Lande wurden immer unhaltbarer, und Mochtar empfand die Inaktivität, zu der er verdammt war, als immer unerträglicher. Auch die Trennung von der Familie schmerzte. Hally, seine kluge und talentierte Frau, sie ist eine begabte Malerin, lebte mit den drei kleinen Kindern im fernen Djakarta und durfte nur zweimal im Jahr zu ihm. Sie hat jene Jahre der Trennung – und es sollten nicht die letzten sein – mit bewundernswerter Zuversicht und großer Geduld ertragen. Damals begann Mochtar, Kindergeschichten zu schreiben, die er Hally schickte, um nicht den Kontakt zu den Kindern zu verlieren, die gewöhnt waren, daß er ihnen abends Geschichten erzählte.

Immer hat es mich gegrämt, daß man so wenig über das eigentliche Leben der Menschen weiß, die man in Asien oder Afrika kennt. Man trifft Politiker, Professoren, Journalisten, spricht mit ihnen über politische Dinge, philosophische Probleme, menschliche Fragen, aber wie so einer aufgewachsen ist, wie das in seiner Jugend war, als die internationale Zivilisation die Welt rundum noch nicht mit einer einheitlichen Tünche überstrichen hatte, das weiß man nicht. Darüber aber muß man sich klar sein, die westlichen Erziehungsmethoden, die mittlerweile alle Länder erobert haben, die neuen Technologien in Industrie, Städtebau und Verkehr, dazu die modernen Massenmedien haben die traditionellen Wertbegriffe überwuchert und sind im Begriff, sie erbarmungslos zu zerstören. Ein ganz neues System von Prioritäten und Verhaltensweisen ist an ihre Stelle getreten.

Die alten Vorstellungen vom indischen *Kharma*, dem Glauben also, daß die soziale Rolle, die wirtschaftliche Lage, überhaupt das derzeitige Dasein eines Menschen, die Konsequenz seines Verhaltens im vorangegangenen Leben sei und mithin ertragen werden muß, gehen mehr und mehr verloren. Das *Krengchai* der Thais, also die Bereitschaft, Menschen zu akzeptieren, wie sie sind, ohne das, was sie tun, zu bewerten oder es ihnen nachzusehen, vermischt sich mit den Maßstäben, die das neue Wertsystem setzt, das um Leistung und Erfolg kreist. Die Verwirrung und moralische Verunsicherung, die das Umfunktionieren der traditionellen Wertbegriffe mit sich bringt, ist die Wurzel mancher »Unsitten«, über die der Westen sich dann beklagt.

Mochtar ist in dieser Hinsicht ein besonderer Fall: Er ist im besten Sinne ein Weltbürger und ist doch zugleich tief verwurzelt in seiner indonesischen Welt. Man muß ihn zu Haus erleben, nicht im städtischen Milieu von Djakarta, sondern draußen in den Bergen, wo er ein kleines, selbstgezimmertes Haus hat. Man muß beobachten, wie gelöst er sich dort bewegt, wie er plötzlich Teil der Natur wird – wie ein edles Tier, das, von der Enge eines Käfigs befreit, wieder in die ihm vertraute Umgebung versetzt worden ist.

Mochtar also ist der heimischen Welt noch bewußt und ihr stolz verhaftet, so daß er sich gern seiner Jugend und der Sitten des Elternhauses erinnert; aber er ist gleichzeitig so vertraut mit unseren Gewohnheiten und Anschauungen, daß er seine Erinnerungen in unsere Sprache zu übersetzen vermag.

Mochtar Lubis ist im Mandailing-Gebiet von Sumatra geboren. In dieser Region gab es zwei herrschende Familien – die Nasutions und die Lubis –, die nach der von hausväterlichen Gesichtspunkten bestimmten Sitte untereinander zu heiraten pflegten. So auch in diesem Fall: Vater Lubis, ein Neffe des »Regierenden«, heiratete eine Nasution, die Tochter des Mangaradja Sorik Marapi – des Herrschers von Sorik Marapi, also der Feuerberge – einem kleinen Fürstentum im Süden von Sumatra. Sie war offenbar eine bedeutende Frau. Sehr selbstbewußt, aber auch warmherzig und von den Kindern über alle Maßen verehrt. Mochtar meint, sie sei wahrscheinlich die erste Indonesierin

Edgar Salin

Kurt Hahn

gewesen, die gegen die Polygamie revoltiert hat; sie nämlich stellte Mochtars Vater, der, als er um sie anhielt, bereits eine Frau hatte, das Ultimatum: »Entweder sie oder ich« – und sie gewann. Die erste Frau wurde heimgeschickt. Und einige Jahre später, nach einem großen Streit mit ihrer Schwiegermutter, noch einmal dasselbe: »Sie oder ich« – und wieder gewann sie. Ihr Mann schickte seine Mutter zurück in ihr heimisches Dorf.
Vater Lubis war Beamter in der holländischen Verwaltung. Er hatte die höchste Stufe, die ein Indonesier erreichen konnte, erklommen. Er war »Demang«, so etwas wie ein Distriktkommissar, zuständig für Ordnung in einem bestimmten ländlichen Gebiet. Alle Männer in dem Dorf, in dem Mochtar aufwuchs, waren Jäger – sie jagten Elefanten, Tiger, Bären, Gazellen und Wildschweine. Jagen und das Zapfen der Gummibäume war die traditionelle Männerarbeit, alles andere – also die wirklich mühsame Arbeit: das Bestellen und Ernten der Reisfelder und das Sammeln von Brennholz – hatten die Frauen zu besorgen.
Die Männer, die Muße und Geselligkeit lieben, saßen tagtäglich vor dem mohammedanischen Abendgebet, also vor Sonnenuntergang, zwei Stunden im Kaffeehaus zusammen, besprachen die politischen Neuigkeiten und den Dorfklatsch, manchmal las auch einer aus der Zeitung vor – aber wehe, wenn eine Frau gewagt hätte, sie dabei zu stören.
Mochtar ist für indonesische Verhältnisse ein Riese, das heißt, er ist von Statur einem großgewachsenen Europäer vergleichbar. Einmal fragte ich ihn: »Wieso bist du eigentlich so groß geraten – ist das in deiner Gegend von Sumatra so üblich?« Mochtar, der wie die meisten seiner Landsleute gern lacht und herumalbert, antwortete: »Ja, hab' ich dir denn nie erzählt, daß ich deutsches Blut in den Adern habe?« Erstaunen meinerseits. »Meine Vorfahren haben einmal einen deutschen Missionar geschlachtet und verspeist. Aber«, setzte er beruhigend hinzu, »sie haben ihm

dann ein Denkmal gesetzt, für sein Fortleben ist also gesorgt.«
Wahrscheinlich hatte er diese Geschichte ersonnen, um zwei Fliegen mit einer Klappe zu schlagen: um sich einerseits über sich selber lustig zu machen – die Bataks, zu denen sein Stamm gehört, sind tatsächlich Kannibalen gewesen –, andererseits, um die Fremden zu persiflieren, die so pedantisch auf die Reinerhaltung ihres Blutes bedacht sind.

In den Erzählungen aus seiner Jugend ist viel von Gesang und Musik – Flöten aus Reisstroh oder Bambus gefertigt – die Rede, von Gelächter und Fröhlichkeit und viel auch von Essen: Lemang zum Beispiel, Reis mit Kokosmilch verrührt, in einen jungen Bambus gestopft und dann gekocht, sowie andere Delikatessen, die im Familienkreise vor Festtagen präpariert wurden. Armut gab es in der Gegend nicht, weil, wie er sagt, die Bindungen innerhalb der Großfamilie so stark sind, daß immer alle mit durchgezogen wurden.

An Festtagen, ehe der Ramadan, der Fastenmonat, begann, pflegten die Eltern mit allen Kindern – Mochtar hatte neun Geschwister – und mit möglichst vielen Freunden hinauf in die bewaldeten Berge zu gehen. Dort wurde gepicknickt, getanzt, gesungen und in einem klaren Bache gebadet, um, der Tradition entsprechend, den Fastenmonat »rein an Körper und Geist« zu beginnen.

Mochtar hat einmal so einen Tag beschrieben: »Die Sonne malt glänzende Stellen auf das Wasser, die Vögel singen im dichten Dschungel; wie beglückend der Einklang zwischen mir, dem Strom, den kleinen glitzernden Fischen, den Sonnenstrahlen und dem gelbgefiederten Vogel auf einem hohlen Ast am anderen Ufer ... Dies gehört zu den glücklichsten Erinnerungen meiner Kindheit: nackend in dem rasch dahinfließenden Wasser des Bergstroms zu sitzen, mit den Fischen zu spielen und dem Lied der gelben Vögel zu lauschen.«

Sechs Jahre ging Mochtar Lubis in die örtliche Schule, dann für drei Jahre in eine Art Handelsschule – alles andere hat er sich selbst beigebracht, hat ihn das Leben gelehrt. Die Lehrer der Handelsschule waren Indonesier, die in Holland ausgebildet worden waren und die Ideen von Freiheit, Demokratie und Kommunismus mit zurückgebracht hatten. Von ihnen hörte Mochtar auch zum erstenmal etwas über Karl Marx.
Nach verschiedenen Wechselfällen fand er den Beruf, für den er prädestiniert war – er wurde Journalist. Während des Krieges arbeitete er bei der Nachrichtenagentur *Antara News Agency*, deren Präsident damals Adam Malik, der heutige Außenminister Indonesiens, war.
Ich lernte Mochtar vor Jahren bei einer Konferenz in Princeton, USA, kennen. Seither haben wir während vieler Sitzungen nebeneinander gesessen, weil wir beide in Paris im Vorstand der ASSOCIATION POUR LA LIBERTÉ DE LA CULTURE sind. Immer, wenn er dort das Wort nimmt, bin ich, wie auch damals in Princeton, wieder gefesselt von der seltenen Kombination sachlich klarer Präsentation und der moralisch-philosophischen Perspektive, unter der dies geschieht.
Seine Art, zu reflektieren und zu sprechen, schlägt jeden in Bann. Ich erinnere mich, wie gebannt vor drei Jahren im Seminar in Aspen, Colorado, alle lauschten, als er über die Sorgen der Dritten Welt sprach. Er begann mit der Feststellung: »Ein Aspekt erfüllt mich mit Abscheu: die Verschwendung, die hier getrieben wird. Ein halbes Dutzend Leute könnten bei mir daheim von dem leben, was in diesem kleinen Ort, in dem Sträßchen, in dem ich untergebracht bin, weggeworfen wird. Es scheint, daß beide – Produzenten und Konsumenten – gemeinsam in einem Teufelskreis gefangen sind: Jeder wird genötigt, mehr zu verbrauchen, als er will; und um die daraus erwachsenden Schäden: hoher Blutdruck, Schlaflosigkeit, Nervosität,

wieder zu beseitigen, tritt dann eine neue Industrie in Aktion und produziert Pillen aller Art. Ihr Amerikaner stellt 6 Prozent der Weltbevölkerung und verbraucht 30 Prozent aller Energie und 60 Prozent vieler anderer Rohstoffe – könnt ihr das eigentlich verantworten?«

»Ich habe hier«, so fuhr er fort, »ein paar ganz einfache Tennisschuhe für 5 Dollar gekauft. Dafür müßte in Indonesien einer zwei Wochen arbeiten. Ihr habt unsere Forderung nach Preisstabilität der Rohstoffe, nach einer gewissen Stabilisierung der Export-Erlöse nie wirklich ernst genommen. Wie soll es weitergehen? Sind wir zu der Alternative verdammt, entweder in eure Fußstapfen zu treten oder für immer unterentwickelt zu bleiben? Wenn ihr in dieser Weise weitermacht und uns allen zusammen nichts Besseres einfällt, dann wird einer aus meiner Welt eines Tages die gleiche Frage stellen, aber der wird dann ein Gewehr in der Hand haben, und vielleicht wird bei euch dann einer aufstehen, der auch ein Gewehr in der Hand hat, und ihm antworten . . .«

Dem Buch »A Road with no End« hat Mochtar eine Frage Jules Romains vorangestellt, die lautet: »Was brauchen wir, um frei von Furcht zu werden?« Wenn ich Mochtar mit einem Wort beschreiben sollte, dann würde ich das Wort »furchtlos« wählen.

Als ich im Frühjahr 1974 nach mehrjähriger Pause wieder einmal in Djakarta war, gab es dort unter den Intellektuellen viele besorgte Gesichter. Die revolutionären Unruhen beim Besuch des japanischen Ministerpräsidenten Tanaka im Januar jenes Jahres und die Verhaftungen, die in der Folge vorgenommen worden waren, hatten vorwiegend Intellektuelle getroffen: Anwälte, Wirtschaftsberater, Studentenführer, insgesamt westlich orientierte Bürger.

Auch Mochtar, der bereits mit einem Ausreiseverbot belegt war, schien mir gefährdet zu sein, denn seine Zeitung hatte die

Korruption der großen japanischen Gesellschaften immer wieder aufs Korn genommen. Für meine besorgte Frage hatte er nur ein vergnügtes Lächeln. »Also kann Dir nichts passieren?« – »Doch, natürlich ist alles möglich, aber es wäre für mich ja nichts Neues. Überraschend wäre für mich nur, wenn General Suharto dieselben Leute fürchten sollte, die Sukarno einsperren ließ.«
»Weißt Du«, setzte er dann ernst hinzu, »wirkliche Freiheit bedeutet, frei von Furcht zu sein, und das ist nicht eine Frage der äußeren Umstände, sondern der Bewältigung des inneren Angstkomplexes. Denn Angst haben alle, nicht nur die, die eingesperrt werden, sondern auch die, die einsperren lassen; gerade das ist ja das Motiv: Sie lassen die Leute einsperren, vor denen sie sich fürchten. Ich habe das hinter mir, ich werde mich nie mehr fürchten.« Mochtar Lubis weiß, wovon er spricht, denn die Regierung, die ihn nach dem Sturz Sukarnos aus dessen Gefängnis befreite, hat ihn zehn Jahre später wieder eingesperrt.
Ein Jahr nach den Ereignissen des Tanaka-Besuches, im Februar 1975, lange Zeit nach allen anderen also, wurde Mochtar tatsächlich verhaftet und in das Nirbaya-Gefängnis bei Djakarta eingeliefert. Ein Vierteljahr blieb er dort, dann wurde er wieder freigelassen. Seine Zeitung aber und zehn andere, die im Januar 1974 verboten wurden, dürfen noch immer nicht erscheinen.
Es scheint, daß in den Ländern der Dritten Welt die Entwicklung fast allenthalben nach dem gleichen Schema abläuft: Die Sehnsucht nach Freiheit führt zur Revolution. Der Wunsch, die eigene Position zu behaupten – weil angeblich nur so die Errungenschaften der Revolution bewahrt werden können –, läßt dann allmählich die Revolutionäre von gestern zu Diktatoren von heute werden.
Die Zeitspannen, in der liberale Geister wie Mochtar, denen es um mehr Humanität geht, frei atmen können, sind allenthalben nur kurz. Es sind wirklich nur Atempausen.

Der Basler Gelehrte: Verzauberer und Entzauberer zugleich

Edgar Salin

Am 30. Januar 1933 brach das Dritte Reich aus. Bis zum 8. Februar 1933, also während der ersten Woche des neuen Regimes, hatte die Universität Frankfurt am Main, an der ich damals studierte, 90 Professoren und Dozenten verloren. Sie waren sofort entlassen worden oder hatten sich der Verhaftung entzogen, indem sie einfach untertauchten. Der Grund für diesen raschen Zugriff: Die Universität galt als rot und als in hohem Maße »jüdisch-versippt«.

Den Abend des 30. Januar 1933 werde ich nie vergessen. Obgleich nichts Außergewöhliches geschah, hat sich mir ein Eindruck unauslöschlich eingeprägt: Ich kam mit meinem Rad von der Universität, bog in die Bockenheimer Landstraße ein, die in diesem Moment – es war schon verhältnismäßig spät – vollkommen menschenleer und still dalag. Plötzlich hörte ich jenes Geräusch, das man damals zu allen Tages- und Nachtzeiten in den Straßen vernahm: . . . rrum, rrum, rrum . . . den Marschtritt genagelter Stiefel auf dem Asphalt. (Wenn ich an die Nazi-Zeit denke, dann stellen sich bei mir als unmittelbare Reaktion nicht Gedanken oder Gefühle ein, sondern ganz bestimmte Geräusche: Entweder eben jener Nagelschuh-Marschtritt oder das Gegröl begeisterter Gefolgsleute.)

Irgendeinem Zwang gehorchend, stieg ich damals vom Rad,

stellte mich unter eine der Linden, die den Straßenrand säumen, und wartete. Der ferne Marschtritt kam immer näher, wurde immer lauter und lauter, schien ganz unausweichlich, hypnotisierend. Ich hätte nicht einfach aufsitzen und davonradeln können. Schließlich war die Kolonne auf meiner Höhe, eine Hundertschaft der Braunen zog an mir vorüber: steinerne Gesichter, zu allem entschlossen. In diesem Augenblick stand das Kommende plötzlich deutlich vor mir: diese Stiefel würden alles, was ich liebte und achtete, zertreten. Ich beschloß, sobald wie möglich Deutschland zu verlassen und in der Schweiz weiterzustudieren.

Der geeignete Ort schien Basel, wo Professor Edgar Salin als Ordinarius der Volkswirtschaft lehrte. Eines Tages stand ich vor seinem Haus in der Hardtstraße 110, klingelte, wurde in den kleinen Flur eingelassen und betrat sein Studierzimmer, in dem ich später viele anregende Abende verbracht habe: Bücher bis zur Wölbung der Decke, ein Dante-Porträt, Goethes Totenmaske, hier und da scheinbar zufällig an Bücherrücken gelehnte Postkarten, griechische Köpfe und italienische Mosaiken darstellend; ein Schreibtisch, davor des Professors hoher Stuhl und gegenüber ein kleinerer für den Besucher, schließlich eine einfache Couch – nichts mehr. Und nichts mehr und kein Stück weniger sollte der Gast zwanzig und vierzig Jahre später dort wiedersehen.

Ob der Professor bereit sei, mich als potentiellen Doktoranden anzunehmen? Gegenfrage: Worüber ich denn arbeiten wolle? Ich erklärte ihm, daß ich mich in Frankfurt am Main viel mit Marxismus beschäftigt hätte und dieses Thema gern vertiefen würde. »Marxismus?« Der Professor wurde ganz lebhaft: »Nein, über Marx wissen viele Leute vieles – wahrscheinlich mehr als Sie. Sie sollen mir einmal untersuchen, wie in den Jahrhunderten vom Mittelalter bis in unsere Tage in Ostpreußen ein landwirtschaftlicher Großgrundbesitz zusammengekommen ist.« So stieg ich denn daheim ins Archiv, wälzte zusätzlich im Staatsarchiv in Königsberg die Ordensfolianten und war für zwei Jahre staubbedeckt mit dem Entziffern altertümlicher Handschriften beschäftigt. So sehr ich während jener Zeit meinem Professor grollte, so dankbar bin ich ihm heute, weil er mich gezwungen hat, intensiv in die Geschichte meiner engsten Heimat einzudringen, so daß ich sie – wenigstens geistig – besaß, als sie physisch verlorenging.

Basel war damals ein interessanter Platz: Karl Ebert, bis dahin Intendant der Charlottenburger Oper, hatte das Schauspielhaus übernommen und nahm mich oft zu Theaterproben mit; an der Universität hatten viele Studenten Zuflucht gefunden, die bei sich zu Hause nicht mehr sein konnten oder mochten: Nazis aus Österreich und Anti-Nazis aus Deutschland. Über ihnen allen – soweit sie zur philosophischen Fakultät gehörten – schwebte Edgar Salin, der eine gewisse prophetische Attitüde pflegte, aber von allen respektiert, von vielen bewundert wurde.

Edgar Salin war ein großer Zauberer: ein Verzauberer, gelegentlich auch ein Entzauberer. Die »Geschichte der Volkswirtschaftslehre«, sein erstes bedeutendes Werk, 1923 erschienen – ein Stoff, durch den der Student der Nationalökonomie sich meist gelangweilt hindurchzuwühlen pflegt –, ist unter seiner Feder zu einer spannenden, abenteuerlichen Geschichte der menschlichen Gesellschaft geworden.

Er war in der Philosophie der Antike ebenso zu Hause wie in der scholastischen Theologie des Mittelalters oder der Kosten-Nutzen-Lehre moderner Nationalökonomen. Gewiß, es gibt heute Wissenschaftler hoher Kompetenz, aber Gelehrte seiner Spannweite wachsen wohl nicht mehr heran. Vier Bände Plato-Übersetzung, die »Civitas Dei«, eine Abhandlung über Nietzsche und Jacob Burckhardt, Erinnerungen an Stefan George, das sind

Marksteine, die am Rande seines fachlichen Schaffens stehen.
1892 geboren, hatte der Zweiundzwanzigjährige, kurz bevor er als Freiwilliger in den Ersten Weltkrieg zog, 1914 bei Alfred Weber in Heidelberg mit *summa cum laude* promoviert.
Heidelberg war in jenen Jahren eine Stadt bewegter, außerordentlich vielseitiger Geistigkeit. Da waren Stefan George und Friedrich Gundolf, da lehrten der Philosoph Wilhelm Windelband, der Romanist Ernst Robert Curtius, der Historiker Hermann Oncken. Karl Jaspers beschäftigte sich noch mit Medizin und Alfred Weber, der jüngere Bruder von Max Weber, war der Mittelpunkt eines politisch interessierten Studentenkreises. Noch lag ein Abglanz der großen Zeit der Universität über dem Ganzen, noch wohnten Wissenschaft und Musisches eng beieinander.
Der Kreis um Stefan George machte damals den Versuch, sich von einer flachen humanistischen Bildung, die nur auf das Sammeln von totem Wissensstoff gerichtet war, freizuhalten und den Menschen als Ganzes zu begreifen – Bildung sollte sich im Leben und Lehren vollziehen. Salin schreibt in seinem George-Buch »Erinnerungen und Zeugnis«: »Gegen diese vermeintliche Wissensverachtung lehnte sich Max Weber auf und herrschte uns einmal mit der Frage an: ›Wollen Sie eigentlich Banausen züchten?‹ Gundolf erwiderte: ›Nein, freie Menschen.‹ Darauf Max Weber: ›Das ließe ich mir gefallen, aber das Produkt sind nur blasse Humanisten.‹«
Nun, Edgar Salin, der in der Tradition der deutschen Sozialwissenschaft von Werner Sombart und Max Weber stand, für den also philosophische Reflexionen und ökonomisch-soziologische Analysen zusammengehörten, ist nie ein blasser Humanist gewesen. Er, für den bis in sein hohes Alter hinein die Begegnung mit Menschen, mit Dichtung und Wissenschaft ein Abenteuer war, ist stets ein leidenschaftlicher Mensch geblieben,

leidenschaftlich auch in dem Wunsch zu verstehen, zu vermitteln, zu durchdenken und mitzugestalten.
Er hat viel geschrieben, hat große, anregende Vorlesungen gehalten, war ein unübertroffener Lehrer. Allerdings auch ein gefürchteter Lehrer, weil seine Vorlesungen nicht auf das Rezeptive beschränkt blieben, vielmehr mußte man immer gewärtig sein, mit einbezogen zu werden. So konnte es ihm plötzlich einfallen, nicht nur zur Sache Fragen zu stellen, sondern die Gelegenheit zu benutzen, um unter irgendeinem Vorwand den Stand der Allgemeinbildung zu testen. Ich erinnere mich an Fragen wie diese: Wie viele und welche Friedensschlüsse gab es nach dem Ersten Weltkrieg? Welche Tiere sind welchen Evangelisten zugeordnet? Wenn Sie für ein Jahr auf eine ferne Insel verbannt würden und drei Bücher mitnehmen dürften, welche wären es? In der Debatte konnte man ohne Scheu jede Meinung vertreten – nur keine Meinung zu haben, das war verpönt.
Als ich, fünfundzwanzig Jahre nachdem ich bei ihm promoviert hatte, wieder einmal in Basel war, mußte ich feststellen, daß er noch immer die verabscheuungswürdige Gewohnheit hatte, seine Vorlesung winters um 8.15 Uhr und sommers um 7.15 Uhr zu beginnen. Ich war damals, Anfang der sechziger Jahre – gerade von einer dreimonatigen Reise durch Afrika zurückgekehrt –, von Salin eingeladen worden, in seinem Donnerstags-Kolloquium »Für Hörer aller Fakultäten« zu sprechen. Unvorsichtigerweise hatte ich eingangs eine abträgliche Bemerkung über jene matinale Unsitte gemacht (was von den Studenten mit großem Beifall quittiert wurde), eine leichtfertige Herausforderung, der die Strafe auf dem Fuß folgte:
Wahrscheinlich hatte ich etwas zu lange gesprochen, jedenfalls reichte die vorgesehene Zeit für die sich anschließende, sehr lebhafte Diskussion nicht aus, und so wurde sie zeitgerecht von

Salin abgebrochen mit der Bemerkung: »Ich schlage vor, daß wir die Diskussion mit der Referentin morgen früh in der Vorlesung fortsetzen – also auf Wiedersehen morgen früh um 7.15 Uhr!«
Edgar Salin hat schon Anfang der fünfziger Jahre über die ökonomischen Konsequenzen der Atomkraft nachgedacht, er kannte die Problematik des Gemeinsamen Marktes in allen technischen Einzelheiten und hat noch achtzigjährig in Basel ein internationales Seminar über Währungsfragen geleitet, zu dem auch der erste Mann des FEDERAL RESERVE BANK SYSTEM, Arthur Burns, aus Amerika kam.
Diese Seminare leitete Edgar Salin stets selbst – ein strenger Vorsitzender, der in höchster Konzentration und mit der Uhr in der Hand die Redner beim Thema hielt. Ich erinnere mich, wie sich einmal bei einem solchen Seminar in Frankfurt am Vormittag des zweiten Tages – man sprach über Diskont-Politik – allmählich eine gewisse Apathie ausbreitete; immer mehr Blicke wandten sich dem Fenster zu oder bekamen jenen starren Ausdruck, der den heraufziehenden Schlaf anzukündigen pflegt. Salin reagierte ganz rasch, schaltete sich in die Diskussion ein und gab aus dem Stegreif ein Blitz-Kolleg über die Rolle des Zinses von der Antike bis zu den Tagen der Bundesbank. Wie weggeblasen war da schon nach den ersten Sätzen alle Müdigkeit.
Salin war in umfassender, in einer ganz und gar nicht mehr existierenden Weise gebildet. Für ihn als Lehrer der Nationalökonomie war Volkswirtschaft nicht nur Geschichte der Theorie und der Wirtschaftspolitik, sondern stets zugleich Kulturgeschichte und Philosophie. Er wußte um die Macht der Ideen. Relativierender Empirismus war ihm ein Greuel, erschien ihm armselig und beklagenswert.
Aber dieser Höhenflug hinderte ihn nicht, mit scharfem Auge und kritischem Sinn zu beobachten, was um ihn herum vorging.

Er war der erste, der die Gefahr eines dialektischen Umschlags der Marktwirtschaft zur Konzentration wahrnahm, und eindringlich vor der Ansicht warnte, Wettbewerb sei ein automatischer Schutz, auf den man sich jederzeit verlassen könne. Seine leidenschaftliche Rede über die Konzentrationsproblematik bei der Tagung des VEREINS FÜR SOZIALPOLITIK in Kissingen Anfang der sechziger Jahre hat damals für viele Ernüchterung in den Überschwang des Wirtschaftswunders gebracht.
Edgar Salin war in seinem Umgang mit Menschen sehr anspruchsvoll. Er war ein Meister der Freundschaft, aber er konnte auch hochmütig, ja verletzend sein, wenn es darum ging, jemanden loszuwerden, der ihn langweilte. Sein Gefühl für Menschen war unbestechlich. Wie ein Wünschelrutengänger ist er durch dieses Leben geschritten. Dabei war ihm Charakter im Sinne von Maßhalten und Gerechtsein viel wichtiger als Intelligenz – und das Musische entscheidender als das Rational-Faktische.

Die Schule der Selbstbewährung

Kurt Hahn

Ein Deutscher, der in England, dem klassischen Land der Internate und *public schools*, eine Schule gründet – was für ein tollkühnes Unternehmen! Der Mann, der dieses Experiment im Jahre 1934 wagte, war Kurt Hahn, der Gründer der Schule Salem in Baden. Als Vierunddreißigjähriger hatte er 1920 das Landerziehungsheim Schule Schloß Salem unter bewußt politischen Vorzeichen gegründet. Nach den Erfahrungen des Ersten Weltkriegs ging es ihm darum, junge Menschen zum politisch verantwortlichen Handeln zu erziehen.

Ursprünglich hatte Kurt Hahn die Politik zu seinem Beruf gemacht: Mit 28 Jahren war er 1914 ins Auswärtige Amt gegangen. Seine kluge Beurteilung der Lage in England, seine Kenntnisse und sein politisches Verständnis ließen ihn schon drei Jahre später zum engen Mitarbeiter von Oberst von Haeften, dem politischen Berater Ludendorffs, werden; und wiederum ein Jahr später avancierte er zum Privatsekretär des letzten deutschen Reichskanzlers, des Prinzen Max von Baden. So hat er das Ende des kaiserlichen Deutschland aus nächster Nähe erlebt, zuletzt als Berater der deutschen Delegation in Versailles.

Mag sein, daß es der Einblick in das töricht vermessene, sachunkundige politische Denken und Handeln der Vorkriegsgeneration war, das ihn nach dem Ersten Weltkrieg zu seiner kompromißlosen Haltung zwang: Als Hitler im Herbst 1932 den Mördern von Potempa ein Huldigungstelegramm sandte, gab es für Hahn keinen Zweifel mehr und auch keinen Kompromiß. Er schickte ein Rundschreiben an die alten Salemer; darin hieß es: »Salem kann nicht neutral bleiben! Ich fordere die Mitglieder des Salemer Bundes auf, die in einer SA- oder SS-Tätigkeit sind, entweder ihr Treueverhältnis zu Hitler oder zu Salem zu lösen.« Daraufhin wurde Kurt Hahn als »Freimaurer« und »Großjude« gebrandmarkt, und nach der Machtergreifung erfolgte prompt die tätliche Rache: Hahn wurde verhaftet. Er hatte noch Glück, daß er ein Jahr später Deutschland den Rücken kehren konnte. So gründete er auf einem alten Landsitz in Schottland seine Schule, die den Namen GORDONSTOUN SCHOOL trägt. Fünf Schüler waren es am Anfang, bald waren es hundert, dann zweihundert; zu ihren »Ehemaligen« gehört Philip Mountbatten, *Duke of Edinburgh*, und zwanzig Jahre später auch dessen Sohn, der Kronprinz Charles – eine Tatsache, die nicht wenig zur Popularität dieser Schule beigetragen hat.

Es ist eine großartige Landschaft dort oben, fast an der äußersten Spitze Europas, eine Meile von der Küste entfernt. Tief hinein in den Moray Firth spülen die Wellen des Ozeans. Steilklippen, dann fruchtbares Ackerland und schließlich die unendliche Einsamkeit schottischer Moore und Hügelketten, dahinter die Silhouette der Schneeberge.

Schon etliche Kilometer, bevor man den Park erreicht, begegnete ich einzelnen Jungen oder Gruppen von Schülern, die zum Sportplatz oder zu den benachbarten Dörfern wanderten. Frische, lustige Gesichter. Die Haare wehen im Winde, der die nackten Beine rot geblasen hat. Der Dreck der aufgewühlten Wege spritzt auf, wenn ein paar Unermüdliche zum Dauerlauf ansetzen. Und dann stand ich plötzlich vor einem großen alten Bau aus dem siebzehnten Jahrhundert.

Viele Stimmen schwirren durcheinander, eilige Schritte laufen die Treppe hinauf, die Flure entlang. Die Telefonzentrale, ein großer Klappenschrank in der Eingangshalle, wird von einem Schüler bedient – aber das ist kein beliebter Job, wie der mir den Weg weisende Sechzehnjährige nebenbei bemerkt; dennoch erfüllt es ihn mit Stolz, daß »man hier viele Dinge selber tut, wofür man anderwärts Angestellte und Aufsichtspersonal braucht«. In der Tat ist eine gewisse Form der Selbstverwaltung das Charakteristikum dieser Schule, der es – wie Kurt Hahn dann im Gespräch betont – vor allem auf die Erziehung gesunder Menschen und brauchbarer Staatsbürger ankommt. Darum müsse es hier beides geben: Lehrer und Erzieher!
Kurt Hahn, die Schultern ein wenig hochgezogen, den Kopf vorgebeugt – ein Schädel, der von Barlach modelliert sein könnte –, spricht mit großer Eindringlichkeit: »Die Welt geht nicht am Mangel von Wissen, sondern an dem Mangel an Charakter zugrunde.« Und indem er an Churchills Worte von der Finsternis, die sich über England breite, anknüpft, fügt er hinzu: »Die Universitäten dieses Landes sind zwar Stätten hoher Geistigkeit und die Kirchen ein Quell frommer Weisheit, aber der echte Gerechtigkeitssinn der Staatsbürger, der das Regulativ der Politik darstellt, ist müde geworden. Die Zivilcourage hat nicht Schritt gehalten mit dem Mut der Soldaten auf den Schlachtfeldern, und darum konnte es geschehen, daß die Atlantik-Charta preisgegeben wurde, ohne daß die christlichen Staatsbürger sich auflehnten. Und deshalb kann die Schule sich nicht damit begnügen, ein paar hundert Kindern den üblichen Wissensstoff zu vermitteln; das oberste Ziel ist es, ehrliche, verantwortungsbewußte Menschen zu erziehen!«
Vieles von dem, was Kurt Hahn beim Rundgang durch die Schule erläutert, zeigt, daß er von Erziehung mehr fordert als andere Pädagogen. Die Schüler sollen nicht nur Objekt der

Erziehung sein, sondern sie werden dazu angehalten, selbst Forderungen an sich zu stellen; wobei, wie der *Headmaster* sagt, man sich der Gefahr einer Überforderung durch »blindes« Vertrauen natürlich bewußt sein müsse. Hahn hat ein wohlabgewogenes und genau durchdachtes System entwickelt, das, auf Vertrauen begründet, allmählich eine Kooperation zwischen Erzieher und Schüler herbeiführt, mit einem stetig wachsenden Anteil der Selbsterziehung. Dazu dient der sogenannte Trainingsplan, der die unterste Stufe einer komplizierten Hierarchie darstellt, Privileg verleiht und Bürde bedeutet – wie bei allen echten Privilegien entsprechen auch den hiesigen besondere Verantwortungen und Verpflichtungen.

Es ist eine Art Rechenschaftsbericht über die Erfüllung gewisser Pflichten und die Einhaltung bestimmter Regeln, der von jedem Schüler an jedem Abend geliefert wird. Keine komplizierte Gewissenserforschung, sondern einfache, klare Fragen, die mit Ja oder Nein zu beantworten sind. Beispiel: Hat der Schüler seine Sportübungen gemacht? Hat er kalt geduscht? Diese Rechenschaft legt er vor sich selber ab, und niemand inspiziert die Antworten, es sei denn in ganz ungewöhnlichen Fällen.

Ähnliche Gedanken, die um das Problem der Selbsterziehung kreisen, liegen auch dem Versuch zugrunde, Kinder und junge Menschen allmählich zu Trägern von Verantwortung im Rahmen einer stufenweise entwickelten Selbstverwaltung der Schule zu machen: Vom Stubenältesten bis zu der obersten Spitze, dem sogenannten Wächter, nimmt der Grad der Verantwortlichkeit ständig zu. Die eigentlichen Hüter der Ordnung aber sind die sogenannten Farbentragenden, ein Gremium, das seine Mitglieder selber wählt und eine Art Parlament darstellt; sie sind dafür verantwortlich, daß die Gesetze der Schule eingehalten werden.

Großen Wert legt Hahn auf die Förderung des Sports, wobei es viel wichtiger sei, die Unsportlichen zu entfalten, als die Asse zu

immer noch größeren Leistungen anzuspornen.
Während dieser Erläuterungen haben wir einen Teil der großen Anlage durchwandert. Vier verschiedene Häuser bieten Unterkunft und Unterrichtsräume, die ohne jeden Luxus, ja fast spartanisch einfach sind. Verwöhnt werden die Jungen offensichtlich nicht. Sie müssen selber ihre Betten machen, Schuhe putzen und gewisse Hilfen im Haushalt leisten. Zwar gibt es eine Anzahl Reitpferde, aber auch sie werden unter der Aufsicht eines Fachmannes von den Jungen, die sie jeweils reiten, versorgt, und das bedeutet: um sechs Uhr aufstehen und die Freizeit auf die Pflege der Tiere verwenden.
Es gibt ferner einen zweimastigen seetüchtigen Schoner, mit dem an Wochenenden Fahrten unternommen werden und in den Ferien sogar Reisen bis Norwegen. Aber auch der Schoner bringt wieder besondere Pflichten, und die Mannschaft muß sich um eine nautische Ausbildung mühen, bei der hohe Anforderungen gestellt werden. Überhaupt gibt es viele Möglichkeiten zur Erweiterung von Spezialkenntnissen und Fertigkeiten in besonderen Arbeitsgemeinschaften für technische, künstlerische und wissenschaftliche Disziplinen.
»Ein Internat«, sagt Hahn, »muß in einem lebendigen Verhältnis zu der Landschaft stehen, in die es eingefügt wird, darum müssen Lehrer und Schüler die Geschichte und die Gewohnheiten des Landes kennen, die Vogelwelt und die Vegetation. Wirklich ist offenbar ein sehr natürlicher Kontakt mit dem Leben ›draußen‹ hergestellt: einige Schüler sind an den dafür vorgesehenen Nachmittagen bei den Handwerkern der umliegenden Dörfer als Lehrlinge beschäftigt; andere haben für eine arbeitslose Familie, die bisher in einem Zelt lebte, ein Haus gebaut; und alle miteinander helfen während der Erntezeit den Bauern bei der Arbeit.«
Es gibt ferner eine Reihe von Organisationen, in denen die

Schüler nach freier Wahl nachbarliche Dienste leisten. Da ist eine freiwillige Feuerwehr, deren Mitglieder unter Führung einiger ausgebildeter Jungen selber das Auto und die Motorspritze bedienen und pflegen. Man sieht den Betreffenden an, daß dieses aufregende Geschäft sie mit Stolz erfüllt. Da ist ferner die Küstenwache, zu der etwa dreißig Jungen gehören. Wenn Sturm aufkommt, müssen sie die Wache an der Steilküste übernehmen. Die Hütte dort haben sie selber gebaut, aber die Raketensignal- und Telefonanlage ist von der zuständigen staatlichen Instanz eingerichtet worden.

All dies ist also nicht zur Beschäftigung der Schüler erfunden worden, es sind vielmehr Erfordernisse des täglichen Gemeinschaftslebens, die sie als werdende Staatsbürger erfüllen. Kurt Hahn weiß, daß eines der Urbedürfnisse des jungen Menschen darin besteht, sich zu bewähren, sich einzusetzen, Abenteuer zu bestehen.

Es ist Jahrzehnte her, seit ich in Gordonstoun war, dort mag sich inzwischen manches geändert haben. Ich hatte aber inzwischen Gelegenheit, Hahns Tätigkeit auch in Deutschland zu verfolgen, denn das Interesse an seiner alten Heimat hat er nie verloren. So gründete er 1954 das Landerziehungsheim Louisenlund in Schleswig-Holstein auf einem Besitz, den der Herzog von Holstein zur Verfügung gestellt hat. Und so kümmerte er sich auch wieder um die Internatsschulen Birklehof im Schwarzwald und Salem am Bodensee, die unter seiner Ägide entstanden waren.

Auch führte er seine Erfindung, die Kurzschule – *outward-bound-school* –, deren er mehrere in England gegründet hatte, in Deutschland ein: In Weissenhaus, an der Ostküste Schleswig-Holsteins, entstand im Schloß des Grafen Platen eine Kurzschule und eine zweite in den Bergen in Bayern. An beiden Orten wurden 16- bis 18jährige Lehrlinge und Schüler während vier

Wochen mit dem Erlebnis der Natur konfrontiert, mit der Bewährung im Rettungsdienst auf See und in den Bergen sowie im Gemeinschaftssport. Mit verblüffenden Ergebnissen übrigens.

Mit 74 Jahren – 1960 – setzte der unermüdliche Pädagoge noch einmal ein neues Konzept in die Tat um: Er gründete das ATLANTIC COLLEGE in Wales, wo Schüler aus vielen verschiedenen Ländern die beiden letzten Schuljahre gemeinsam absolvieren – ein Modell, das frühzeitig auf die immer stärker zusammenwachsende Welt ausgerichtet war. Wie stark das Bedürfnis nach einer solchen Einrichtung ist, wird daran deutlich, daß die Volksrepublik China zur Zeit 23 ausgewählte Schüler dorthin geschickt hat.

All diesen verschiedenen Institutionen lag Hahns Erkenntnis zugrunde, daß es wichtiger ist, den Charakter zu entwickeln, als die intellektuelle Bildung zu mehren. In allen Gesprächen mit Kurt Hahn kam zum Ausdruck, daß es ihm vor allem um Gerechtigkeit ging, um einen Ausgleich zwischen den Starken und den Schwachen, denn Erziehung war für ihn eine gesellschaftliche Aufgabe.

Der Pädagoge Hellmut Becker, Direktor des Max-Planck-Institutes für Bildungsforschung in Berlin – also einer vom Fach –, hat in seinem Nekrolog über Kurt Hahn, der Ende 1974 gestorben ist, etwas sehr Schönes gesagt. Becker schrieb: »Hahn verband die Tugend der Ungeduld gegenüber dem Unrecht mit der Tugend der Geduld gegenüber dem Betroffenen.« Und er fügte hinzu: »Dies ist die wichtigste Eigenschaft des Erziehers.«

Sind Moskaus Fahnen grau oder rot?

Ernst Fischer

Im Sommer 1969 feierte Ernst Fischer seinen 70. Geburtstag und zugleich das Erscheinen seiner »Erinnerungen und Reflexionen« bei Fritz Raddatz in Hamburg. Auch Ernst Bloch und seine Frau waren zu diesem Ereignis aus Tübingen gekommen. Alle vier, Ernst Fischer, seine Frau Lou und das Ehepaar Bloch, beschlossen, anschließend ein paar Tage an einem der malerischen Seen in Schleswig-Holstein zu verbringen. Dort besuchte ich sie zum Wochenende, um in Ruhe mit den Freunden zusammen zu sein. Es war ein blauer Sommertag. Unter dem großen Himmel lag das flache nördliche Land weit ausgebreitet, so wie Nolde es oft gemalt hat. Am Horizont ein paar aufsteigende Wolken. Von der Landstraße war ich in einen sandigen Nebenweg eingebogen, der durch einen hellen Buchenwald führte. Plötzlich sah ich in der Ferne die schlanke, ein wenig romantische Gestalt Ernst Fischers auf mich zukommen: Der da geht, ist wirklich ein Dichter, er gehört in diese poetische Landschaft, mußte ich denken.
Ernst Fischer war vieles: Revolutionär, Lyriker, Dramatiker, Kulturkritiker, nach 1945 für kurze Zeit auch Erziehungsminister in Österreich, aber zu allererst war er ein Dichter. Vielleicht könnte man auch sagen, er war vor allem anderen ein Rebell. Sein Lebensweg – »Es gibt kein Schicksal, nur Alternativen. Das große Vielleicht« – läßt diese Deutung zu.

Mit sechs Jahren legte er am Weihnachtsabend seinem Vater, den er im Gegensatz zu der sehr geliebten Mutter haßte, einen Brief auf den Schreibtisch: »Wenn Du zu Deiner Frau und Deinen Kindern ekelhaft bist, werde ich Dich strafen.« Unterschrift: »Das Christkind.« Der Vater, ein durch und durch humor- und phantasieloser, kleinbürgerlicher Mann, Oberst in der k. u. k. Armee, fuhr ihn wütend an. Später, bei der ersten Kommunion, blieb der Bub als einziger zwischen allen Knienden aufrecht stehen – von den empörten »Andächtigen« zischend zur Ordnung gerufen. Als Vierzehnjähriger richtete er die Pistole auf den Vater.

In seiner Autobiographie schreibt Ernst Fischer: »Ich las die Bibel, wie ich Shakespeare las, schon als Kind von der Größe dieses Buches ergriffen, von dem Gott, der zum Menschen wird, als Rebell vor Gericht steht, als Verbrecher am Kreuze stirbt, von dem zwiespältigen Menschensohn, der sich von seiner Familie lossagt, den Armen frohe Botschaft predigt und : ›Ich habe das Schwert gebracht‹ und: ›Mein Gott, mein Gott, warum hast Du mich verlassen!‹ Die Widersprüche störten mich nicht, sondern von Anfang an empfand ich eine rätselhafte Einheit dieser großen Gestalt.«

In seiner Schule in Graz gab er eine Zeitschrift heraus, die kassiert wurde, weil er zum hundertjährigen Jubiläum der Völkerschlacht von Leipzig nicht den deutschen Befreiungskrieg, sondern – von Heine inspiriert – Napoleon gepriesen hatte. Als dann schließlich auch noch der Vorwurf, pornographische Gedichte verfaßt zu haben, hinzukam, wurde er von der Schule relegiert.

Der Ausbruch des Ersten Weltkriegs – Ernst Fischer war damals 15 Jahre alt – spiegelte sich ihm so: »Abends gab es bei uns große Gesellschaft, nichts als Offiziere, ein General und viele junge Leutnants und Oberleutnants. Sie hatten Champagner mitgebracht. Die Herren tranken viel und waren sehr in Stimmung . . . Der Trinkspruch: ›Auf die reizende Hausfrau! Auf den Sieg! Alle Serben müssen sterben!‹ Die Uniformen standen auf und hoben die Gläser.«

Zwei Jahre später – das Abitur war inzwischen nachgeholt – zieht der Rebell selber als Fahnenjunker der kaiserlichen Armee in den Krieg. Als Mitglied des Soldatenrats kehrt er zurück. Ein bleibendes Zeugnis dieser Zeit – eindrucksvoll und unvergeßlich – die Schilderung des Zusammenbruchs an der italienischen Front. Heimgekehrt, begann er ein Leben als geistiger Freischärler.

Die weiteren Etappen sind typisch für viele der Besten jener Generation: Studium der Philosophie, Fabrikarbeiter, Redakteur bei der *Arbeiter-Zeitung.* Er ist vierundzwanzig Jahre, als sein erstes Stück »Attilas Schwert« in Wien aufgeführt wird. 1929 Eintritt in die Sozialdemokratische Partei. Nach den Februar-Ereignissen 1934, mit denen der heraufziehende Faschismus sich ankündigt, Übertritt in die KP; nach der Ermordung von Dollfuß im Juli 1934 Flucht nach Prag; nach dem Einmarsch der Hitler-Armee in Prag Flucht nach Moskau.

Damals beschrieb er die Ankunft an der sowjetischen Grenzstation Negoreloje so, wie sie heute kein Mensch mehr beschreiben würde: »Die ersten Rotarmisten, die Soldaten der siegreichen Revolution, Standarten über dem Bahnkörper. Das Glücksgefühl: Es gibt ein Land, in dem all das triumphiert, wofür man in den kapitalistischen Ländern erschossen, gefoltert, eingekerkert wird. Wir kommen nicht als Gäste, sondern wir kommen als Menschen, die ihre Heimat besuchen.« Selten wird der Wandel der sowjetischen Wirklichkeit drinnen und des Bewußtseins der Leute draußen so deutlich wie im Kontrast dieser wenigen Zeilen zum Heute.

Ein paar Stunden später dann die Ankunft auf dem Bjelorussischen Bahnhof. Er schreibt: »Ist das Moskau? Unsere Augen registrieren das schmutzige Grau verwahrloster Gebäude. Und grau sind die Gesichter der schlechtgekleideten, unfrohen Menschen, die auf uns warten, zum Teil Betriebsdelegationen, zum Teil Neugierige, die gekommen sind, die Ausländer zu sehen, die sagenhaften Ausländer, die auf den Barrikaden für den Sozialismus gekämpft haben. Und grau sind die Fahnen, grau, nicht rot. So registrieren es die Augen. Doch das Herz erwidert: Ihr lügt. Die Fahnen sind rot, die Gesichter leuchten uns entgegen, und die Gebäude unterscheiden sich nicht von anderen Häusern an einem anderen Bahnhofsplatz.«

Der Zwiespalt: Doppelte Wirklichkeit ist da; aber kann der ausgebürgerte, heimatlose, der mit falschem Paß eingereiste Fremde, der die Sprache nicht spricht, die Vorgänge nicht kennt, kann er die Wirklichkeit durchschauen, und wenn er es könnte, kann er sich den Zwiespalt leisten? Ernst Fischer versucht, sich anzupassen. Noch hatte der Machtapparat der Partei die absolute Herrschaft ja nicht ergriffen, noch befand sich die Sowjetunion in der revolutionären Phase, noch waren die großen Prozesse nicht über die Bühne gegangen, noch traten die meisten alten Bolschewiki sichtbar und hörbar auf: Sinowjew, Kamenjew, Radek – Bucharin war noch Chefredakteur der *Iswestia.* Fischer, der im Hotel Lux mit den Schicksalsgenossen Togliatti, Georg Lukács, Herbert Wehner untergebracht war, unterdrückt erfolgreich gelegentliche Zweifel und kultiviert seine Begeisterung für die Revolution. Er besingt sogar Stalin in einem Gedicht.

Etwas apologetisch schreibt er 1969 in seinen »Erinnerungen und Reflexionen«: »Am 1. Mai 1934 sah ich Stalin zum erstenmal. Mein Entschluß, ihn als Inkarnation des Sozialismus zu sehen, wäre nie gefaßt worden, hätte ich damals gewußt, was wir heute wissen . . . Aber das menschliche Bedürfnis, geschichtliche

Prozesse nicht nur durch anonyme Kräfte, sondern durch Persönlichkeiten dargestellt zu sehen, ist in Zeiten revolutionärer Umwälzungen besonders intensiv ... Was Intellektuelle wie mich zu Bewunderern Stalins gemacht hat, war vor allem die in widerspruchsvollen Situationen die Stellungnahme so erleichternde Vereinfachung, der wir erlegen sind; denn nichts ist schwieriger, als zu jeder Stunde die kritische Vernunft der Denkenden mit dem Elan der Unbedingtheit der Tätigen zu vereinigen.«

An anderer Stelle, wo er über den Zwiespalt der Intellektuellen nachdenkt, also den Antagonismus, der zwischen dem Individualisten und dem Kollektiv, dem er sich verschreibt, besteht, heißt es: »Je störrischer das primäre, das anarchische Ich sich auflehnt, dieses nie verstummende Nein des ja sagenden Intellektuellen, desto heftiger wird der zur Gebundenheit sich Nötigende Disziplin – die ihm so tief zuwider ist – gegen den Ungehorsam verteidigen, also gegen sich selbst, den Ketzer, der er ist.«

Wie war es möglich, daß ein solcher Rebell, dem es doch vor allem um Freiheit und eine humane Lebensordnung ging, den stalinistischen Terror ertrug, ohne aufzubegehren? Wie war es möglich, daß er 1952 beim Slansky-Prozeß schwieg? Daß er noch im Jahre 1956 anläßlich der ungarischen Ereignisse sich weigerte, eine Protesterklärung abzugeben (woraufhin er aus dem PEN-Club ausgeschlossen wurde)?

All diese Fragen hat er sich später selber gestellt – viel unbarmherziger, als andere dies taten. Seine Antwort, die vielleicht auch für Brecht, Bloch und andere galt, lautete: Er habe geglaubt, daß nicht die Demokratie, sondern nur die Diktatur des Proletariats in der Lage sein werde, die faschistische Diktatur zu brechen.

Der Haß gegen Hitler und seine Konzentrationslager, gegen

Terror, Rassenfanatismus und Massenverbrechen saß so tief, nahm so sehr alle Konzentration in Anspruch, daß keine Zeit blieb, die Mittel zu prüfen, mit denen jenes Ziel erreicht werden sollte.

Ernst Fischer, 1899 geboren, war sein Leben lang in alle wichtigen politischen Aktionen unseres Jahrhunderts verwoben. Obgleich er soviel Inhumanität und Brutalität erlebte, wirkte die Erscheinung des Siebzigjährigen noch ebenso arglos, edel und ungebrochen wie die Bilder vom siebzehnjährigen Fähnrich im Ersten Weltkrieg.

Das Schicksal Ernst Fischers, der 1945 nach Österreich zurückkehrte, KP-Abgeordneter im Nationalrat und Mitglied des Politbüros wurde, war in der Bundesrepublik so gut wie unbekannt. Die wenigsten hatten je seinen Namen gehört. Das änderte sich erst nach dem Kongreß von Liblice im Mai 1963. Auf Initiative von Eduard Goldstücker von der Prager Karls-Universität, der im Slansky-Prozeß zu lebenslänglichem Zuchthaus verurteilt worden war, kam damals ein Treffen kommunistischer Schriftsteller aus den osteuropäischen Staaten, Frankreich und Österreich zustande. Thema: Das orthodoxe Verbot der Werke Kafkas.

Diese Konferenz, auf der Ernst Fischer mutig und sehr entschieden auftrat, hat, wie man heute nachweisen kann, entscheidend dazu beigetragen, die Erosion im Ostblock in Gang zu bringen. Dort in Liblice, wo Eduard Goldstücker, Ernst Fischer, Roger Garaudy und Roman Karst über Entfremdung diskutierten und darauf hinwiesen, daß es sich dabei nicht nur um eine Krankheit der kapitalistischen Welt handelt, dort begann jene Unruhe, die sich inzwischen längst von ihrem literarischen Ursprung gelöst hat und zu einem politischen Bazillus im Fleisch der kommunistischen Regime geworden ist. Denn in Liblice wurde nachgewiesen, daß der Kommunismus keineswegs frei von Entfremdung ist, sondern, genau wie alle anderen Herrschaftssysteme, an jener Krankheit leidet.

Vielleicht war es dieses Erlebnis, das Fischer in seinem Glauben, Schriftsteller und Künstler seien aufgerufen, als Verteidiger der Menschlichkeit gegen Bürokraten, Technokraten und Machthaber aller Art aufzutreten, so bestärkt hat, seine Begründung, »denn gefragt wird nur: Welchen Menschen braucht die Gesellschaft, um störungsfrei zu sein, nicht welche Gesellschaft braucht der Mensch, um Mensch zu werden«.

Die Frage der Entfremdung hat Ernst Fischer unaufhörlich geplagt. In »Kunst und Koexistenz«, einem Werk, das 1966 erschien, und auch in dem zwei Jahre später veröffentlichten Band »Auf den Spuren der Wirklichkeit« setzt er sich mit diesem Problem immer wieder auseinander.

In einem dieser interessanten Essays vergleicht er Samuel Becketts »Endspiel« mit Solschenizyns »Ein Tag im Leben des Iwan Denissowitsch«. In der Gegenüberstellung von West und Ost macht er deutlich, daß die Entfremdung des Menschen von beiden Dichtern gleichermaßen verzweiflungsvoll empfunden wird. Hinter dem Vorhang des Selbstbetrugs, so meint Fischer, werde in Ost wie in West wahrnehmbar, wie entmenschlicht diese Welt ist.

Gerade im Glanz einer von Gütern strotzenden Konsumwelt sei es das Bedürfnis des Dichters Beckett, das Innere dieser Welt, ihre Entleertheit und Verödung, ihre unsichtbare Wirklichkeit aufzudecken. Und dann ein Zitat von Solschenizyn: ». . . hinter der Gigantomanie der Monumente und Machtapparate die andere Hölle, das Gefängnis aus Stein inmitten hölzerner Baracken, das Sträflingslager, der Übermut der Ämter, der Staub auf roten Fahnen, das Grau der Negativität.«

Die Kafka-Konferenz von 1963 hatte Fischer auf das engste mit den Reformern der ČSSR verbunden. Ihnen galt danach seine große Hoffnung, die Hoffnung, es könne gelingen, den Kommunismus so menschlich werden zu lassen, wie er und seine Freunde ihn sich einst erträumt hatten. Als dann schließlich die Sowjets in Prag einmarschierten – er war zu jener Zeit noch Mitglied des ZK der Österreichischen Kommunistischen Partei –, protestierte er im Fernsehen, in Reden und Aufsätzen und forderte den Abzug der Truppen.

Ernst Fischer prägte damals das Wort vom Panzer-Kommunismus, das den Sowjets wie ein Dolch ins Herz fuhr. Im Oktober 1969 wurde er nach fünfunddreißigjähriger Mitgliedschaft aus der kommunistischen Partei ausgeschlossen. Schon im Juli hatte die *Iswestia* befunden: »Er gehört auf den Misthaufen der Geschichte.«

Ein Kolleg über Inflation und Deflation

Albert Hahn

Albert Hahn hat den Lauf dieser Welt stets mit gelassener Weisheit und ganz und gar illusionslos, häufig auch mit einem Schuß Zynismus kommentiert. Einer der bedeutendsten Experten deutscher Zunge für Fragen der Geld- und Kredittheorie, hat er jahrzehntelang in pointierter Weise zu allen währungspolitischen Problemen Stellung genommen. Hätte er dem englischen Sprachbereich angehört, dann würde man ihn heute wahrscheinlich mit Keynes in einem Atem nennen.

An Keynes, mehr noch an den Keynes-Epigonen, hat er oft seine spitze Feder gewetzt. Immer wieder hat er sich mit dem Begriff der Inflation als Folge des *deficit spending* auseinandergesetzt. Nichts konnte ihn so ärgern wie eine kalkuliert inflatorische Politik, weil, wie er sagte, die Sozialpartner dann natürlich die Preissteigerung antizipieren, die dann zwangsläufig zu neuer Inflation führt.

Er war einer der wenigen, die ihr Unternehmen – die Effekten- und Wechselbank in Frankfurt – leidlich ungeschoren durch die erste Inflation gebracht hatten, einfach weil er die geldtheoretischen Zusammenhänge schon damals als junger Mann begriffen hatte, zu einer Zeit also, da die Öffentlichkeit von Kaufkraftschwankungen der Währung nichts wußte, ja das Wort Inflation noch nicht einmal bekannt war. Fast vier Jahrzehnte später,

Anfang der sechziger Jahre – mitten in der Hochkonjunktur –, sagte er in einem Vortrag:
»Auf jede lange Inflationsperiode folgen immer Stabilisierungskrisen – und die nächste wird nicht leicht sein, trifft sie doch eine Wirtschaft, die überwiegend von einer Generation ›gemanagt‹ wird, die keine Krisen erlebt hat und die in dem Glauben aufgewachsen ist, daß mit Konjunkturspritzen, das heißt mit etwas Inflation, jede Depression abgewehrt werden kann. Für die Geschäftemacher und Spekulanten der ganzen Welt könnte es ein furchtbares Erwachen geben.
Noch ist es nicht soweit«, fuhr er fort, »aber der Tag mag kommen, an dem sich die schleichende Inflation zur Bekämpfung von Depressionen als ebenso gefährlich und zwecklos erweisen könnte wie die kumulative Deflation, mit der man die große Depression von 1931 bis 1933 zu meistern hoffte. Man vergesse nicht, daß es auch so etwas wie eine inflatorische Depression geben kann: Die Preise steigen, aber die Arbeitslosigkeit nimmt nicht ab, sondern zu.« – Lange ehe der Begriff »Stagflation« zur Charakterisierung unserer heutigen Leiden erfunden wurde, hat Albert Hahn diesen Zustand bereits beschrieben.
Wenn er auf die große Depression zu sprechen kam, die er allein der falschen Geldpolitik des »total inkompetenten« Reichsbankpräsidenten Luther zuschrieb, geriet er jedesmal wieder in Zorn. Einmal hatte er Luther kurz nach dem Abgleiten des Pfundes aufgesucht und dann den Kollegen in der Bank seinen Eindruck beschrieben: »Der wird nicht ruhen, bis der letzte Schuldner in Handel und Industrie infolge Überschuldung und die letzte Bank infolge Sterbens ihrer Debitoren ihre Zahlungen einstellt.«
Es ist in der Tat aberwitzig, sich vorzustellen, daß der gigantische Austrocknungsprozeß, den die Wirtschaft damals durchmachte und der erst sechs Millionen Arbeitslose und schließlich Adolf Hitler hervorbrachte, zum großen Teil einfach

Ernst Fischer

Albert Hahn

auf schiere Unkenntnis der monetären Zusammenhänge zurückzuführen war. Robert Stucken schrieb einmal über Albert Hahn: »Seine intensive Kenntnis des Bankgeschäfts und seiner Auswirkungen für das Wirtschaftsleben, sein Wissen um die Geldprobleme, womit er sich von seinen Kollegen in den Bankvorständen aufs schärfste abhob, hätten wohl nach heutigen Maßstäben Anlaß sein können, ihn an die Spitze des Noteninstituts zu berufen.« Und er fährt fort: »Wenn Hahn 1930 an Stelle des gänzlich ungeeigneten Luther zum Reichsbankpräsidenten gemacht worden wäre, hätte das Unheil von 1933 möglicherweise aufgehalten werden können.«

»Fünfzig Jahre zwischen Inflation und Deflation« hieß eine 1964 veröffentlichte Arbeit von Albert Hahn. Der Begriff »Importierte Inflation«, der vor der Aufwertung der Mark im Jahr 1961 eine so große Rolle gespielt hat, ist von Hahn geprägt worden. Er hat damals gegen die fixen Wechselkurse polemisiert und plädierte für den freien Austausch der Währungen – das *Floating*, das erst zehn Jahre später zur Realität wurde. In jener Zeit ist er, der damals mit viel Vergnügen so manche scharfe Attacke gegen die, wie er sagte, »unentschlossene Währungspolitik« der Bundesbank ritt, als Zensor und Kritiker in Frankfurt sehr gefürchtet gewesen.

In seiner Vaterstadt Frankfurt am Main, wo er 1920 im Alter von dreißig Jahren zum Vorstand der Deutschen Effekten- und Wechselbank, die sein Urgroßvater 1821 gegründet hatte, bestellt wurde, pflegte er einmal in der Woche an der Universität über Geld und Kredit zu lesen. Dort saß ich 1933, kurz bevor er auswandern mußte, zu seinen Füßen und staunte über einen Bankier – also einen Mann der praktischen Wirtschaft –, der die Fähigkeit besaß, vor seinen Studenten die komplizierten theoretischen Zusammenhänge dieses so diffizilen Gebiets auf einfache und höchst einleuchtende Weise zu analysieren. Nie wieder bin

ich jemandem begegnet, der Theorie und Praxis der Geld- und Kreditwelt gleichermaßen souverän beherrschte wie Albert Hahn, Doktor der Jurisprudenz und der Philosophie.
Eine stattliche Reihe volkswirtschaftlicher und geldtheoretischer Bücher, deren erstes 1920 erschien und »Volkswirtschaftliche Theorie des Bankkredits« hieß, zeugt von seinem Denken und Wirken. Daß er auch in der Praxis sein Wissen und sein Flair für ökonomische Zusammenhänge und wirtschaftliche Imponderabilien richtig einzusetzen verstand, davon zeugt das Vermögen, das er in der Emigration von neuem erworben hat.
Als ich ihn zum erstenmal nach dem Krieg in der Schweiz wiedersah – es war kurz nach der Währungsreform –, antwortete er auf die Frage, ob er eigentlich Professor Erhard kenne, er habe diesen ein Jahr zuvor bei der Gründung der *Mont-Pélerin*-Gesellschaft in der Schweiz kennengelernt und ihn dort diskutieren hören.
»Und was hattest Du für einen Eindruck?«
»Ich bin aus der Sitzung herausgegangen, habe meine Bank angerufen und den Auftrag gegeben, sofort deutsche Werte zu kaufen ...« Damals notierten die Siemens-Aktien (Siemens-Halske) 11 Mark, Daimler-Benz 18 Mark.
Später einmal besuchte ich Albert Hahn und seine Frau in Südfrankreich, wo sie einen schönen Besitz erworben hatten. Eines Morgens – es war ein sonnenverklärter Tag – sah ich den Hausherrn unter einem herrlichen alten Baum vor dem Haus sitzen. Er blickte griesgrämig auf die frisch geharkten Parkwege und sah mißmutig dem munteren Spiel der beiden Zwergpudel zu. Auf die Frage, was denn geschehen sei, antwortete er mit Grabesstimme: »Mein Feind ist gestorben.« Offenbar muß ich ihn erstaunt angesehen haben, denn er fügte hinzu: »Freunde verlieren ist nicht so schlimm, davon hat man ja genug, aber den richtigen Feind, den gibt es selten. Es hat mich Jahre gekostet,

ihn zu finden. Endlich hatte ich ihn, und nun stirbt der Kerl.«
»Den richtigen Feind . . .?«
»Nun ja, er muß ja schließlich ein gewisses wissenschaftliches *Standing* haben. Er muß so intelligent sein, daß es Spaß macht, mit ihm zu streiten, aber nicht so klug, daß man den kürzeren zieht. Er muß in der Fachwelt bekannt und angesehen sein, die Theorie beherrschen, gut formulieren können, aber wie gesagt, dies alles dann doch in ganz bestimmten Grenzen. Und das ist eben gar nicht so leicht zu finden.«
Ich weiß nicht, ob gewisse Erkenntnisse, die er gern mit leicht frankfurterischem Akzent als Weisheiten seiner Vaterstadt zitierte, nicht doch viel eher eigener Produktion entstammten: »Reiche Leut' dürfe komisch sein.« Oder auch: »Das ganze Unglück in der Welt kommt daher, daß die gescheite Leut' so dumm sind!«
Für mich war es immer ein besonderes Vergnügen, wenn es mir gelang, ihn dazu zu bringen, über die Erfahrungen und Einsichten zu sprechen, die er in einem langen, erfolgreichen Leben in nächster Nähe der Börse gewonnen hatte. »Zwischen wenig Geld und viel Geld ist kein großer Unterschied, aber zwischen wenig und gar nichts, da ist eine gewaltige Differenz«, eine lapidare Erkenntnis, die mir sehr einleuchtete.
Von seiner New Yorker Zeit berichtete er: »Wenn die Emigranten (weil ich Erfolg hatte) mich fragten, wieviel man brauche, um leben zu können, dann habe ich immer gesagt: ›Ihr könnt mit 10 000 Dollar im Jahr leben oder mit einer Million – alles dazwischen reicht nicht.‹« Erklärend fügte er hinzu: »10 000 sind deshalb ausreichend, weil die Leute dann nebenbei einen kleinen Job ausüben müssen, der kein Risiko und keine großen Sprünge zuläßt. Eine Million, weil das genug Polster gibt, um beim Spekulieren auch einmal einen Rückschlag auszusitzen. Bei weniger ist der Nervenverschleiß zu groß. Die Vorstellung, ihre

Existenzgrundlage zu verlieren, verleitet die Leute gewöhnlich dazu, nach großen Verlusten auszuscheiden, und dann finden sie nie wieder den Absprung, einzusteigen.«

Als 1964 in Frankfurt sein fünfundsiebzigster Geburtstag gefeiert wurde, hatte Albert Hahn beschlossen, die Geburtstagsrede selber zu halten. Es war ein brillantes und höchst amüsantes Kolleg: Seine Autobiographie vor dem Hintergrund des währungspolitischen Geschehens der letzten fünf Jahrzehnte. Seine Rede begann:

»Hochverehrte Anwesende, liebe Freunde. Eigentlich wollte ich sagen: Liebe Kreditoren und Debitoren. Ich bin jetzt ein Greis und gedenke, als solcher von jetzt ab alles zu sagen, was mir durch den Kopf geht. Leider wurde ich gebeten, mit meinem Greisenalter erst morgen zu beginnen.«

Die Vorstellung, Albert Hahn als Greis zu apostrophieren, wäre keinem je gekommen. Bis in sein hohes Alter blieb er immer eine elegante, äußerlich und innerlich straffe Erscheinung. Und bis in sein hohes Alter zeichnete er sich durch sprühenden Geist und luzide Analysen aus. Eine Konferenz, bei der Albert Hahn anwesend war, schien – ganz gleich, wer sonst noch da war und worum es sich auch immer handelte – in jedem Fall gerettet: Man langweilte sich nie.

In jener Geburtstagsrede teilte er die Bankiers in drei Kategorien ein: die Geschäftemacher, die er als Idealtyp bezeichnete; sie sind um die Vergrößerung des regulären Bankgeschäfts bemüht, um Akquisition, guten »Service« und allerhand Gelegenheitsgeschäfte, wie Vermittlungen und Fusionen. Eine Gefahr aber erwachse dieser Tätigkeit durch den Konkurrenzkampf, der dazu verführe, die Anforderungen an die Bonität der Kunden zu senken.

Zweitens gibt es die Spekulanten, die sich vor allem auf das Börsengeschäft konzentrieren. Hahn bezeichnete es als die

Lebenslüge der Banktheorie, daß solide Banken nicht spekulierten. Natürlich spekulieren sie – was sei es denn anderes, wenn Aktienpakete und Beteiligungen zwecks zukünftiger Verwertung übernommen werden; und natürlich werde vorgekauft und vorverkauft, nur heiße dies dann Effektenarbitrage. *À la longue* aber komme dabei nicht viel heraus, denn Bankleiter und Händler seien auch nur Menschen, die meist mit der Tendenz gingen.

Und schließlich, drittens, die »Disponenten«, die, wie Hahn definierte, sich auf die periodisch auftretenden Verschiebungen zwischen Geldwert und Sachwert einstellen und versuchten, diese im Hinblick auf ihre Bankpolitik und auf jegliche geschäftliche Tätigkeit zu antizipieren. Hahn selbst rechnete sich zu den letzteren. Nur auf diese Weise habe er erst das Vermögen, welches sein Vater zu Beginn der ersten Inflation verloren hatte, wieder restituieren können, und nur auf diese Weise auch sei es ihm gelungen, aus Hitlers wertlosen »Auswanderer-Sperrmark« in der Emigration ein neues Vermögen zu machen.

»Wahrscheinlich befinden sich unter Ihnen, die durch ihr Erscheinen ihr Interesse für mich bekundet haben«, so adressierte er die Gäste seiner Geburtstagsparty, »nicht wenige, die sich zumindest unbewußt die Frage stellen: Wie hat er es gemacht? Ich will diesen die Antwort nicht schuldig bleiben . . .«

Jedermann spitzte die Ohren, aber keiner kam auf seine Kosten. Es stellte sich nämlich heraus, was jeder, der Albert Hahn kannte, auch schon vorher wußte, daß er nämlich an kein System glaubte und keines empfehlen mochte: »Es gibt keine wissenschaftliche Methode, Konjunktur-Umbrüche zu prophezeien. Alles ist Sache des Konjunkturgefühls – ich kann nur über die offiziellen und offiziösen Propheten des Unprophezeibaren lachen. Konjunkturen sind eben Kinder der Ungewißheit und des Irrtums. Niemand kann wissen, wie weit die Wellen des

Optimismus oder Pessimismus im Publikum schlagen werden.«
Von einem war er fest überzeugt, davon, daß in der heutigen Welt die Wirtschaft unser aller Schicksal ist, wobei er die Kreditpolitik als das eigentlich entscheidende Moment betrachtete. In stundenlangen Unterhaltungen – in Südfrankreich oft schon beim ersten Frühstück – beleuchtete er aus immer wieder neuen Perspektiven jene beiden entscheidenden historischen Episoden: die Überexpansion in der Zeit nach der Stabilisierung der Mark 1923 bis zur amerikanischen Krise 1929 und die anschließende Phase der Brüningschen Notverordnungen, die er, gepaart mit dem Wahnsinn der Lutherschen Superdeflation, für alles, was dann kam, verantwortlich machte.
So überzeugt war er von seiner Theorie, und so groß war sein Zorn über Luther, der nach seiner Meinung weder verstanden hatte, worum es damals ging noch was er selber tat, daß Albert Hahn eines Tages wütend erklärte: »Wenn der nicht eine so unsinnige Kreditpolitik gemacht hätte, wären nicht sechs Millionen Juden umgebracht worden.«

Kämpfer für die Stabilität der Währung

Karl Klasen

Im Januar 1970 hat Karl Klasen den wichtigsten Stuhl der bundesdeutschen Wirtschafts-Hierarchie bestiegen: den Thron des Hüters der Währung. Seine Amtszeit geht noch bis Ende 1977.

Wie eigentlich muß ein Hüter der Währung beschaffen sein? Er muß vor allem unabhängigen Sinnes sein, sich nicht imponieren lassen durch Macht, nicht erfolgssüchtig und auch nicht regierungshörig sein. Er muß seinem eigenen Urteil vertrauen, aber den Rat anderer dennoch suchen. Er muß sensibel sein, hellhörig, mit vielen Antennen ausgestattet und gleichzeitig fest, energisch, unter Umständen sogar brutal. Schwer, dies alles auf einmal zu sein.

Man sieht Klasen die Last dieser sechs Jahre an: Er ist weiß geworden, wirkt ernster und ein wenig strenger als früher. Kein Wunder, die Frankfurter Bank ist die unabhängigste Notenbank der Welt: Sie ist sozusagen als Nebenregierung konzipiert und soll als unabhängige Kontrollinstanz für die Regierung wirken. Solche Verantwortung in solchen Zeiten wie den unseren ist eine schwere Bürde.

Die Bundesbank ist im Hinblick auf ihre Aufgabe, Gegengewicht für die Bundesregierung zu sein, dezentral und nicht zentral strukturiert: Bund und Länder berufen gesondert die

Mitglieder des Zentralbankrats, der aus zwei Kollegien besteht. Erstens den acht Direktoriumsmitgliedern der Bundesbank, unter denen der Präsident *Primus inter pares* ist, und zweitens den elf Zentralbankpräsidenten der Länder. Das Direktorium tagt zweimal in der Woche, der Zentralbankrat unter Vorsitz von Karl Klasen alle vierzehn Tage – jeweils am Donnerstag.

Diese Sitzungen spielen sich stets so ab, daß einleitend der Dezernent für Volkswirtschaft und Statistik – eine Abteilung, die oft als das Gehirn der Bank bezeichnet wird – über die konjunkturelle Gesamtsituation berichtet, anschließend dann die anderen Direktoriumsmitglieder mit Ergänzungen aus ihren Sachbereichen. Nach etwa einer Stunde beginnt die allgemeine Diskussion, die dann durch Konsensus zur Mehrheitsentscheidung kommt. Wenn Klasen vorsitzt, dann sei, so heißt es, auch dieser Teil meist in einer Stunde erledigt, weil er sehr konzentriert leitet.

Alle Mitglieder des Direktoriums werden vom Bundespräsidenten auf Vorschlag der Bundesregierung bestellt. Sie sind nicht der Bundesregierung und auch nicht dem Parlament verantwortlich, sondern allein dem Bundesbankgesetz. Dieses Gesetz verlangt von der Bank, daß sie die Wirtschaftspolitik der Regierung unterstützt, sich aber vor allem ihrer spezifischen Aufgabe widmet: die Stabilität der Währung zu erhalten.

Karl Klasen war zum erstenmal 1968, als sein Vorgänger Blessing ein Jahr vor Ablauf seiner Amtszeit in den Ruhestand treten wollte, vom damaligen Wirtschaftsminister Schiller für den Posten vorgeschlagen worden. Aber Kiesingers CDU war damals nicht bereit, diese Wahl zu unterstützen, während Klasen wiederum nur dann bereit war, das Amt während der Großen Koalition zu übernehmen, wenn die ganze Regierung und nicht nur die SPD ihn unterstütze. Ein Jahr später, als Blessing schließlich Ende 1969 wirklich seinen Abschied nahm, war es

dann so weit – im Januar 1970 übernahm Karl Klasen den Vorsitz der Bundesbank.
Sogleich zeigte sich, wie abwegig die Sorge der CDU/CSU war, Karl Klasen könne Parteipolitik treiben oder werde aus Gründen der Solidarität sich der Regierung gegenüber willfährig erweisen. Schon wenige Monate nach seinem Amtsantritt – die ersten Zeichen noch nicht beginnender Inflation, aber steigender Preise zeigten sich – trieb er den Diskontsatz in bis dato unbekannte Höhen: auf 7,5 Prozent. Und als die Banken versuchten, sich die fehlende Liquidität durch Kreditaufnahme im Ausland zu beschaffen, setzte der Bundesbankpräsident diesem Treiben ein Ende: die Zentralbank verlangte, daß 30 Prozent der neuen Auslandsverbindlichkeiten als Reserve hinterlegt werden.
Als Klasen der Posten des Bundesbankpräsidenten angetragen wurde, schwankte er eine Weile: Gewiß, dies ist einer der drei wichtigsten Posten im Staat, Ehre, Macht, Dabei-Sein sind gegeben – aber wie groß die Verantwortung, wie ruhelos das Leben, welch' ganz und gar entprivatisierte Existenz! Und schließlich der Verzicht auf etwa zwei Drittel seines bisherigen Einkommens. Besonders dieser Punkt hat Außenstehende ungemein beschäftigt, und immer wieder wurde Klasen von Journalisten gefragt, was ihn schließlich bewogen habe, ja zu sagen.
Seine Antwort: »Menschen, die längere Zeit den Vorteil hatten, in der freien Wirtschaft erfolgreich tätig sein zu können, sollten nicht davor zurückschrecken, sich dann auch eine gewisse Zeit der Öffentlichkeit zur Verfügung zu stellen und die Beschränkungen auf sich zu nehmen, die ein offizielles Amt notgedrungen mit sich bringt.«
Was ihn am meisten daran fasziniere? »Bei Entscheidungen mitzuwirken, die nicht nur ein einzelnes Geschäft oder eine größere Gruppe von Menschen betreffen, sondern die wichtig sind für das ganze Volk.«

Wer Klasen kennt und seine ganz und gar unprätentiöse Art, kann sich gut vorstellen, wie sehr es ihn amüsiert haben muß, daß manche Leute seine Existenz erst 1970 zur Kenntnis nahmen. Ich erinnere mich an einen echt Klasenschen Ausspruch: Dahlgrün war gerade in dem Kabinett, das im Dezember 1962 nach der *Spiegel*-Krise gebildet worden war, Finanzminister geworden, und irgend jemand lud Karl Klasen zu einem Essen ein mit dem Zusatz: »Dahlgrün ist auch da.« Klasen drehte sich um und bemerkte trocken: »Komisch, jetzt heißt es überall: Dahlgrün ist auch da – dabei war Dahlgrün schon immer da.«

Karl Klasen, Jahrgang 1909, Sohn eines Angestellten bei der Reederei Lütgens und Reimers in Hamburg, war 24, als das Dritte Reich ausbrach. Er hatte Jura studiert, den Referendar, Assessor und seinen Doktor gemacht. Abgestoßen von dem Typ der Nazis und der heraufdämmernden neuen Ideologie hatte er sich als Student auf der Linken engagiert; er war 1931 in die SPD eingetreten und Mitglied im Reichsbanner und bei der Eisernen Front geworden. Nach 1933 war ihm dann sehr schnell klargeworden, daß die Absicht, Richter zu werden, für jemand, der Mitglied verschiedener sozialistischer Organisationen war, undurchführbar sein würde.

Als Werkstudent hatte er bei der Hapag gearbeitet, als Referendar kehrte er noch einmal dorthin zurück. 20 Jahre später – er gehörte inzwischen zum Establishment – wurde er schließlich 1959 deren Aufsichtsratsvorsitzender. Klasens Leben scheint durch eine erstaunliche Stetigkeit ausgezeichnet.

Ein glücklicher Zufall hatte ihn 1935 nach dem Assessorexamen als Justitiar in die Rechtsabteilung der Hamburger Filiale der damaligen Deutschen Bank und Disconto-Gesellschaft geführt. Dann kamen Krieg und nach Jahren an der Front – Karl Klasen war zuletzt Wachtmeister der Artillerie – und nach der Kapitulation der Neuanfang bei der alten Bank. Klasen wurde stellvertretender Direktor, dann 1948 für vier Jahre Präsident der Landeszentralbank in Hamburg. Danach kehrte er zur Deutschen Bank zurück, wurde deren Vorstandsmitglied und schließlich 1967 als Nachfolger von Hermann Josef Abs einer der beiden neuen Sprecher.

Wer diesen Weg zurücklegt, wer bei solch harter Konkurrenz durchstößt zur einsamen Spitze, der muß energisch, zielstrebig, hart und schnell sein. Und Klasen ist dies alles miteinander. Er ist sehr schnellen Geistes: Wenn der Gesprächspartner seinen ersten Satz gerade halb vollendet hat, ist seine Entgegnung bereits fertig formuliert; nur, daß er sich dies gewöhnlich nicht merken läßt, sondern geduldig und interessiert weiter zuhört.

Manchmal denkt man, daß jemand, der jahraus, jahrein mit Milliarden und dreistelligen Millionenzahlen zu tun hat, der Fusionen durchgeführt, Unternehmen liquidiert und Schuldner exekutiert hat – der also mit einem Wort das ist, was der Laie sich unter einem hartgesottenen Kapitalisten vorstellt –, manchmal denkt man, ob so einer sich eigentlich noch für normale Dinge interessiert, für Bücher, Theater, Malerei?

Oft mag diese Frage berechtigt sein, sie im Falle von Klasen zu stellen, verrät Unkenntnis seiner Persönlichkeit. Wer in Klasens Hamburger Zeit nach großen Theater- oder Opernabenden die Gesellschaften im Gästehaus der Deutschen Bank in Hamburg – dem Abs-Haus – gelegentlich mitgemacht hat, der weiß, daß dort Rolf Liebermann und Oscar Fritz Schuh, Schauspieler und Opernsänger ebenso zu Hause waren wie Professoren der Universität. Und der weiß auch, daß die Gastgeber, Karl und Ilse Klasen, nicht eingeladen hatten, um irgendeine Rolle zu spielen, sondern daß sie genau das taten, was ihnen Freude macht.

Als in der Hamburger Oper gelegentlich einmal die Premiere von »Julius Cäsar« stattfand und ich in der Pause gestehen mußte, dem reichlich verworrenen Gang der Handlung nicht recht folgen zu können, klärten Klasens alle Dunkelheiten auf: Sie hatten am Abend zuvor Mommsens »Römische Geschichte« gelesen. Im Hause Klasen wurde stets viel gelesen, zuweilen auch vorgelesen. Die junge, inzwischen erwachsene – aus dem Hause gewachsene – Generation, ein Sohn und zwei Töchter, hatten sich als junge Leute ganz bewußt in den Familienverband integriert, so daß Klasens meist als Rudel auftraten.

Nach dem Gesetz, wonach er angetreten, war es von vornherein des Bundesbankpräsidenten wichtigstes Anliegen, für die Stabilität der Währung zu kämpfen. Allerdings ahnte er wohl noch nicht, worauf er sich da einließ, als er sein »Ja-Wort« gab. In einem Interview hatte er damals gesagt: »Ich möchte prophezeien, daß es auch in den nächsten zehn Jahren keine wirkliche Inflation geben wird.« Klasens wichtigste, nie endende Beschäftigung wurde es aber, während der folgenden sechs Jahre gegen die Inflation zu Felde zu ziehen und denen die Stirn zu bieten, die es leichter fanden, sich an ein langsam fortschreitendes Abgleiten des Geldwertes zu gewöhnen, als sich mit bescheideneren Zuwachsraten bei Lohn oder auch Profit abzufinden.

Die beiden einschneidendsten Ereignisse dieser Jahre, die ihn in besonderer Weise betrafen, waren einmal das Zerwürfnis mit dem amtierenden Wirtschafts- und Finanzminister Karl Schiller, das mit dessen Rücktritt endete; und die Ölkrise, von der man zunächst angenommen hatte, daß ihre Auswirkung auf die Währung absolut ruinös sein werde.

Bei dem Zerwürfnis zwischen Klasen und Schiller ging es sachlich um die Frage, welche Maßnahmen man gegen die heranbrandende Dollarflut treffen solle und könne – wobei untergründig auch gewisse persönlich bedingte Nervositäten auf beiden Seiten eine Rolle gespielt haben mögen. Der Streit ging in zwei Etappen vor sich: die ersten Auseinandersetzungen begannen im Mai 1971, als Karl Schiller, der gerade Doppelminister

geworden war, zur außenwirtschaftlichen Absicherung der Stabilisierungspolitik die Freigabe der Wechselkurse durchsetzte, während Karl Klasen eine Aufwertung weder *de facto* noch *de jure* für zweckmäßig hielt und statt dessen dafür plädierte, das Außenwirtschaftsgesetz anzuwenden.
Die zweite entscheidende Phase spielte sich ein Jahr später Ende Juni 1972 ab. Auf Klasens Rat hatte das Bundeskabinett die Anwendung von Paragraph 23 des Außenwirtschaftsgesetzes – also Kapitalimportkontrollen – beschlossen, und zwar ohne daß der Bundesbankpräsident den Wirtschafts- und Finanzminister vor der entscheidenden Kabinettsitzung in Kenntnis gesetzt hätte: Schiller sagt, Klasen habe ihm seinen Plan absichtlich verheimlicht, Klasen sagt, es habe technisch keine Möglichkeit zur Rücksprache mit Schiller gegeben.
Der Bundesbankpräsident erklärte, er habe nur seiner Pflicht genügt: er müsse für die Stabilität der Währung sorgen, weil in den letzten Monaten vor Ende Juni 1972 durch den Verkauf deutscher Wertpapiere an Ausländer Fremdwährungen im Werte von mehr als fünf Milliarden DM in die Bundesrepublik geflossen seien. Der Wirtschafts- und Finanzminister stand dagegen auf dem Standpunkt, die beschlossenen Maßnahmen zur Kapitalverkehrskontrolle seien ein entscheidender Schritt weg von der liberalen Politik hin zu dirigistischen Maßnahmen, und dies werde verheerende Folgen für die Weltwirtschaft haben. Da er der Meinung war, der Beschluß stelle eine grundsätzliche Änderung der währungspolitischen Linie dar, über die er hätte rechtzeitig informiert werden müssen, zog der Wirtschafts- und Finanzminister die Konsequenzen und erklärte seinen Rücktritt.
Karl Klasen, den man eher für kompromißbereit und nachgiebig halten würde, kann bis zur Brutalität entschlossen sein und muß es wohl auch sein: »Ganz ohne Härte kann Stabilitätspolitik nicht

betrieben werden.« Wo es um die Verteidigung des Geldwertes geht, werden für ihn selbst marktwirtschaftliche Glaubenssätze, denen er sich normalerweise verschrieben hat, zweitrangig. Er, der von Natur kein verbissener Kämpfer ist, geht für die Stabilitätspolitik auf die Barrikaden, gegen wen es auch immer sein mag – auch gegen die, die der Bundesbank die Schuld an der Arbeitslosigkeit zuschieben wollen:

»Wer uns jetzt für die Arbeitslosigkeit verantwortlich machen will, verwechselt Ursache und Wirkung«, sagte der Bundesbankpräsident in einem Interview der ZEIT im Frühjahr 1975. »Wir waren 1974 sehr enttäuscht, daß wir noch weiter bremsen mußten. Wir hätten gern die Zügel gelockert. Aber da man auf dem Höhepunkt der Ölkrise glaubte, daß Lohnerhöhungen von 14 bis 15 Prozent vertretbar seien, blieb uns nichts anderes übrig, als die Finanzierung dieser inflationistischen Abschlüsse zu verweigern. Wir haben immer klar gesagt: Wir finanzieren nicht die Inflation. Viele Länder haben versucht, durch Inflation eine Sicherung der Arbeitsplätze zu erreichen. Alle sind gescheitert. Jetzt zeigt sich, daß jene nur mehr Inflation, aber nicht weniger Arbeitslosigkeit haben als wir. Unsere Chancen für einen Wiederaufschwung aber sind viel besser, weil unser Fundament gesund ist.«

Immer »im Dienst« – und »meist dagegen«

Otto von Hentig

Kinder haben kein rechtes Verhältnis zur Realität: für sie ist das Wirkliche wie das Wunderbare – Sinn und Unsinn sind noch gleichermaßen wahrscheinlich oder unwahrscheinlich. Ich habe mich als Kind zwar darüber gewundert, warum das Tischgebet, das ich täglich sprechen mußte, mit einem Komma anfing: »Komma Jesus, sei unser Gast ...«, aber wirklich beunruhigt hat diese Frage mich nicht; bei Erwachsenen ist schließlich alles möglich.

Ein anderes geheimnisvolles Wortgebilde beschäftigte mich sehr viel eher – es lautete Ottohentig. Erst später entdeckte ich, daß es sich dabei um Vor- und Nachnamen eines sehr außergewöhnlichen Mannes handelte. Für mich war dies zunächst einmal ein Ganzes, gewissermaßen ein Codewort, ähnlich wie Sesam-öffne-Dich oder Knüppel-aus-dem-Sack.

Wenn die großen Geschwister geheimnisvoll vom Ottohentig sprachen, dann klang dies wie ein Schlachtruf, in dem alles mitschwang: Verheißung, Abenteuer, Sieg, aber auch Hingabe und Opferbereitschaft. Bei mir pflegte sich dann stets ein schmerzliches Gefühl von Verlassenheit einzustellen: ich war nicht dabei gewesen, war ausgeschlossen von den Erinnerungen der Großen an jene Abende, von denen oft in Andeutungen die Rede war. Denn ich hatte ja nicht mit ihnen am Kamin gehockt

und zugehört, wenn Otto Hentig von den abenteuerlichen Reisen des Odysseus und anderen aufregenden Begebenheiten berichtete.
Aus universell gebildetem Hause stammend, stand ihm ein weites Repertoire von Geschichte und Geschichten über Zeiten und Erdteile hinweg zur Verfügung und ließ ihn zu einem unvergleichlichen und daher stets ungeduldig herbeigesehnten Erzähler werden. Otto von Hentig, der als junger Mann seinen Militärdienst bei den dritten Kürassieren in Königsberg ableistete, kam von dort aus häufig zu den Wochenenden nach Friedrichstein, wo er dann, ehe noch mein Vater ihn in weltpolitische Probleme verwickeln konnte, sofort von den großen Geschwistern belagert und in Anspruch genommen wurde. Niemandem wurde ihre uneingeschränkte Bewunderung in so reichem Maße zuteil wie ihm, dem kein Pferd zu wild war und keine Strapaze groß genug.
Jeden Sommer, lange bevor ich geboren wurde, pflegte die ganze Familie Hentig nach Ostpreußen zu reisen und meine Eltern im 20 Kilometer östlich von Königsberg gelegenen Friedrichstein zu besuchen. Da erschienen dann Vater Hentig, Staatsminister in Coburg-Gotha, damals noch ein selbständiger Fürstenstaat, seine sehr intellektuelle Frau und sechs hochintelligente, eigenwillige, vielmehr aufsässige Kinder, die eine frühe APO-Generation darstellten, mit allen Schrecken, die dies für ein geordnetes Haus bedeutet.
Von Otto, dem ältesten der Hentig-Kinder, stammt eine Schilderung von Friedrichstein aus dem Jahre 1902, die er in seinen Erinnerungen verzeichnet hat und die mich fast orientalisch anmutet, denn ich habe den Zuschnitt des Hauses vor dem Ersten Weltkrieg ja nicht gekannt:
»In Königsberg holte uns ein Rappen-Viererzug und ein Gepäckwagen ab. Die Eltern bezogen regelmäßig die ›Königsstu-

Karl Klasen

Otto von Hentig

Satyanarayan Sinha

ben‹, die Räume also, in denen seit Friedrich Wilhelm I., mit Ausnahme des Alten Fritz, alle preußischen Könige gewohnt hatten. Uns Kindern waren die dahinter gelegenen Räume angewiesen. Unmittelbar nachdem Graf August die Morgenandacht mit etwa 21 zum Teil sehr anziehenden, jungen, sämtlich rosa uniformierten Stuben- und Küchenmädchen, dem ersten, zweiten und dritten Diener abgehalten hatte, kam auf einer riesigen Silberplatte das exzellente Frühstück. Mittags ein förmliches Frühstück, dann ein *high tea* und jeden Abend Diner in großer Toilette mit Gästen aus der Umgebung und der Stadt Königsberg – außerdem mindestens zwanzig ständige Besucher aus Diplomatie, Hoch- und Geistesadel.«

Für mich wurde die magische Vokabel Ottohentig zum ersten Mal zu einem persönlichen Begriff, als ich eines Tages – ich war etwa 14 Jahre alt – in der Bibliothek einen Ullstein-Band entdeckte, der betitelt war: »Meine Diplomatenfahrt ins verschlossene Land.«

Es war der Bericht des jungen Diplomaten Werner Otto von Hentig, der vom Auswärtigen Amt zu Beginn des Ersten Weltkriegs in geheimer Mission nach Afghanistan geschickt wurde. Noch nicht dreißigjährig, war er zum Chef einer Delegation ernannt worden, deren Aufgabe es war, zum Emir in Kabul freundschaftliche Beziehungen aufzunehmen. Über den präzisen Inhalt der Mission erfährt man in dem noch während des Kriegs erschienenen Bericht nichts – nur ein Satz, in Kabul niedergeschrieben, läßt erraten, worum es sich handelt: »Die Engländer waren sich wohl bewußt, daß der einzige, der die Brandfackel nach Indien schleudern könne, der Emir sei . . .«

Das Pamir-Abkommen, 1907 zur Interessenabgrenzung zwischen Engländern und Russen abgeschlossen, lag damals noch keine zehn Jahre zurück. In diesem Vertrag hatte Rußland sich verpflichtet, für alle politischen Beziehungen zu Afghanistan englische Vermittlung in Anspruch zu nehmen und ferner »keinerlei Agenten nach Afghanistan zu schicken«; dafür war England bereit, von jeder Besetzung afghanischen Gebietes Abstand zu nehmen. Die Folge war, daß das Land von den Engländern hermetisch gegen alle Fremden abgeschlossen wurde und daß London gegen Hentigs Expedition, als diese trotz aller Geheimhaltungsbestrebungen bekannt geworden war, ganze Heerscharen von Agenten und bewaffneten Trupps aufbot, um das Gelingen zu verhindern.

Am 1. Juni 1915 brach die Expedition in Bagdad auf, das damals der Ausgangspunkt für jeden Reisenden war, der über Land nach Zentralasien strebte. Im Oktober erreichten die Teilnehmer das Ziel Kabul sehr viel rascher, als das Amt in Berlin angenommen hatte, und schneller wohl auch, als die Delegation selbst vorausgesehen hatte. Womit die Betreffenden freilich überhaupt nicht gerechnet hatten, war, daß die Expedition dort keineswegs ihr Ende fand, sondern daß sie, um heimzukommen, zunächst einmal nach Osten bis zum Pazifischen Ozean durchstoßen mußte.

Der Weg, vielmehr die meist weglose Strecke, führte über den Hindukusch, eines der höchsten Gebirge dieser Erde, über das Pamir-Plateau – das Dach der Welt –, durch chinesisch Turkestan und die Wüste Gobi nach Hankau und Schanghai. Als sie schließlich in Schanghai ankamen, hatte Hentigs Delegation eine Strecke von 15 000 Kilometer mit Pferden, Maultieren und Kamelen, oft zu Fuß nebenhergehend, bewältigt – wahrscheinlich der längste Ritt, der im Zeitalter des Motors überhaupt unternommen worden ist.

Diese Leistung gehört sicherlich zu den ganz großen, außergewöhnlichen Leistungen unseres Jahrhunderts. Obgleich der Held jenes abenteuerlichen Rittes – der inzwischen 60 Jahre zurückliegt – noch lebt, ist das Unternehmen ganz in Vergessen-

heit geraten; darum möchte ich einiges aus seinem Buch, das seit Jahrzehnten vergriffen ist, hier rekapitulieren.
Bereits auf dem Euphrat – also noch bevor sie Bagdad auf selbstgezimmerten Booten erreichten – hatten sich einige Teilnehmer Malaria geholt, die ihnen mit schweren Fieberanfällen noch lange zu schaffen machen sollte. Als sie Ende Juni in Isfahan ankamen, stellte sich heraus, daß ihnen der Weg durch Nordpersien versperrt war, weil ein Durchbruch durch die russische Front nicht möglich erschien. So blieb nur der Weg durch die große Salzwüste Mittelpersiens: 600 Kilometer in vierzig Tagen. Hentig hatte nur zwei Europäer mit, einen Arzt, der sehr schwer erkrankte und später starb, und den jungen Kaufmann Röhr, der alle türkischen und persischen Dialekte sprach und offensichtlich ebenso unverwüstlich war wie Hentig selber. Die Karawane, zu der wechselnde Eskorten und Treiber für die Lasttiere gehörten, schwoll an und ab, je nach der Begleitmannschaft, die die Granden der Provinzen und Länder, durch die die Expedition zog, ihr gewährte.
Die drei Europäer hatten zusammen sieben Reitpferde und sieben Tragtiere. Der Normalbestand der Karawane wurde ergänzt durch 12 Lastpferde und 24 Maultiere, zu denen gelegentlich eine Anzahl Kamele hinzugemietet wurde. Zuweilen waren sie mit insgesamt 120 Tieren unterwegs. Merkwürdigerweise trugen die Pferde die schweren Lasten (bis zu 150 Kilo), die Maultiere die leichteren.
Hentigs Niederschrift ist so sparsam in der Schilderung der Unbilden, daß man sich kaum ein Bild davon machen kann, was es heißt, monatelang am äußeren Rande der Leistungsfähigkeit zu operieren: Bei 62 Grad Hitze, minimalen Rationen, heißem Trinkwasser, das in sich zersetzenden Hammelschläuchen gespeichert wurde, marschierten sie mit immer unwilliger werdenden Tieren und dysentrie-geschwächten Menschen.

Täglich waren sie zwölf bis vierzehn Stunden unterwegs – streckenweise Tag und Nacht durch einen Feind bedroht, der alles daransetzte, die Deutschen zu fangen.

Am schwersten hatte es Otto Hentig selbst, der Chef des Unternehmens: »Man mußte sorgen, rechnen, ausspähen, führen, wachen und treiben, immer wieder treiben – den anderen ihren im Schlaf- und Ruhebedürfnis untergehenden Willen ersetzen . . . Die Morgenstunden sind die schwersten. Es ist, als ob die Dämmerung die Augenlider gewaltsam zuzöge – man weiß es, fürchtet sich davor. Die Tiere schreiten immer stumpfer, die Menschen reiten immer blöder dahin. Ein Gedanke hält beide, daß am Ziel Schatten und vielleicht auch Wasser zu finden sein wird.« Eine typische Hentig-Bemerkung: »Da die Aufgabe gelöst werden mußte, glaubten wir auch fest daran, daß sie gelöst werden könne.«

Tatsächlich erreichte die Karawane am 1. Oktober 1915 Kabul. Sie blieben dort bis zum Mai 1916 und traten dann den zweiten Teil der Reise an, der erst im Dezember des Jahres endete und der ihnen noch mehr Energie, Willen und moralische Kraft abverlangte als der erste. Zunächst durch Eis und Schnee über 5000 Meter Höhe, nachts eisige Stürme, tags sengende Hitze, ohne Weg und Steg, über Geröll und durch reißende Schmelzwasserflüsse, weil die einzigen Wege und Pfade vom Feind kontrolliert wurden. Bergbüffel tragen die Lasten, Kirgisen begleiten sie: »Atemlos, mit schwer pumpendem Herzen kamen wir langsam vorwärts – alle zwanzig bis dreißig Schritt mußten wir uns niedersetzen, um das Herz zu beruhigen.«

Nachdem sie Hindukusch und Pamir überwunden haben, nach dreißig Tagen feindlicher Bergwelt, erreichen sie mit zerschundenen Händen und zerschlissener Kleidung Sinkiang. Und dann geht es 130 Tage durch die heißen, endlosen Sandmeere Chinesisch-Turkestans und durch die Wüste Gobi: »Seit 100

Tagen haben wir nichts Ordentliches zu essen bekommen, seit zwei Jahren keine europäische Nahrung, auf die unser Körper nun einmal eingestellt ist. Von 100 Tagen sind wir 70 dauernd und ohne aufzusitzen marschiert . . . Bei der Abstumpfung aller Empfindung, bei der großen Müdigkeit, die uns täglich mehr angriff, trat hinter dem unerfüllbaren Wunsch nach Ruhe selbst der Hunger zurück.«

Schließlich – es ist zufällig der 24. Dezember 1916 – erreichen sie eine kleine, eher armselige Missionsstation unweit der Bahn nach Hankau und haben das Gefühl, ohne jeden Übergang direkt ins Paradies eingetreten zu sein.

Als ich jetzt, fast 60 Jahre nach jener denkwürdigen Expedition, Hentigs Buch noch einmal las, konnte ich meine Neugier nicht zähmen, ich schrieb ihm und bat, einmal klar zu sagen, wie der Auftrag lautete, der ihn nach Afghanistan geführt hatte. Es dauerte genau fünf Tage, da hatte ich einen ganz präzisen Bericht des heute Neunzigjährigen in Händen, der soviel über den Autor selbst, sein Urteilsvermögen, seine Bereitschaft zu selbständigem Handeln, aber auch über die Ahnungslosigkeit des damaligen Auswärtigen Amtes aussagt, daß ich ihn an dieser Stelle abdrucken möchte. Hentig schreibt:

»Das Inselreich, dort, wo man die Quelle seiner Macht vermutete, anzugreifen, war ein alter, schon von Napoleon ventilierter Gedanke. Nachdem sich die Front in Frankreich festgefressen hatte, kam man im Auswärtigen Amt und beim stellvertretenden Generalstab auf diese Idee zurück. Afghanistan galt damals als die einzige wirklich starke Militärmacht Asiens, die England zweimal vernichtend geschlagen hatte.

Ich bekam diese Macht zum erstenmal in Herat zu sehen. Es war eine überständige Truppe, kostümiert mit alten europäischen Uniformen und bewaffnet mit englischen Beutegewehren. Die Offiziere sämtlich über sechzig Jahre alt und die Mannschaften zum Teil noch älter. Mein Entschluß, den mir zuteil gewordenen Auftrag zu modifizieren, war augenblicklich gefaßt, denn die Afghanen zum Losschlagen zu veranlassen, hätte ihre sichere und vollständige Niederlage bedeutet. Meine ganze Arbeit war deshalb in den nächsten Monaten darauf gerichtet, das Land erst einmal von den innenpolitischen Belastungen zu befreien, deren Vorhandensein ich sehr bald feststellen mußte; ferner es aus der Abhängigkeit von den englischen Subsidien zu lösen sowie seine Wirtschaft und natürlich auch die Armee zu modernisieren.

Ich konnte mich bei der ersten Audienz durchaus an den Wortlaut meines Beglaubigungsschreibens, und zwar ohne jeden Hintergedanken, halten. Als mich der Emir gehört hatte, sagte er, er würde sich von unseren verschiedenen Anerbieten, die ich ihm wie ein Kaufmann seine Ware unterbreitet hätte, das Passende aussuchen. Hiergegen verwahrte ich mich und bat ihn, nach Kenntnis der Sachlage allein dem eigenen politischen Urteil zu trauen.

Eine Vorentscheidung hatte der Emir bereits dadurch getroffen, daß er uns – entgegen seinem Vertrag mit England, keine Verbindung zu Fremden anzuknüpfen – ins Land gelassen und schließlich sogar, wenn auch »in Privataudienz« und ohne Zeremoniell, aber immerhin doch sehr freundwillig, empfangen hatte.

Für uns galt es nun, unsere eigene Stellung zu festigen und Freunde, ja Anhänger für unsere Idee zu gewinnen – so den Kanzler Nasrullah, den Bruder des Emirs und seine auf Reformen bedachten Söhne, darunter vorzugsweise seinen zweiten Sohn Amanullah. Die höchste Voraussicht war dabei nötig, denn selbst freundschaftliche Beziehungen zu ihnen und ihrem Kreise erweckten Argwohn und lösten Verdächtigungen aus.

Als ich in einer weiteren Phase unserer Beziehungen regelmäßig

zu Tagesaudienzen, die eher einem Vorlesungskurs glichen, berufen wurde, schlug ich dem Emir ein Programm vor, das den Ausgleich der inneren Stammesgegensätze sowie eine gerechtere Behandlung der Minoritäten zum Ziel hatte, ferner die Reform von Verwaltung und Armee und schließlich die innere und äußere Loslösung vom Souverän England. Diese Vorschläge lösten Aktivitäten aus, die den Engländern natürlich nicht verborgen blieben. Mit einer Scharfschießübung und der Mobilmachung des afghanischen Pionier-Corps, das heißt des Handwerker-Corps, das im Zuge einer Luftschutzsicherung für Kabul Gräben ausheben mußte, nahm diese bis dahin auf unser Gästehaus beschränkte Arbeit eine mir höchst unerwünschte sichtbare Form an. England sah sich zu verstärktem Druck veranlaßt und zum Angebot erhöhter Subventionen *(allowances).* Bald mußten wir feststellen, daß wir kaltgestellt wurden. Nach Abschluß eines Handels- und Freundschaftsvertrags, der einige von mir nicht akzeptierte militärische Bedingungen enthielt, bat ich um meinen Abschied. Der einzige Rückweg, der uns offenstand, führte durch China, wo ich das Ende des Kriegs abwarten wollte und von wo aus ich, wenn es die Umstände verlangten, nach Kabul hätte zurückkehren können.
Man ließ meine Reisekolonne nach Herat weiterziehen, während Niedermayer – als Kaufmann verkleidet – den Weg über Russisch-Turkestan nahm. Er erreichte noch im Spätsommer, nur von einem Bchai begleitet, die türkische Grenze und nahm, da ich als verschollen galt, Gedanke, Leitung und Durchführung »der« deutschen Afghanistan-Expedition in Vorträgen und schriftlichen Darstellungen für sich in Anspruch.
Wie Du siehst«, so endet Hentigs Brief an mich, »konnte ich mich nicht an meinen Auftrag halten und habe deswegen auch wenig Dank von meiner Behörde geerntet, weil ich für die an meiner Expedition beteiligten Referenten ›nichts mitgebracht‹

habe. Den mir anvertrauten höchsten Orden, das Großkreuz des Roten Adlerordens mit Kette für Monarchen, brachte ich unverrichteterdinge wieder nach Hause zurück. Meine einzige Genugtuung war, daß Afghanistan in eine neue Phase äußerer und innerer Unabhängigkeit eingetreten war.«

Strapazen und Entbehrungen – diese Begriffe hat es für Otto Hentig Zeit seines Lebens nicht gegeben. Auf der Rückreise von China war er 1916 – die Behörden verweigerten ihm die Ausreisepapiere, weil China inzwischen die Beziehungen zu Deutschland abgebrochen hatte – als blinder Passagier, in einem Schrank versteckt, in Schanghai an Bord eines amerikanischen Schiffes gegangen. Als sich dann unterwegs herausstellte, daß Amerika in den Krieg eingetreten war, sprang er bei Nacht über Bord und schwamm zweieinhalb Stunden lang, um nicht in Gefangenschaft zu geraten.

In Südamerika, wo er als Botschafter in Montevideo Dienst tat, fiel er unter die Räuber und brachte es fertig, ohne Hilfe drei Banditen kampfunfähig zu machen. Er durchschwamm aus sportlichem Vergnügen den Bosporus. Und als er die Hitlersche Politik nicht mehr zu ertragen vermochte, meldete sich der fünfundfünfzigjährige Diplomat zu den Soldaten und verblüffte die jungen Offiziere seines Regiments damit, daß er ihnen, die dies nicht fertigbrachten, die Riesenwelle am Reck vormachte.

Dem Nahen Osten galt immer sein besonderes Interesse und seine Liebe. In manchen jener Länder begegnet man heute noch den Freunden Hentigs. Eine ganze Generation von Arabern ist durch ihn geprägt worden. Vierzig Jahre nach jener Expedition durch Zentralasien – zu einer Zeit, da Hentig sich bereits im Ruhestand befand – holte König Saud ihn als Berater in sein Land.

Sein Leben war das eines großen Abenteurers und doch zugleich auch das eines bewußten und pflichtgetreuen Beamten. Hentig war Beamter aus Überzeugung. Er wollte seinem Lande dienen und der jeweiligen Sache, die ihm anvertraut war. Daß dies nur auf integre Weise geschehen durfte, war für ihn selbstverständlich. Kaum kann man sich heute noch vorstellen, daß der Begriff vom Ethos des Beamtentums wirklich gelebte Realität war.

Es war eben ein Privileg, Beamter zu sein. Nicht weil sich eine Pensionsberechtigung daraus herleitete oder der Anspruch auf stufenweise Beförderung, sondern weil man größere Verantwortung hatte und weil man deshalb mehr geachtet wurde. So praktische Dinge wie die Frage, welcher Gehaltsstufe er wohl angehöre, hätte Hentig sicher nie beantworten können. Er haßte alle Eigenschaften, die eine Entartung des Beamtentums anzeigen: Bürokratismus, Arroganz oder auch ihr Gegenteil, die Servilität.

Otto von Hentig war ein ungemein eigenwilliger Mensch, und seine Interpretation der Pflicht des Beamten deckte sich sehr oft nicht mit den Vorstellungen des Auswärtigen Amts: gegen niemanden waren je zuvor oder je seither so viele Disziplinarverfahren anhängig wie gegen ihn: ,»Zeitweiliger Ruhestand«, »Zur Disposition gestellt«, »Beförderungssperre«, so lauten die Eintragungen in seiner Personalakte.

Er hat seinen Vorgesetzten im alten A.A. in der Wilhelmstraße und auch im neuen Bonner Außenministerium das Leben oft schwer gemacht. Aber dort, wo er als Vertreter des Deutschen Reiches und später der Bundesrepublik wirkte, wurde er geachtet und verehrt, denn dort setzte er alles ein: seine schier unbegrenzte Arbeitskraft, seinen ungestümen Willen, seine hochgespannte Phantasie.

Seine diplomatische Karriere hatte im Jahre 1911 als Attaché in Peking begonnen. Er beendete seine Laufbahn 1954 als Botschafter in Indonesien.

Nach dem Krieg, ehe das Auswärtige Amt wieder in Aktion trat,

war er eine Zeitlang im Außenamt der evangelischen Kirche tätig, wohl weil ihn dort die Persönlichkeit Niemöllers anzog, der in der Hitlerzeit die Zentralfigur des kirchlichen Widerstands gewesen war. Daß auch Hentig kompromißlos gegen das »Dritte Reich« gewesen ist, daß er als Generalkonsul in Amsterdam vielen Juden das Leben gerettet hat, versteht sich bei seiner Art von selbst. So stark war sein Bedürfnis, sich vom Nazismus zu distanzieren, daß er während jener Zeit in seinem Zimmer im Auswärtigen Amt ein Bild von August Bebel aufgehängt hatte.
Sein Sohn, Hartmut von Hentig, Professor für Pädagogik an der Universität Bielefeld, der damals fünfzehn Jahre alt war, hat einmal den 1. September 1939 folgendermaßen geschildert: »An dem Tag, an dem die Nazis Polen überfielen, setzte Vater sich mittags stumm zu Tisch; plötzlich – ich höre noch die Gabel auf den Teller fallen – brach er die Mahlzeit ab mit dem Satz, der uns die folgenden Jahre hindurch begleiten und sie uns doppelt furchtbar machen sollte: »Es kann Deutschland nichts Schlimmeres geschehen, als daß Hitler diesen Krieg gewinnt.«
Otto von Hentig hat eine gewisse Neigung, immer dagegen zu sein. Zur Zeit der Pariser Verträge kämpfte er gegen den Kalten Krieg, gegen die einseitige Option für den Westen, gegen das Sich-Einreihen in ein Blocksystem. Er war für Wiedervereinigung und darum für Neutralisierung. Und schon sehr früh trat er für eine positive Einstellung China gegenüber ein, das er Anfang der sechziger Jahre, ein halbes Jahrhundert nach seiner Pekinger Attaché-Zeit, noch einmal besuchte. Dieser nimmermüde Nonkonformismus hat ihm manche Feindschaft eingetragen.

Der letzte große Abenteurer

Satyanarayan Sinha

Eines Tages, es muß etwa 1960 gewesen sein, rief Ulrich Mohr, den ich flüchtig kannte, bei mir an. Er wußte, daß ich Indien mehrfach bereist hatte und daß ich mich damals sehr lebhaft für dieses Land interessierte. Er habe einen indischen Abgeordneten zu Besuch, der ... Ich ließ ihn nicht erst lange Ausführungen machen, sondern lud beide zum Abendessen ein.

Diese spontane Einladung habe ich nie bereut: Ich lernte an jenem Abend den einzigen wirklichen Abenteurer kennen, den ich in meinem Leben getroffen habe, einen Mann, der immer wieder seine Identität gewechselt hat und doch immer derselbe blieb, egal ob er Stalin als Hauptmann diente, Haile Selassie als Oberst, Nehru als Abgeordneter oder dem Dalai Lama als Beschützer.

Satyanarayan Sinha ist ein treuer Freund geworden. Treu freilich nur im strategischen Sinne, nicht im taktischen. Im Rahmen des Alltags ist er in einer Weise unzuverlässig, wie man es sich kaum vorstellen kann. Wenn er seine Ankunft in Europa und in Hamburg für die kommende Woche ankündigt, dann erfolgt gewöhnlich während der nächsten sechs Monate nichts. Niemand kommt, auch kein Brief. Plötzlich aber liegt ein Telegramm auf dem Tisch, er werde am folgenden Nachmittag für ein paar Stunden in Hamburg Station machen. Was dann wirklich geschieht ist, daß er nicht am folgenden Tag eintrifft, sondern erst am übernächsten, und daß er nicht ein paar Stunden bleibt, sondern eine ganze Woche.

Als er mich vor kurzem wieder einmal besuchte – er kam aus Amerika –, traf er drei Tage später ein, als sein Telegramm in Aussicht gestellt hatte. Der Grund, der sich anderntags ganz beiläufig herausstellte, war folgender: Er hatte in Florence in Alabama in einem Restaurant auf den Abflug der Maschine nach Washington gewartet. Im Gespräch mit der Dame, die ihn zum Flugplatz begleitete, erwähnte er gerade, daß er fließend Russisch spricht, woraufhin sich ein offenbar sympathischer Herr vom Nebentisch in die Unterhaltung einmischte, der beklagte, daß er nie Gelegenheit habe, diese Sprache zu praktizieren, obgleich er sie unter großen Anstrengungen unlängst in einem Kurs gelernt habe. Wie gern würde er jetzt mit seinem Gesprächspartner Russisch reden.

Als sich dann herausstellte, daß jener Herr im Begriff war, am gleichen Tag in seinem Wagen ebenfalls nach Washington aufzubrechen, dauerte es keine fünf Minuten und Sinha änderte seine Pläne. Er gab seinen Flug auf und fuhr die 2000 Kilometer nach Washington mit Mr. X im Auto. Da es unterwegs allerlei zu sehen gab, war die Verspätung von drei Tagen in seinen Augen ganz gerechtfertigt.

Wenn man Sinha in Hamburg in einen Zug nach Köln steckt, dann bringt er es fertig, in Frankfurt am Main zu landen. Ihn bei irgendwelchen Freunden anzusagen, ist vollkommen zwecklos, weil auf dem Wege dorthin stets irgend etwas eintritt, was seine Phantasie fesselt, und das heißt bei ihm, den ganzen Menschen in Fesseln legt.

Frankfurt am Main war übrigens ein besonderes Bindeglied zwischen uns. Es stellte sich nämlich heraus, daß er fast zur gleichen Zeit mit mir bei denselben Professoren Volkswirtschaft studiert hatte. Viele Namen rief er mir ins Gedächtnis zurück, die ich längst vergessen hatte. Auch er hatte in Frankfurt am Main einen gut Teil seiner Tage in der Bibliothek des Sozialwissenschaftlichen Instituts – von den Kritikern »Kaffee Marx« genannt – zugebracht. Doch war er auf so ungewöhnliche Weise in jene Stadt gelangt, wie sicher kein anderer der damaligen Studenten.

Sinha ist irgendwo im östlichen Indien in einer sehr armseligen Gegend geboren worden. Er wuchs wie Millionen von Indern mit wenig Nahrung und ziemlich viel Prügel auf. Als er etwa zehn Jahre alt war, fügte es sich, daß Gandhi auf einer seiner Kampagnen auch in jenes Dorf kam. Der Mahatma wurde auf ihn aufmerksam und forderte den Jungen auf, sich im nächsten Jahr an einem der von ihm eingeführten Spinnwettbewerbe zu beteiligen.

Als es soweit war, ging der junge Sinha als erster durchs Ziel. Zur Belohnung wurde er eingeladen, in Gandhis Aschram einzuziehen. Aber bald begann er die Spinnerei zu hassen. Auch konnte er sich mit der spezifischen Mischung von *austerity* und Frömmigkeit nicht recht abfinden. Sein Traum galt Tagores Schule in Santiniketan, wo Philosophie, Musik und Tanz gelehrt wurden – ein Lehrer hatte ihm davon vorgeschwärmt. Schließlich stimmte der Meister zu, der Junge durfte nach Santiniketan, wo er vielerlei lernte, unter anderem auch Englisch. Nach zwei Jahren, mittlerweile war es 1926, war seine Lehrzeit beendet. Er mußte zurück nach Haus.

Aber nach dem Erlebnis von Tagores Schule schien das Zuhause so trostlos, daß er mit 13 Jahren ausriß und ein Leben auf eigene Faust begann. Zunächst gelangte er nach Benares: Gelegenheitsarbeit, unerwartete Hilfen, voraussehbares Elend, beglückende Freundschaften ...

Durch irgendeinen verdienstvollen Zufall kam er schließlich in

Beziehung zu einer Art Stiftsschule. Ein Lehrer fand Gefallen an ihm. Er nahm ihn als Schüler an, was damals bedeutete, daß er die Verantwortung für den Schüler übernimmt. Er muß zusehen, daß dieser von den gespendeten Speisen seinen Teil bekommt und daß er von Zeit zu Zeit bei jeweils einem anderen Lehrer zum Essen eingeladen wird.

»Und wo schliefen Sie?« fragte ich Sinha, als er mir diese Schule beschrieb. »Wissen Sie ...,« so fangen viele seiner Sätze an, »wissen Sie, dort braucht man keine Wohnung. Am schönsten und kühlsten ist es, am Ganges zu schlafen. Und manchmal habe ich die Nächte auch auf der Veranda des Lehrers verbracht.«

Satyanarayan studierte Buddhismus, Sanskrit, Geschichte, Archäologie. Der Lehrer unternahm viele Reisen und wochenlange Wanderungen durch ganz Indien. Er führte seine Schüler zu den Ursprüngen der indischen Geschichte, zu berühmten Tempeln, zu den Stätten, wo Buddha gelebt hat. Er, der später ein bekannter Führer der sozialistischen Partei und ein enger Freund Nehrus wurde, hatte seinen Schülern gleich von vornherein gesagt: *I won't force any learning on you. To get educated is your own responsibility.* Und dieses System hat funktioniert.

Satyanarayan, von seinen Freunden Satya genannt, hat diese Gelegenheit gierig wahrgenommen: Es gab eine gute, offene Bibliothek, er las viel und lernte mit großer Passion. Damals wurde das Fundament seines Wissens und seiner Bildung gelegt, vor allem indem sein Interesse für Menschen, Geschichte und Dichtung geweckt worden ist. Sinha überrascht einen immer wieder mit einer profunden Kenntnis der komplizierten historischen und kulturellen Geschichte Zentralasiens. Vor allem Tibet und dem Himalaja-Gebiet, das er wie kaum ein anderer kennt, gilt seine besondere Liebe.

Nebenbei geriet er in jener Zeit, was für einen aufgeweckten jungen Menschen ganz zwangsläufig war, in die beginnende antibritische Guerillatätigkeit der indischen Nationalisten: Bomben wurden gebastelt, Protestmärsche inszeniert, Verhaftungen und Exekutionen fanden statt. Mag sein, daß dies mit ein Grund war, warum der Lehrer ihm nach Ablauf von drei Jahren erklärte, er könne nun in dieser Schule nichts mehr lernen, er solle ins Ausland gehen, nach Ceylon in eine Art *College*, das von Buddhisten geleitet wurde. Damals und dort nahm das abenteuerliche Leben des Satyanarayan Sinha seinen Anfang.

Der inzwischen Sechzehnjährige war noch nicht lange dort, da nahm ihn eines Tages ein Bekannter zum Hafen mit, weil er dort etwas mit dem Zahlmeister eines Schiffes zu regeln hatte. Das Schiff hieß »Orsowa« und gehörte der Orient-Linie. Auf dem Weg von Australien nach London ankerte es in Colombo, um Wasser und Proviant an Bord zu nehmen. Der junge Inder erforschte alle Winkel und durchstreifte alle Gänge. Schließlich kam er zu einer Kabine und war hingerissen von der Ausstattung: Ein weiß bezogenes Bett mit weichen Kissen und glänzender Decke – so etwas hatte er noch nie gesehen. Er setzte sich einen Augenblick auf den Rand des Bettes, dann probierte er aus, wie es ist, wenn man sich lang ausstreckt, und bald schlief er ein.

Er wachte erst wieder auf, als er das regelmäßige Stampfen der Maschine und das Plätschern der Wellen hörte. Der Kapitän war wütend, die Mannschaft unfreundlich, der einzige, der sich seiner annahm und für ihn sorgte, war der rothaarige, spitzbärtige Koch Kassimow, weil der Junge wiederum der einzige war, der aufmerksam zuhörte, wenn jener von seinen Abenteuern, vornehmlich amouröser Art, berichtete. Kassimow war es auch, der dafür sorgte, daß Satya nicht schon in Port Said, dem ersten Stopp nach Colombo, von Bord mußte, sondern erst in Neapel. Kein Zweifel, daß dies in einer zunächst nicht voraussehbaren Weise sein ganzes weiteres Leben bestimmt hat.

In Neapel nämlich überantwortete Kassimow den blinden

Passagier einem Fischer aus Sorrent, mit dem er gerade einen vermutlich illegalen Handel abgeschlossen hatte, und trug ihm auf, dafür zu sorgen, daß jener irgendwo unterkomme. In Sorrent angelangt, berieten die Fischer im Hafen, was man mit dem fremdländisch gekleideten Knaben, der sich mit niemandem verständigen konnte, wohl machen könne. Einer von ihnen beschrieb ihm schließlich den Weg zu einer Villa, wo, wie er meinte, einer wohne, der wahrscheinlich sein Landsmann sei.

Satya stieg den Weg hinauf und blieb vor dem Tor der Villa stehen. Hinten im Garten arbeitete ein großer alter Mann, ein Riese, der alles sein konnte, nur kein Inder. Nach einiger Zeit schlurfte der große alte Mann zum Tor, um zu sehen, was der wunderliche Knabe von ihm wolle. Dieser deutete an, daß er Hunger habe, und also sprach der Riese: »Komm herein.«

Er ließ dann ein Mädchen aus der Nachbarschaft kommen, das Englisch verstand und dolmetschen konnte. Und so erfuhr er von der abenteuerlichen Reise des jungen Inders, und dieser erfuhr, daß er im Hause von Maxim Gorki gelandet war. Gorki, den die Geschichte des Knaben amüsierte – die Abenteuer des spitzbärtigen, rothaarigen Kochs inspirierten ihn später zu der Novelle »Kassimow« – behielt ihn bei sich. Als er schließlich hörte, daß dessen Herzenswunsch darauf gerichtet war, die Engländer aus Indien zu vertreiben, also ein Freiheitskämpfer zu werden, begann der alte Revolutionär sich ernsthaft für ihn zu interessieren: »Du mußt in die Sowjetunion, nur dort bringen sie dir das Notwendige bei. Aber die Vorbereitungen dauern lang. In der Zwischenzeit gehst du am besten auf eine Universität, zum Beispiel nach Berlin, und lernst dort etwas Vernünftiges.«

Gorki hat von 1906 bis 1917 seiner Gesundheit wegen in Capri gelebt; dann war er nach dem Ausbruch der Oktober-Revolution in die Sowjetunion zurückgekehrt, hatte sie aber nach Lenins Tod wieder verlassen, weil ihn die Entwicklung enttäuschte. Er blieb bis 1932 in Sorrent und kehrte dann endgültig nach Moskau zurück. Auch in seinen späteren Jahren hat er sich dort um Satya gekümmert. Zunächst aber kaufte er ihm eine richtige Hose: »Ohne Hose kannst du keine Karriere machen« und ein Billett nach Berlin. Er trug ihm auf, sich dort bei der Liga gegen den Imperialismus zu melden, deren Präsident er war. Auch einen provisorischen Ausweis verschaffte er ihm.

Wenn Satya über seine Ankunft in Berlin erzählt, staunt man, daß er sich an jeden Namen und jede Adresse erinnert, obgleich das Ganze inzwischen 45 Jahre her ist. »Vom Anhalter Bahnhof«, so berichtet er, »ging ich sofort zur Liga. Sie befand sich in der Friedrichstraße 24, ganz nah bei Aschinger, wo es einen sehr guten, billigen Studententisch gab. Chef der Liga in Berlin war damals ein alter indischer Revolutionär, Virendranath Chattopadhyahya, genannt Chatto, der in der Uhlandstraße 179 wohnte.« Satya erzählt vom indischen Informationsbüro in der Mauerstraße, von seinen Freunden Bindewald in Wannsee, die ihn einluden, in ihrem Haus zu wohnen, und mit denen er auch heute noch in Verbindung steht. Schlachtensee, Krumme Lanke, Nikolassee, das sind Namen, die ihm ganz geläufig von den Lippen gehen.

Das indische Informationsbüro, das eine Zweigstelle der Kongreß-Partei war, wurde von Nambia, dem späteren Botschafter Indiens in Bonn, geleitet. Seine Sekretärin, Eva Geissler, die heute in Zürich lebt, half Satya, ein Gesuch an die Universität in Frankfurt aufzusetzen, weil zu den dortigen Linken gute Beziehungen bestanden. Der Antrag hatte Erfolg, Satya wurde zugelassen. Und es fand sich auch ein Professor, der einst in Sanitiketan gewesen war und der sich dafür einsetzte, daß der junge Inder ein Humboldt-Stipendium bekam.

Ein anderer Professor schenkte ihm ein altes Fahrrad – Marke »Dürrkopf« wie Satya sich erinnert –, mit dem er in den Ferien

durch Europa radelte. Das erste Mal nach Brüssel und Paris, das nächste Mal nach Hamburg, Kopenhagen, Oslo, Stockholm, Haparanda und wieder zurück. Ich kenne außer Satya niemanden, der stets und überall auf so viel freudige Hilfsbereitschaft stößt und dessen Weg durch so viele glückliche Fügungen gekennzeichnet ist. Freilich würde dies ohne sein unbewußtes Mitwirken sicherlich nicht geschehen: seine besinnungslose Bereitschaft, sich treiben zu lassen, seine fröhliche Begeisterung für alles Neue, Ungewöhnliche und Spannende schließen viele Menschen auf und wecken den Wunsch, wenigstens solange er erzählt, mit ihm auf dem fliegenden Teppich zu sitzen.
Satya bestand sein Doktorexamen in Frankfurt, wobei die prüfenden Professoren wohl beide Augen zugedrückt haben müssen, denn das ganze Studium hat nur knapp drei Jahre gedauert. Als er wieder nach Berlin kam, fand Chatto, es sei nun wirklich Zeit, das bürgerliche Leben hinter sich zu lassen und endlich zum praktizierenden Revolutionär zu werden. Satya wurde heimlich – den Augen der deutschen Polizei verborgen – auf ein sowjetisches Schiff geschleust und reiste gen Leningrad, wo er im April 1932 landete. Dort nahm ihn die Komintern in Empfang, um ihn auszubilden und dann nach Indien zurückzuschicken.
Satya erhielt einen Paß, der auf den Namen Alexander Sergewitsch Gregoriew ausgestellt war. Geburtsort: Odessa; Geburtsdatum: 8. November 1907. Von nun an war er also ein sowjetischer Bürger. »Wieso eigentlich Geburtsdatum 1907?«, fragte ich, »dies ist schon das dritte Geburtsdatum, von dem ich weiß. Was stimmt denn nun eigentlich? Und wie ist das überhaupt mit Ihren Pässen? Wann und wo haben Sie denn den ersten richtigen bekommen?«
Ich bemerkte voller Schrecken, daß der Ton dieser Frage indigniert und vorwurfsvoll klang, aber ich war an der Aufgabe,

biographische Ordnung in Satyas Leben zu bringen, bereits total verzweifelt. Er selbst sah auch ganz erschrocken aus, wie sollte er das, was für ihn doch ganz sonnenklar war, jemandem erklären, der offenbar vollkommen andere Vorstellungen hatte. Seine überraschende Antwort lautete: »Einen Paß, so richtig, wie Sie meinen, habe ich noch nie besessen.«

»Ja, aber der jetzige muß doch richtig sein? Zeigen Sie ihn doch mal!«

Satya gab mir seinen Paß. Ich las: Name: Sinha – Vorname: Satya, Narain. Geburtsdatum: Oktober 1910.

»Ja, der Vorname stimmt nicht, das sehe ich. Und das Geburtsdatum?« »Ich sagte schon, ich bin nicht im Oktober 1910, sondern im März 1913 geboren. Der Irrtum mit dem Vornamen ist vielleicht aus meiner deutschen Zeit übriggeblieben. Da meinte man, ich hieße mit Vornamen Satya und mit Nachnamen Narain. Und da mir das ganz und gar gleichgültig war, ließ ich es dabei, und darum ist auch mein Doktor-Diplom auf diesen Namen ausgestellt.« Sinha blickte zögernd vor sich hin – ich hatte das Gefühl, daß noch irgend etwas kommen werde und wartete geduldig.

»Und wissen Sie«, es klang sehr zögernd, »eigentlich heiße ich auch gar nicht Sinha.« »Sondern?«

»Mein Vater hieß Sing.«

»Und wo und wann wurde aus dem Sing der Sinha?«

»In Addis Abeba 1936. Der englische Botschafter Sir Sydney Barton dachte, ich sei ein Sohn von Lord Sinha, dem einzigen Inder, der im englischen Oberhaus saß, und weil ich meinen Paß verloren hatte ...«

»Es wird immer abenteuerlicher ...«

»Sie haben recht. Aber wenn Sie wollen, können Sie ja im ›Hansard‹ nachlesen: Im britischen Parlament hat William Gallacher, ein kommunistischer Abgeordneter, im März 1936 eine Anfrage, meinen Paß und meinen Status in Äthiopien betreffend, gestellt.«

Merkwürdig, da kannte ich Sinha nun seit 15 Jahren, und jetzt stellte sich heraus, daß ich gar nicht Sinha, sondern Sing kannte. Aber ich will den Faden erst einmal wieder aufnehmen, wo er abgerissen ist, in Moskau.

Die ersten Monate in Moskau waren für ihn reich an Enttäuschungen gewesen: die Komintern-Funktionäre hatten keinerlei Respekt vor Indiens Freiheitskampf. Sie erklärten, Gandhi sei ein Agent der britischen Imperialisten und der NATIONAL CONGRESS eine höchst reaktionäre Organisation. Aber an Ausbrechen war nicht zu denken. Satya blieb sechs Monate in Moskau und kam von dort aus im Herbst nach Kowrow, dem militärischen Trainingszentrum der Komintern.

Seine erste Verwendung nach beendeter Ausbildung erhielt er in einer Kosaken-Einheit, die in Sinkiang stationiert war. Sinkiang gehörte damals nominell zu China, aber das ferne Peking war nicht in der Lage, dort wirklich die Herrschaft auszuüben: In Kashgar waren es die Engländer, die als Beherrscher Indiens den Einfluß besaßen. Das gesamte Ili-Tal war in russischer Hand, und in Urumtschi, der heutigen Hauptstadt der chinesischen autonomen Region Sinkiang, hatten die Sowjets mehr zu sagen als die Chinesen. Während fast eines Jahrhunderts fanden in Sinkiang ständig Aufstände der islamischen Turkvölker gegen die chinesische Oberhoheit statt, wovon vor allem die Russen profitierten. Wie die Äußere Mongolei war dieses Gebiet damals eine Art russische Kolonie, ein Pufferstaat zwischen Rußland und China. Nach dem Sieg Maos in China wurde Sinkiang erst Provinz und dann autonome Region der Volksrepublik China, die einen Teil der Kasachen, Kirgisen und Uguren umsiedelte und durch Chinesen ersetzte. Diese Maßnahmen haben in den ersten Jahren zu neuen Aufständen in Sinkiang geführt, sicher nicht ganz ohne Zutun der Sowjets, die dort ihren Einfluß eingebüßt hatten.

Stalin, der seinen Einfluß nach Süden auszudehnen gedachte, unterhielt an dieser Front keine militärischen Formationen, sondern Partisanenverbände, die die Aufgabe hatten, in ständigen Vorstößen allmählich immer mehr Land unter Kontrolle zu bringen. Meist mußten sie im Kampf mit dem Gegner erst einmal die Waffen erobern, mit denen dieser dann geschlagen oder vertrieben werden sollte. Satya wurde einer solchen Einheit als Hauptmann zugewiesen, weil man wohl annahm, daß er als Inder dort seine nationalen Interessen gegen den Einfluß der Engländer mit Passion entfalten werde, und weil er auch einige Brocken der dortigen Sprachen beherrschte.

Aus seinen Erzählungen über diese Zeit ist mir außer dem häufig wiederkehrenden Wort »Wodka« nur die Art und Weise in Erinnerung geblieben, wie er das Bevölkerungsproblem dieser Grenzgebiete zu lösen versuchte. In jener Gegend war nämlich das Zahlenverhältnis zwischen Burschen und Mädchen sehr ungünstig: auf jeweils hundert Burschen kamen nur etwa fünfzig Mädchen. Dieser beklagenswerte Zustand war, so hieß es, deswegen schwer zu ändern, weil nach der Sitte des Landes bei jeder Brautwerbung ein Kamel, vier Maulesel und acht Ziegen für ein Mädchen offeriert werden mußten.

Satya, der mittlerweile Hauptmann geworden war, erklärte: »Zum Teufel, dann werden wir die Landessitten ändern. Von jetzt ab wird nach buddhistischer Sitte geheiratet. Bis heute abend«, so befahl er, »holt ihr fünfzig Mädchen von der anderen Seite herüber, nach Sonnenuntergang halten wir dann die Hochzeitszeremonie und machen ein Fest.« Alle mußten »Mano Buddha« sagen – wir beten zu Buddha –, und damit war die Eheschließung vollzogen. Eine wenig kostspielige Methode, die allergrößten Beifall fand und den Erfinder sehr populär machte.

Im übrigen lernte Satya in jener Zeit fliegen und entdeckte seine Liebe für Zentralasien.

Als Satya 1934 nach Moskau zurückkehrte, hatten dort die Reinigungsprozesse gerade begonnen. Kirow war bereits umgebracht worden, viele Köpfe rollten, Angst und Schrecken breiteten sich aus. Als er Gorki wiedersah, sagte dieser: »Ich habe dich damals hierhergebracht, ich werde auch dafür sorgen, daß du heil wieder herauskommst.« So verließ Satya denn nach zwei Jahren die Sowjetunion. Der neue Sowjetbürger verwandelte sich wieder in einen Inder ohne Paß.

Von allen Geschichten aus jener Zeit in der Sowjetunion kann ich die aufregendste auf keine Weise nachprüfen. Darum will ich sie wörtlich, also in seinen Worten – ich bat ihn, sie niederzuschreiben –, hier wiedergeben. Vorausschicken muß ich, daß er während der sechs Monate, die er am Anfang in Moskau war, oft in Gorkis Haus in der Nikitinskie Worote, Ecke Tolstoi-Straße, zum Vier-Uhr-Mittagessen eingeladen war. Gewöhnlich blieb er dann bis zum späten Abend und lernte in einer Ecke des Studierzimmers Russisch. Übrigens hat er die Sprache so perfekt gelernt, daß er später einen Teil der Unterhaltungen, die Nehru mit Chruschtschow führte, gedolmetscht hat.

In Sinhas Bericht heißt es: »Am 15. Jahrestag der Oktober-Revolution, am 8. November 1932, marschierte ich mit einer Komintern-Einheit auf dem Roten Platz am Lenin-Mausoleum vorbei, auf dem Stalin mit den Mitgliedern des Politbüros Position bezogen hatte – auch Gorki stand dort oben.

An jenem Tage aßen wir erst um acht Uhr abends das übliche Mittagessen. Dann ging Gorki in sein Arbeitszimmer, und ich schwätzte mit Marfa, einer seiner Enkelinnen. Plötzlich erschienen ein paar der grün uniformierten Kreml-Garden, und im nächsten Augenblick betrat Stalin das Zimmer. Dies war keineswegs ungewöhnlich, aber diesmal wirkte sein pockennar-

biges Gesicht ganz farblos. An der Hand führte er seine sechsjährige Tochter Swetlana. Er verschwand sofort im Arbeitszimmer von Gorki, während ›Swetoschka‹ sich zu Marfa gesellte. Nachdem Stalin wieder gegangen war, ging ich zu Gorki. Der alte Mann saß da mit geschlossenen Augen, schlug sich mit beiden Händen an die Stirn und stieß flüsternd die Worte aus: ›Dieser Mörder, dieser schreckliche Mörder!‹, und nach einiger Zeit: ›Stalin hat Nadeschda getötet. Er hat Swetlana hierhergebracht, damit sie die Leiche ihrer Mutter nicht sieht!‹«
Satyas Bericht fährt fort: »An jenem Abend blieb ich noch lange bei Gorki. Er nahm Tolstois ›Kreuzersonate‹ zur Hand und bat mich, ihm eine bestimmte Passage daraus vorzulesen. Dann sprach er wieder: ›Stalin hat den Verdacht, daß seine Frau den jungen Krischasanowski liebte, der als Diplomat an der Botschaft in Berlin ist, weil sie sich für ihn einsetzte, als er hingerichtet werden sollte. Das Ganze ist wahrscheinlich nichts als eine Machenschaft der Geheimpolizei. Von nun an ist niemand mehr sicher, auch ich nicht, es sei denn, ich würde Stalin noch lauter preisen, als die anderen es tun.‹ «

Im Laufe der Jahre habe ich viele phantastische Geschichten von Satya gehört, aber immer eher zufällig und ohne jede chronologische Ordnung. Einmal beispielsweise sprachen wir über Tiger in Indien und Löwen in Afrika, worauf er von einem weißen *lion cub* zu schwärmen begann, das ihm einmal geschenkt worden sei. »Weiße Löwen-Babys bekommen nur Kaiser oder sehr hohe Würdenträger geschenkt«, warf ich ein. Er bemerkte sofort den ungläubigen Unterton und sagte trotzig: »Ich aber bekam es von einem Kaiser geschenkt.«

»Wohl vom Kaiser von China?« »Nein, vom Kaiser Haile Selassie in Abessinien.«

Wie er denn dorthin gekommen sei, wollte ich wissen. »Ich war doch Korrespondent für eine Nachrichten-Agentur.«

»Und bekam jeder Korrespondent in Addis Abeba vom Kaiser einen jungen weißen Löwen geschenkt?«

»Nein, aber ich habe für den Kaiser gegen die Italiener gekämpft.«

»Aber Korrespondenten schreiben doch und schießen nicht...«

Schließlich kam folgende Geschichte zutage. Irgendwann, nachdem Satya aus Rußland zurückgekehrt war, wurde er durch Vermittlung von Hendryk de Man, der bis zum Ausbruch des Dritten Reiches Professor in Frankfurt gewesen war, wo auch ich ihn kennen- und achtengelernt hatte, Korrespondent für die *Europa-Presse.* Hendryk de Man, der später belgischer Ministerpräsident wurde, war damals, 1935, Arbeitsminister in Brüssel. De Man besorgte ihm auch einen Nansen-Paß.

Die Agentur schickte Satya im September 1935 nach Äthiopien, wo sich gerade düstere Wolken zusammenbrauten. Schon die Reise dorthin war reich an Abenteuern. Er kaufte unterwegs an der Grenze zwischen Sudan, Eritrea und Äthiopien eine junge Sklavin frei, um sie wieder nach Hause zurückzubringen. Aber diese Großherzigkeit trug ihr nicht die Freiheit ein, sondern den Tod, weil die Karawane unterwegs von irgendwelchen wilden Stämmen überfallen wurde. Doch will ich hier alle diese Arabesken weglassen, um zum Kern der Sache zu kommen:

Als Satya, der ja den Partisanenkrieg sozusagen an der Quelle studiert hatte, in Addis ankam, stellte er fest, daß die Äthiopier so gut wie überhaupt nicht auf den Krieg vorbereitet waren. Seiner Betriebsamkeit gelang es, von der Schweizer Firma Örlikon für Äthiopien eine Reihe von 200-mm-Flugabwehrgeschützen zu erwerben. In der ersten Schlacht, die im Frühjahr 1936 bei Wabbischibili stattfand, wurden diese Waffen eingesetzt. Satya hatte sich während dieser Zeit so sehr für die Sache begeistert, daß er seinen Korrespondenten-Status vergaß und Kombattant wurde.

Viel Erfolg als Berichterstatter hatte er ohnehin nicht gehabt. Nur wenige seiner Berichte wurden in der europäischen Presse gedruckt; keiner glaubte ihm die italienischen Grausamkeiten, die er schilderte, niemand hielt seine Berichte für objektiv – außer dem Kaiser, der von ihnen gehört hatte und Sinha zum Dank jenes weiße Löwen-Baby schenkte.

Als Addis im April 1936 erobert wurde, der Kaiser nach England flüchtete und das große Chaos ausbrach, mußte auch Satya, der auf der italienischen Fahndungsliste stand, so rasch wie möglich verschwinden. Über Französisch-Somaliland erreichte er Djibouti und fand ein französisches Schiff namens »Anger«, das nach Schanghai unterwegs war.

Froh, endlich einen roten Faden in der Hand zu haben, fragte ich: »Sind Sie denn damals direkt von Rußland nach Äthiopien gegangen?«

»Wissen Sie, als ich von Moskau nach Deutschland zurückkam, sagte man mir, daß ich mein Doktor-Diplom nicht bekomme, solange die Dissertation nicht gedruckt ist. Dafür aber fehlte das Geld. So ging ich im Herbst 1934 für sechs Monate in eine Fabrik, um Geld zu verdienen. Es war eine Zuckerrübenfabrik in Klein-Wanzleben bei Magdeburg. Die Fabrik hieß Rabethge und Gieseke.«

Diese sächsische Einlage bei Rabethke und Gieseke zwischen Stalin und Haile Selassie schien mir sehr typisch für Sinha, aber höchst originell für einen Abenteurer, der ja wohl auch ohne Doktortitel durchs Leben hätte kommen können. Sinha ist eben nicht nur ein Abenteurer, sondern er ist zugleich überlegt, präzis, konsequent und ausdauernd.

»Ja, und dann, was geschah in Schanghai?«

»Dorthin bin ich nie gekommen. Als wir in Madras vor Anker gingen, war die Versuchung zu groß: nach sechs Jahren wollte ich endlich wieder einmal in Indien sein. Einem Techniker, der an Bord kam, gefiel mein Anzug so gut; da tauschten wir, und ich ging als Madrasi-Monteur verkleidet an Land, fuhr nach Kalkutta und von da aus zu Tagore.

Offenbar hat Sinha sich dann längere Zeit mit Schreiben über Wasser gehalten: er verfaßte eine Serie, in der er seine Erlebnisse für *Ogonjonek*, die größte Illustrierte des Landes, schilderte. In einer der Illustrationen, einer Zeichnung von Vicochy, ist auch die Begegnung zwischen Gorki und dem jungen Inder in Sorrent festgehalten worden. Eine ganze Reihe von Büchern, vornehmlich Reisebeschreibungen, entstanden damals, meist in Hindi oder Bengali; später kamen auch fünf oder sechs Bücher in englischer Sprache heraus. In der Rubrik Beruf steht denn auch in Sinhas heutigem Paß: »Autor«.

»Ich kann nicht glauben, Satya, daß Sie der Versuchung, im Freiheitskampf erneut Bomben zu basteln, widerstehen konnten.«

»Doch, einige Jahre schon, ich war damals Lehrer in Benares an meiner alten Schule, aber nachdem der Zweite Weltkrieg ausgebrochen war, verkündete Gandhi die *Do-or-die*-Bewegung, und da habe ich dann auch wieder mitgemacht.«

Als ihm der Boden zu heiß wurde, verließ er Indien und ging nach Tibet. Ein paar Jahre hat er dort gelebt, ist immer wieder heimlich hin- und hergegangen, meist über Sikkim, manchmal über Nepal oder auch Kulu Valley. In jener Zeit hat Satya eine intime Kenntnis von Land und Leuten in Tibet und den Nachbargebieten erworben, die ihm später sehr nützlich sein sollte.

»Also sind Sie ums Gefängnis herumgekommen?«

»Nein, keineswegs. Von 1942 bis zum Kriegsende, also zweieinhalb Jahre lang, war ich eingesperrt.«

»Und warum?«

»Ich hatte sozusagen fünf Engländer getötet.«

»Was heißt sozusagen, Satya?«
»Das heißt, ich war nicht allein, sondern ich war der Führer einer Gruppe von etwa 20 Leuten, die in Bihar, wo ich damals lebte, eine Einheit bildeten.«
Und dann erzählte er folgende Geschichte: Eines Tages, es war Herbst 1942, hatten er und seine Gruppe gehört, daß englische Soldaten in einem Nachbardorf Frauen vergewaltigt hatten. Nach seiner Meinung tun nur Banditen so etwas und nicht Soldaten. Darum mußten sie bestraft werden. Die Gruppe, unter Führung von Sinha, trieb die Engländer in ein Maisfeld, dann, so sagte er, »haben wir sie umgezingelt, ihnen die Gewehre abgenommen und sie erschossen«. Abends und am nächsten Morgen beim Appell fehlten sie. Man hat nie herausgefunden, was passiert ist, aber man hatte Sinha im Verdacht, und darum verhaftete man ihn, obgleich bis zu seiner Entlassung im Sommer 1945 keine Beweise vorlagen. Als Zeuge dafür, daß seine Handlung durchaus rechtens war, beruft er sich auf Sir Francis Tucker.
»Was hatte denn der damit zu tun?« Diese Frage förderte wieder eine erstaunliche Geschichte zutage:
»Wissen Sie, 1963 war ich in London. Ich wollte erreichen, daß mein in englischer Sprache geschriebenes Buch über den beginnenden Konflikt mit den Chinesen »China strikes« in England verlegt würde. Aber ich fand keinen Verleger. Verzweifelt und ärgerlich saß ich auf dem *Trafalgar Square*, da sah ich plötzlich General Timayya vorbeigehen.« Timayya, der von 1957-1961 Oberbefehlshaber der indischen Streitkräfte gewesen war, nahm damals als Mitglied des Londoner ISS-Instituts an einer von dessen Sitzungen teil.
Ich selber hatte Timayya Jahre zuvor in Indien kennengelernt und freute mich, daß er und Sinha auf dem Rückweg von London nach Delhi in Hamburg bei mir zu Gast waren. Auf diese Weise

hatte ich auch gleich eine Bestätigung für die Begegnung auf dem Trafalgar Square, die mir sonst vielleicht eher unglaubwürdig erschienen wäre.

Timayya, der das Manuskript kannte, fand einen Verleger, der es aber seinerseits zuvor einem Experten, Sir Francis Tucker, zur Begutachtung vorlegte. Tucker war zu jener Zeit – also Anfang der vierziger Jahre – Kommandeur der IV. Division in Nord-Bihar gewesen, der Provinz, in der Sinha und seine Leute operierten. Tucker bat Sinha zu sich und fragte im Laufe des Gesprächs: »Waren Sie nicht der Mann, der damals fünf englische Soldaten ...« »Wenn es Soldaten gewesen wären, hätten sie gegen Männer gekämpft und nicht Frauen vergewaltigt.« Sinha bestand auf seiner Interpretation. Ob es stimmt, daß Sir Francis Tucker ihm schließlich zustimmte, weiß ich nicht, aber jedenfalls schrieb dieser eine sehr positive Kritik des Buches im britischen *Army, Navy and Airforce Journal.*

Nach dem Krieg und nach der Unabhängigkeitserklärung Indiens wurde Sinha als Diplomat nach Europa geschickt – zunächst als politischer Berater zur Militärmission nach Berlin, später als Erster Sekretär nach Bern. Als aber Nehru 1951, nachdem die Chinesen in Lhasa eingezogen waren, aus Rücksicht auf Peking das Asylgesuch des Dalai Lama abschlug, quittierte Sinha den diplomatischen Dienst und wurde Abgeordneter. Er war zornig über den Mangel an Solidarität und auch darüber, daß seine Vorhaltungen und die Landkarten der Kominform, die er in Prag entdeckt hatte, von Delhi nicht ernst genommen wurden. Dabei zeigten sie doch deutlich, daß die Chinesen im westlichen Himalaja, also in Ladak, und ebenso im östlichen Himalaja, im Bereich der North-East Frontier, territoriale Ambitionen hatten. So löste denn auch seine Jungfernrede im Parlament, die diesem Gegenstand gewidmet war, einen richtigen Aufstand aus. Die *New York Times* vom 4. Juni 1952 schrieb auf der ersten Seite ihrer internationalen Ausgabe: »Ein vollgestopftes Haus hörte mit großer Aufmerksamkeit, ständig durch kommunistische Abgeordnete unterbrochen, eine vorzüglich dokumentierte Rede, in der die Behauptung aufgestellt wurde, daß die sowjetische Strategie auf die Übernahme Indiens abziele. Die Rede wurde von einem 38 Jahre alten Mitglied des Parlaments gehalten, von Dr. S. Sinha, der Hauptmann in der sowjetischen Armee gewesen ist ... Bewaffnet mit vielen Dokumenten, Landkarten und Geheimpapieren, belegte er seine Anschuldigungen, daß die Kommunisten in allen Teilen des Landes Aufstände planten. Die kommunistischen Abgeordneten schrien lauthals ›Maulhalten‹!, wurden aber von den Kongreßmitgliedern übertönt.«

Sinha hatte 1950 in Berlin die Geheimprotokolle des Hitler-Stalin-Pakts gesehen, die damals zu Stalins Lebzeiten noch nicht bekannt waren, und hatte deren Inhalt nun zum besten gegeben. In diesen Protokollen wurde festgestellt, wo jeweils »das Zentrum der territorialen Interessen« der Beteiligten lag: Für Deutschland in Afrika, für Italien in Nord- und Nordost-Afrika, für Japan im Gebiet südlich von Japan, für die Sowjetunion »im Süden ihres Territoriums in Richtung auf den Indischen Ozean«! Am Schluß hieß es, daß »die Vier Mächte ihre jeweiligen territorialen Aspirationen wechselseitig respektieren werden und deren Verwirklichung nichts in den Weg legen würden«. Die Landkarten, die Sinha gleichzeitig vorlegte, waren eben die der Kominform, die die chinesischen Aspirationen in Indien darstellten.

Die Authentizität der Unterlagen wurde sogleich bestritten, und die ganze Angelegenheit als *The Sinha Case* einem Parlamentsausschuß zugewiesen. Nach sechs Monaten legte dieser seinen Bericht vor, der die Echtheit bestätigte (*House of the People-Committee of Privileges »The Sinha Case«, Parliament Secretariat, New*

Delhi, September 1952). Aber, so schreibt Sinha in seinem Buch »China Strikes«, auch dann waren die Behörden noch nicht bereit, die Eroberung Tibets durch China als den Auftakt der Attacke gegen Indien anzusehen.«

In den folgenden Jahren war sein ganzes Interesse auf die Himalaja-Region, auf Tibet und die chinesische Bedrohung konzentriert. Mit einem kleinen Flugzeug, das er für 800 DM aus den amerikanischen Surplus-Beständen erworben hatte, flog er kreuz und quer durch das Himalaja-Gebiet oder treckte zu Fuß mit seinen Freunden, den tibetanischen Karawanenführern, durch die Berge.

Im Mai 1954, ausgerechnet an dem Tage, an dem das Parlament in New Delhi den Indisch-Chinesischen Vertrag debattierte, mit dem Tibets Freiheit verraten wurde, überbrachte ein Lama ihm einen Hilferuf aus Lhasa. In der Präambel jenes Vertrags waren zum erstenmal die *Panch-sheel*, die fünf Prinzipien außenpolitischen Verhaltens, niedergelegt, die die beiden Staaten gegenseitig zu respektieren versprachen: territoriale Integrität und Souveränität, Nichtangriff, Nichteinmischung, Gleichheit, friedliche Koexistenz.

Über diese Debatte berichtete der indische *The Statesman* unter dem 19. Mai 1954: Nehru erklärte, einige Abgeordnete hätten das Abkommen mit China über Tibet kritisiert und behauptet, es beweise nur Indiens Schwäche, und es sei falsch gewesen, es abzuschließen. Es sei aber ganz im Gegenteil klar, vernünftig und vertrauensbildend. Wer das nicht verstehe, sei einfach engstirnig ... Dr. Sinhas Gerede über die früheren britischen Regelungen und sein Hinweis auf gewisse Landkarten – dazu könne er nur sagen, dies alles sei das Werk britischer Imperialisten. Und so fügte Nehru hinzu, »die Unterschrift unter den Vertrag über Tibet ist das beste, was wir im Bereich der Außenpolitik während der letzten sechs Jahre gemacht haben«. Damals ahnte

Nehru noch nicht, wie bitter er dies 1962 bereuen sollte.
Sinha aber focht dies alles nicht an. Er flog, treckte und schnüffelte überall herum und versuchte, den Ereignissen und der Entwicklung auf der Spur zu bleiben – auch als er 1957 nicht wieder ins Parlament gewählt wurde. Ein wenig beruhigte ihn, daß er bei einem Besuch in Moskau erfahren hatte, die Sowjetunion werde die Bitte der Chinesen, zehn Divisionen mit Waffen auszurüsten, nicht erfüllen.
Im März 1959 erklärte der Dalai Lama, dessen Position immer unhaltbarer wurde, die Unabhängigkeit Tibets und löste damit eine allgemeine Rebellion im Lande aus. Sofort begann eine großangelegte Jagd auf ihn. Sinha erhielt in jenen Tagen eine Botschaft vom tibetanischen Ministerpräsidenten Surkhang Shape, die ein zuverlässiger Karawanenführer namens Lobsam überbrachte. Er war 38 Tage von Lhasa nach Delhi unterwegs gewesen.
Die Botschaft bestätigte, daß der seit langem für den äußersten Notfall vorgesehene Plan am 10. März ausgelöst werde. Der Plan: eine Karawane mit einem Pseudo-Dalai Lama setzte sich in Marsch, Sinha lancierte als Geheimtip die Route an die indische Presse, während der richtige Dalai Lama, derweil als armer Lama verkleidet, an anderer Stelle nach Indien hereinschlüpfen sollte. Zusammen mit Lobsam flog Sinha nach Gantock und stieg von dort aus hinauf nach Phari, dem höchsten Dorf der Welt (5000 Meter), das er fünf Tage später erreichte. Dort waren die Khampa-Guerillas, die den Marsch des falschen Dalai Lamas abdecken sollten, bereits versammelt.
Sinha und Lobsam übernahmen nun eine Karawane von 17 Maultieren, mit denen das seit Jahren versteckte Gold des Dalai Lama transportiert wurde, um zu versuchen, es nach Indien durchzuschleusen. Nach langen gefährlichen Märschen kamen sie an der Grenze an. Eisiger Wind fegte über den 5000 m hohen

Paß, die chinesische Grenzwache fror zum Glück ebenso wie die »Pilger«, die ihre müden, ausgezehrten Maultiere mit ständigen Schlägen vorantreiben mußten.
»Was führt ihr mit?«
»Gold! Das Gold des Dalai Lama!«
»Macht keine dummen Witze, ihr Idioten, seht zu, daß ihr weiterkommt!«
Noch einmal, in ähnlicher Weise, spielte diese Szene sich bei den indischen Grenzwächtern ab, dann war der tibetanische Schatz gerettet, und der Jubel war groß. Ein Jahr später hatte die Sache noch ein Nachspiel: Als Tschou En-lai im Sommer 1960 nach Delhi kam, wurde Sinha gleich darauf zu Nehru bestellt, der ungemein wütend war. Er hatte vom chinesischen Ministerpräsidenten erfahren, daß es Sinha gewesen war, der das Gold aus Tibet heraustransportiert hatte, und daß seine Begleiter überdies unterwegs drei chinesische Soldaten umgebracht hatten. Nehrus Zorn war groß:
»Du also warst es, der das Gold nach Indien hereingeschmuggelt hat?«
»Geschmuggelt, wieso? Ich habe sowohl den chinesischen als auch unseren Grenzwachen gesagt, daß wir Gold transportieren.«
»Und wer hat dir erlaubt, nach Tibet hineinzugehen?«
»Sie selbst, Sir. Sie haben im Parlament gesagt, Indien hätte nichts dagegen, wenn Dr. Sinha, über welchen Paß auch immer, nach Tibet gehe!«
Sinha ist ein vorzüglicher Kenner Zentralasiens und seiner Probleme. Ich habe viel von ihm gelernt, vor allem, was die chinesisch-sowjetische Rivalität in diesem Gebiet anbetrifft, die sich der europäischen Perspektive im allgemeinen entzieht. Er hat schon in seinem 1961 erschienenen Buch »The Chinese Aggression« eine Landkarte abgedruckt, in der die indischen

Territorien markiert sind, die die Chinesen dann ein Jahr später im Herbst 1962 mit Waffengewalt erobert haben.
Nach seiner Meinung haben die ersten Spannungen zwischen den beiden kommunistischen Großreichen schon 1957 begonnen; bis dahin wurden alle militärischen Lieferungen aus der Sowjetunion über die sibirische Eisenbahn nach Fernost geleitet. Von 1957 an ließ Peking dieses Material nur bis an die Grenze von Sinkiang verladen, um es von dort aus nach Kashgar zu schaffen, was den Argwohn der Sowjets wachrief. Außerdem zeigte sich, daß das im Oktober 1957 beschlossene »Abkommen über die neue Technik der nationalen Verteidigung«, das die sowjetische Hilfe beim Bau von Reaktoren und bei der nuklearen Forschung in China festlegte, schon bald darauf wieder in die Brüche ging.
Diese ganze Region südlich und östlich des Pamir, das Gebiet also, in dem die Sowjetunion, China, Indien und Afghanistan mehr oder weniger zusammenstoßen, ist für die Sowjets von allergrößter strategischer Bedeutung. Darum hat Moskau sich auch geweigert, die Bewaffnung für zehn chinesische Divisionen zu liefern, als deutlich wurde, daß diese Waffen für Sinkiang bestimmt waren. Spätestens dann, also zwischen 1957 und 1959, begann Moskau mit seinen Hilfeleistungen für die technische und militärische Ausrüstung Chinas zu zögern, und im März 1960 stoppte Peking sie dann ganz abrupt.
Sinha glaubt, daß, wenn je eine bewaffnete Auseinandersetzung zwischen China und der Sowjetunion stattfinden sollte, sie dort in jenem zentralasiatischen Bereich beginnen wird. Er meint, wenn die Chinesen ihren Träumen freien Lauf lassen, dann träumten sie, sie könnten eines Tages die im Nordosten Sinkiangs gelegene Äußere Mongolei auf dieselbe Weise annektieren wie Tibet in den fünfziger Jahren. Er, der ein Landkarten-Fetischist ist und von London bis Hongkong alle entsprechenden

Buchläden nach alten und neuen Karten durchwühlt, behauptet, es gäbe auch bereits eine chinesische Karte, auf der die Äußere Mongolei als chinesisches Territorium markiert sei.
Im Jahre 1959 bekam auch Indien zum erstenmal die Krallen des chinesischen Drachens zu spüren, vor denen Sinha immer wieder gewarnt hatte. Im Oktober jenes Jahres überfielen die Chinesen aus heiterem Himmel die indischen Grenzwachen, die auf 5300 Meter Höhe am Kongka-Paß im Aksai-Chin-Gebiet stationiert waren, um den Zugang von Tibet nach Indien zu überwachen. Sie töteten dort ein Dutzend indischer Soldaten und wären, so glaubt Sinha, zweifellos schon damals über Indien hergefallen, wenn die Russen nicht in eben jenem Moment den Transport aller Waffen in diesen Teil der Welt gestoppt hätten. Um so ärgerlicher war Sinha über Nehru, der auch jetzt noch nicht aufhörte, die zweitausendjährige chinesisch-indische Freundschaft zu preisen.
Die Chinesen hatten zwar nicht das Land im Aksai-Chin in Besitz genommen, aber sie hatten, ohne daß die Inder es bemerkt hätten, in jener abseitigen und unzugänglichen Ecke des Landes eine für sie lebenswichtige Straße gebaut. Diese Straße, die fast 200 km weit über indisches Territorium führt, stellt die einzige Verbindung dar zwischen Sinkiang und West-Tibet, das von Peking aus sonst nur sehr schwer zu erreichen war. Drei Jahre später, im Oktober 1962, erfolgte dann der chinesische Überfall auf Indien. Tschou En-Lai stand nicht an, später zu erklären, es sei bedauerlich, daß Indien als Werkzeug der amerikanischen Imperialisten den Grenzkonflikt provoziert und die fünf Prinzipien der friedlichen Koexistenz verletzt habe!
Sinha hatte immer behauptet, der Sitz der chinesischen Handelsmission in Kalimpong sei das Hauptquartier des indischen Zweigs der chinesischen Komintern, ausgestattet mit Sendeanlagen und Abhörgeräten. Jedenfalls war die Wahl von Kalimpong

strategisch außerordentlich geschickt und der Ort überdies seit langem ein Zentrum für alle asiatischen Geheimdienste. Ich war einmal im Jahr 1966 dort und wurde von Sinha sogleich zu jenem etwas außerhalb gelegenen Gebäude geführt, das er, seit die Chinesen es verlassen hatten, noch nicht besichtigt hatte – was er dann mit großer Gründlichkeit nachholte.

Ich kam damals aus Japan und Vietnam und hatte von unterwegs bei ihm angefragt, ob es möglich sei, zwei oder drei Wochen unter seiner Führung mit Maultieren im Himalaja zu trecken. Auf seine begeisterte Zustimmung hin flogen mein Neffe Hermann Hatzfeldt und ich nach Kalkutta, wo wir spätabends auf dem Flugplatz von ihm empfangen wurden.

Er hatte seine Ehre dareingesetzt, uns einen Empfang zu bereiten, wie er sonst nur allerhöchsten Würdenträgern zuteil wird. Weiß der Himmel, was er den Behörden erzählt haben mochte, jedenfalls hatte er es fertiggebracht, die Erlaubnis zu erwirken, ein altes, bresthaftes Taxi auf das Flugfeld zu beordern, von wo aus wir unter Umgehung der üblichen Formalitäten direkt in die Stadt fuhren. Ich hätte nie für möglich gehalten, daß die dem heiligen Bürokratius so freudig ergebenen Inder eine solche Verletzung ihrer Vorschriften zulassen würden. Übrigens rächte sich diese großzügige Geste später bitterlich, indem wir bei der Ausreise die allergrößten Schwierigkeiten hatten: Die Grenzpolizei wollte nicht glauben und konnte sich überhaupt nicht vorstellen, wieso wir ohne Stempel hatten einreisen können.

Inzwischen ist Sinha älter, aber nicht alt geworden. Noch vor ein paar Jahren hat er als Mitglied des Sportclubs der Himalaja-Flieger, der HIPIA, zu der offenbar auch eine Reihe anderer Abenteurer gehören, ziemlich wilde Sachen unternommen. So haben er und seine Kameraden von einer Dornier 28 zwei, wie er schreibt, *12-feet-new-type teleguided bombs* auf eine chinesische

Raketenbase in Tibet geworfen; so sind sie ferner heimlich in Tibet gelandet, um einen besonders heiligen goldenen Buddha zu entführen, der in der Nähe eines Klosters versteckt war. Unter heftigem Beschuß gelang es ihnen, wieder zu starten und den Buddha an einen prominenten Pilgerort in Nord-Indien zu bringen: »Wenn Sie das nächste Mal kommen, zeige ich ihn Ihnen.«

Es könnte sein, daß Satyanarayan Sinha, der sein ganzes Leben lang aus der Hand in den Mund gelebt hat – wobei die Hand oft ganz leer war –, auf seine alten Tage noch richtig reich wird. Er hat ein großes Areal entdeckt mit reichhaltigem Phosphatvorkommen und hochprozentigem Uran, und er hat die Schürfrechte erworben. Auf die Frage, was in aller Welt er denn mit soviel Geld machen werde, antwortet er ohne Zögern: »Tibet befreien!«